TEOLOGIAS DA LIBERTAÇÃO PARA OS NOSSOS DIAS

Dados Internacionais de Catalogação na Publicação (CIP)
(Câmara Brasileira do Livro, SP, Brasil)

Barros, Marcelo
　　Teologias da libertação para os nossos dias / Marcelo Barros. –
Petrópolis, RJ : Vozes, 2019.

　　Bibliografia.
　　ISBN 978-85-326-6264-4

　　1. Teologias da libertação I. Título.

19-28588   CDD-261.8

Índices para catálogo sistemático:
1. Teologias da libertação : Cristianismo   261.8

Cibele Maria Dias – Bibliotecária – CRB-8/9427

TEOLOGIAS DA LIBERTAÇÃO PARA OS NOSSOS DIAS

MARCELO BARROS

EDITORA VOZES

Petrópolis

© 2019, Editora Vozes Ltda.
Rua Frei Luís, 100
25689-900 Petrópolis, RJ
www.vozes.com.br
Brasil

Todos os direitos reservados. Nenhuma parte desta obra poderá ser reproduzida ou transmitida por qualquer forma e/ou quaisquer meios (eletrônico ou mecânico, incluindo fotocópia e gravação) ou arquivada em qualquer sistema ou banco de dados sem permissão escrita da editora.

CONSELHO EDITORIAL

Diretor
Gilberto Gonçalves Garcia

Editores
Aline dos Santos Carneiro
Edrian Josué Pasini
Marilac Loraine Oleniki
Welder Lancieri Marchini

Conselheiros
Francisco Morás
Ludovico Garmus
Teobaldo Heidemann
Volney J. Berkenbrock

Secretário executivo
João Batista Kreuch

Editoração: Ana Lucia Q.M. Carvalho
Diagramação: Raquel Nascimento
Revisão gráfica: Nilton Braz da Rocha
Capa: Érico Lebedenco

ISBN 978-85-326-6264-4

Editado conforme o novo acordo ortográfico.

Este livro foi composto e impresso pela Editora Vozes Ltda.

Sabemos que toda criação geme e sofre com dores de parto até agora. Junto com ela, nós que temos as primícias do Espírito, também gememos, dentro de nós mesmos/as, esperando a adoção, isto é, a libertação de nossos corpos.

Rm 8,22-23

Para Reginha, Roberto Jeferson, Vera, Ormezita, Filipe Xavier, Valmir, João Paulo e a todos os irmãos e irmãs que se consagram às diversas pastorais sociais no Nordeste. Eles e elas me têm pedido assessorias sobre esse assunto, ao mesmo tempo que me comovem com o profundo testemunho de amor e dedicação que vivem na caminhada social e na missão da Igreja, inserida no meio dos oprimidos.

E a todas as pessoas, agentes de pastorais sociais, que, pelo seu amor e consagração ao povo trabalhador, me ensinam cotidianamente a elaborar com os tecidos da vida e da luta teimosa, os caminhos renovados das teologias da libertação.

Sumário

Prefácio, 9
   Leonardo Boff
Teologias da libertação – Para esses dias que dão o que pensar, 13
1ª parte – "Ver os sinais dos tempos", 21
I – As muitas opressões que pesam sobre nós, 23
II – A vocação interior de todo ser humano à libertação, 38
III – Processos de libertação, 53
IV – A Igreja dos pobres, 76
2ª parte – "O que o Espírito diz, hoje, às Igrejas", 113
V – A Bíblia e o projeto libertador de Deus, 115
VI – A revolução judaica do cristianismo, 147
VII – Outro jeito de ser Igreja é possível, 174
VIII – A ventania divina nos redemoinhos da libertação, 190
IX – Para uma espiritualidade sociopolítica libertadora, 211
X – Agenda para os dias atuais, 249
3ª parte – "Vai e faze o mesmo", 267
XI – O problema da teologia e seus desafios hoje, 269
XII – Teologias da libertação: tarefas a cumprir, 283
Concluindo com uma bênção para o caminho a seguir, 317
Referências, 321

Prefácio

Marcelo Barros é um monge beneditino singular que atualiza para os dias atuais o carisma de São Bento do *ora et labora*. Para ele o *ora* é viver a oração (*ora*) como intimidade com Deus que continuamente o envia ao mundo para o encontro amoroso e terno com as pessoas sem qualquer discriminação, especialmente para com os pobres onde seu Filho bem-amado, Jesus, prolonga sua paixão. E o *labora* é o trabalho (*labora*) concreto junto às comunidades, aos sem-terra, aos indígenas, aos sofredores e de modo particular aos afro-brasileiros dos quais ele se apresenta como um descendente. Atua não somente no Brasil, mas também no estrangeiro, pelo mundo afora, pois é um apreciado conferencista.

Orienta todo seu compromisso pela opção de servir aos pequenos juntando-se a todos os que pensam a fé e a reflexão cristã a partir das lutas de resistência e de libertação destes pequenos.

O presente livro *Teologias da libertação para os nossos dias* é o testemunho meditado pela oração, iluminado pela reflexão e aprofundado pela teologia e pela mística, desta já sua longa caminhada.

Talvez no conjunto dos muitos livros que se escreveram sobre a Teologia da Libertação, este seja o mais compreensível por todos, o mais completo por abordar os principais temas e desafios desse tipo de teologia, usando os recursos de informações históricas com surpreendentes detalhes, da literatura, da poesia, do cinema, das letras dos cânticos das comunidades e da música popular brasileira.

Aborda as principais expressões dessa teologia, no seu aspecto de libertação da opressão, de certo tipo de religiões e de Igrejas, dos negros, dos indígenas, das mulheres, de outra condição sexual, da ecologia, do ecumenismo e até chega a propor uma Teologia Pluralista Mundial de Libertação. Evita fazer uma Teologia da Libertação geral. Vê a singularidade de cada opressão, como referidas acima, que exige também uma libertação singular, valorizando sempre as diferenças e suas identidades, junto com seus elementos próprios e seus rostos específicos.

Trata-se de uma teologia narrativa que alcança mais longe, torna-se acessível a muita gente e permite ouvir a voz dos pobres, recolhendo os exemplos seminais daqueles que fazem concretamente a libertação. Não é uma teologia *da* libertação, mas *sobre a* libertação, produzida a partir das experiências concretas de libertação alcançadas nas bases sociais do mundo e também das Igrejas.

Podemos resumir todo seu afã nesta preocupação fundamental que se faz um denominador comum em todas as formas de teologias da libertação:

> Como testemunhar o amor e a justiça de Deus presente nas bem-aventuranças de Jesus, em um mundo sem amor e sem justiça? Como fortalecer a esperança dos oprimidos e excluídos do mundo em meio a uma sociedade que, cada vez mais, se afunda em um caminho de desamor e de crueldade?

Só o podemos – e com isso tornamos a fé cristã crível e aceitável – se nos empenharmos no apoio aos próprios oprimidos em suas organizações, movimentos e redes sociais, reforçando seu protagonismo e sua força histórica de transformação.

Realce especial confere à espiritualidade e à mística, presente no meio do povo. Não qualquer espiritualidade e mística, mas aquela espiritualidade dos olhos abertos sobre as feridas da realidade dos sofredores e das mãos operosas para saná-las e da mística como intimidade do amor a Deus, que se expressa por motivações e convicções-força que dão sentido e rumo à vida.

Este livro revela a maneira nova de se fazer Teologia da Libertação nos dias de hoje, assumindo destemidamente as transformações ocorridas nos vários tipos de opressão que não eram ainda presentes nos inícios dessa teologia nos anos de 1970.

Praticamente nenhum tema ficou de fora, desde o desafio das redes sociais, da radicalização do neoliberalismo, da ascensão da direita em nível mundial e nacional, das várias formas de convivência para além da matrimonial e das contribuições do Oriente, até do significado espiritual do Tantra. Sempre as considerações são judiciosas e feitas à luz da mensagem de Jesus, que veio não para nos entregar doutrinas, mas esteve entre nós para nos ensinar a viver os valores do Reino: o amor incondicional, a compaixão, a solidariedade e a ternura.

Há muita leveza e uma perfumante aura espiritual neste texto, belo e muito bem-escrito, de Marcelo Barros. Quem quiser se inteirar da Teologia da Libertação, para além das polêmicas que a cercaram, mas de forma aceitável, narrativa e também profunda, leia este livro. Ele entusiasma, convoca à com-paixão pelos condenados e ofendidos e nos anima para, junto com outros, assumirmos um compromisso de libertação do ser humano todo e de todos os seres humanos, seja à luz da fé cristã, seja por motivações éticas e humanitárias.

Leonardo Boff
Petrópolis, Pentecostes de 2019.

Teologias da libertação
Para esses dias que dão o que pensar

Para entrar no assunto

Organizar a esperança,
conduzir a tempestade,
romper os muros da noite,
criar sem pedir licença,
um mundo de liberdade.
Pedro Tierra

Irmão ou irmã querido/a,

Um livro é sempre uma conversa entre o autor e seus leitores/as. Um livro como este quer ser mais ainda uma conversa aberta. Mesmo se não conseguimos, nas páginas de um livro, estabelecer um diálogo bilateral e recíproco, ao menos quero começar esta conversa com esse espírito.

Acreditem que escrevo estas páginas a partir do muito que tenho visto e escutado de grupos e pessoas que estão na caminhada de movimentos populares e também de companheiros/as das pastorais sociais. Tento aqui responder a perguntas que me fazem sobre como está a Teologia da Libertação e quais são suas perspectivas atuais.

Quem me conhece melhor sabe que não terá aqui uma obra acadêmica, com citação de dez autores em cada página e o cuidado de obedecer às normas vigentes na academia para as citações eruditas. Também não será uma enciclopédia sobre o assunto, tocando em todos os seus elementos históricos e atuais. Muitas dessas questões estão presentes em muitos livros e artigos consagrados sobre o assunto.

Nos anos de 1980, o querido irmão e mestre Dom Pedro Casaldáliga me pediu para escrever o prefácio de um dos volumes do seu diário pessoal, referente aos primeiros anos daquela década. O título do livro era justamente: *Esses dias que nos dão o que pensar*.

Agora, penso que vivemos novamente dias assim "que nos dão o que pensar" e, assim como tivemos uma "Teologia da Libertação" que ajudou muito naquele momento (décadas de 1970 e 1980), agora quis desenvolver alguns elementos de uma Teologia da Libertação para estes novos dias que vivemos agora.

Tenho consciência de que falar em uma proposta de *Teologias da libertação para os nossos dias* é muito ambicioso e arriscado. Devemos falar no plural de teologias *da* libertação (elaboradas sempre a partir de experiências comunitárias e coletivas populares, mesmo se condensadas e expressas por um único autor ou autora) e teologias *sobre a* libertação, produzidas de forma mais sistemática e acadêmica, com orientação aberta e na perspectiva transformadora e a partir da opção pelos pobres. Do mesmo modo, ao falar "nestes dias", assumamos que o projeto é restrito e sempre incompleto. Deve se atualizar e se renovar, progressivamente, cada vez, na escuta do que o Espírito diz, a cada dia, às Igrejas e a nós.

Peço que acolham estas páginas mais como testemunho de um irmão que, neste ano (2019) completa 50 anos de ministério presbiteral, vivido exatamente a partir do tempo de recepção (um ano depois) da 2ª Conferência dos Bispos Latino-americanos em Medellín e do surgimento da caminhada eclesial que se compreendia como serviço de libertação à humanidade e a cada pessoa por inteiro (*Medellín* 5, 15).

Posso dizer diante de Deus que meu caminho de monge, de presbítero, servidor dos irmãos e irmãs mais empobrecidos e de estudante encantado pela Palavra de Deus na Bíblia, desde aquela época foi sempre marcado pela espiritualidade e pela pastoral desencadeada pela inserção eclesial no meio dos mais pobres, pela emergência sempre maior dos movimentos sociais organizados a partir dos oprimidos e da Teologia da Libertação, surgida desse processo.

Quem me conhece sabe que não gosto de polemizar e naturalmente sofro muito ao descobrir alguém aborrecido comigo. Desde jovem, por viver em comunidade, aprendi a distinguir o debate no campo das ideias e a divisão no campo pessoal. No nível da fé, procuro sempre alimentar a comunhão com irmãos e irmãs de fé. Pela fé, trabalho para transformar o mundo e para que venha o reino de justiça e paz sobre todo o universo. Mas, não posso consagrar-me a essa mudança social sem, ao mesmo tempo, cuidar da minha conversão pessoal e da purificação da nossa Igreja, para que ela se apresente ao Senhor e à humanidade "pura e sem mancha", como queria Paulo, e possa, de fato, voltar ao que creio ser sua vocação original: uma comunhão de comunidades de fé e de serviço inserida nos processos sociais de libertação e testemunhando uma espiritualidade na qual o Espírito Divino se deixa ver e sentir sua presença na caminhada libertadora de cada um de nós e de toda a humanidade.

É esse modelo eclesial e esse modo de viver a fé, aprofundado a partir da Conferência de Medellín, que há 50 anos animam minha vida e minha missão. É isso que partilho com vocês nestas páginas, procurando me situar na continuidade e na linha habitual dos escritos das teologias da libertação e a partir dos principais documentos eclesiais na América Latina e Caribe. A reflexão está dividida em três partes (Ver, Discernir ou Julgar e Agir), que se entrecruzam e se misturam.

Trata-se de uma divisão apenas metodológica, já que, quando procuramos olhar para a realidade, já a enxergamos a partir de critérios e de um enfoque que misturam o ver e o que pensamos sobre aquilo (julgar ou discernir). E quando entramos no aprofundamento teológico (próprio da 2ª parte), a própria palavra da Bíblia sempre une o escutar e o praticar (que seria próprio da 3ª parte). No entanto, convido vocês para aprofundarmos rapidamente a história das Igrejas nesse assunto dos processos de libertação. Depois, vamos aprofundar a Bíblia e a doutrina e entrar propriamente na Teologia da Libertação. Na 3ª e última parte falamos dos desafios atuais das teologias da libertação e dos caminhos que se abrem diante de nós. Já deixei claro que não abordo todos os aspectos da questão. Ficarei contente se conseguir provocar o assunto de modo que possa suscitar novas reflexões e principalmente mais profundo compromisso social e político com a libertação de nossos povos e que essa caminhada possa ser vivida como experiência espiritual de intimidade com Deus e na alegria de ser o que propõe o Papa Francisco: uma *Igreja em saída*.

Que Deus nos ilumine nesse caminho.

Vamos direto ao assunto

Convido vocês a começarmos não apenas por lembrar a irrupção dos pobres na sociedade e nas Igrejas latino-americanas da segunda metade do século XX. Nem começaremos por qualquer referência maior ao continente. Penso que é melhor iniciarmos pela realidade humana mais aberta e a ânsia de liberdade e libertação que vem do mais profundo de todo ser humano.

Nas angústias dos tempos que atualmente a humanidade enfrenta, é cada vez mais urgente resgatar o sentido libertador da utopia. Na verdade, vivemos no olho de uma crise de civilização de proporções planetárias. Toda crise oferece oportunidades de transformação e riscos de fracasso. Na crise, medo e esperança se misturam. Precisamos de esperança, expressa na linguagem das utopias. Por sua própria natureza, as grandes utopias só poderão ser realizadas em parte ou de forma incompleta, mas, como expressava Eduardo Galeano, elas têm a função de nos manter caminhando.

Leonardo Boff tem razão ao afirmar: "O que constatamos é que o ser humano e a sociedade não podem viver sem uma utopia. Isso significa que temos de nos unir em melhores sonhos e, dia a dia, lutarmos juntos para realizá-los. Se não houvesse utopias, cairíamos sob o impacto de interesses menores. Todos acabaríamos imersos no pântano de uma história sem esperanças porque dominada pelos mais fortes. Ao contrário, a utopia faz florescer sempre novas perspectivas e recria continuamente mil motivos para lutar e buscar formas melhores de convivência. A utopia é a presença da dimensão-céu no interno da dimensão-terra, nos restritos limites da existência pessoal e coletiva" (BOFF, 2000, p. 68).

Na América Latina e Caribe, aprendemos que as utopias mais profundas e alvissareiras não só não se opõem à realidade, como, ao contrário, alimentam as lutas e esforços para transformá-la. É claro que existem utopias alienadas como sonhos irreais, mas as utopias que correspondem à vocação humana de construir um mundo de justiça e de paz nascem das potencialidades presentes em cada pessoa e nas comunidades.

Mário Quintana, grande poeta gaúcho, afirmava: "Se as coisas são inatingíveis, isso não é motivo para não apreciá-las. Como seriam tristes as noites se não fosse a presença mágica das estrelas!"

A estrela maior de nossa noite de lutas, de cruzes e martírios de nossos povos se chama *Libertação*. É claro que, quando falamos em *libertação* logo nos vem à mente o processo de sermos livres, de vivermos a liberdade.

No discurso proferido no final do belo filme O grande Ditador, Charlie Chaplin afirma: "[...] O caminho da vida pode ser livre e belo, mas desviamo-nos do caminho. A cupidez envenenou a alma humana, ergueu no mundo barreiras de ódio, fez-nos marchar a passo de ganso para a desgraça e a carnificina. Descobrimos a velocidade, mas prendemo-nos demasiado a ela. A máquina que produz a abundância empobreceu-nos. A nossa ciência tornou-nos cínicos; a nossa inteligência, cruéis e impiedosos. Pensamos demais e sentimos de menos. Precisamos mais de humanidade do que de máquinas. Se temos necessidade de inteligência, temos ainda mais necessidade de bondade e doçura. Sem essas qualidades a vida será violenta e tudo estará perdido [...]. A desgraça que nos oprime não provém senão da cupidez, do azedume dos homens que têm receio de ver a humanidade progredir. O ódio dos homens há de passar, e os ditadores morrerão. O poder que tiraram ao povo, ao povo retornará. Enquanto os seres humanos morrerem, *a liberdade não perecerá*".

Para que as pessoas possam ser livres como pessoas e os povos respeitados em sua autonomia, filósofos escreveram livros e militantes sociais consagraram a sua vida. Karl Marx chegou a afirmar: "Até agora os filósofos se preocuparam em interpretar o mundo de várias formas. O que importa é transformá-lo".

Se a liberdade é o estado interior e social de quem é livre em oposição a quem é escravo, trata-se de uma realidade vivencial muito ampla. É como se houvesse várias liberdades. Podemos falar em liberdade social e política, liberdade moral, liberdade interior e espiritual. O Novo Testamento afirma que a Palavra de Deus é *a perfeita lei da liberdade* (cf. Tg 1,25). Se falamos em libertação é porque nossa experiência não é essa plena liberdade. Ela não é ainda a realidade que vivemos.

CR

A lição de um semifracasso

Dom Helder Camara

A complexidade do mundo é tão grande que seria simplesmente ridículo alguém aparecer como dono de uma fórmula aplicável a todas as situações, de todas as raças, de todas as regiões, países e continentes. Mas, para além das diversidades, há problemas que atingem a humanidade inteira. Onde, em que lugar do mundo, não há injustiças, contrastes, divisões? Onde as injustiças não funcionam como violência-mãe de todas as violências? [...] Se me é permitida uma alusão pessoal, contarei, em síntese, um meio-insucesso, mas que leva a novas lutas pacíficas e a esperanças maiores. Durante seis anos, através da Ação Justiça e Paz, sonhei com uma pressão moral libertadora e viajei meio-mundo, apelando para instituições como universidades, grupos religiosos, grupos empresariais, grupos operários, técnicos, grupos de juventude... Chego à conclusão de que instituições como instituições estão presas por duas dificuldades especiais que as impedem de gestos audazes e decisivos:

- devem traduzir a média das opiniões (de seus membros)
- na conjuntura capitalista, para manter-se são obrigadas, direta ou indiretamente, a ligar-se à engrenagem...

Ao convencer-me de que é praticamente impossível o apelo às instituições como instituições, em toda parte, descubro minorias, que me parecem, na linha social e para explosões de amor, o equivalente à descoberta da energia nuclear que dormiu milênios no seio dos átomos. [...]

O essencial a transmitir é descoberta maravilhosa: em todos os recantos da Terra, dentro de todas as raças, todas as religiões, todas as ideologias, há criaturas que nasceram para dedicar-se, para gastar-se ao serviço do próximo, dispostas a não medir sacrifícios para ajudar de verdade e enfim a construir um mundo mais justo e mais humano.

São criaturas ligadas ao meio em que se acham inseridas, mas que se sentem membros da Família Humana, a ponto de encararem como irmãos e irmãs, homens e mulheres de todas as latitudes e longitudes, de todos os climas, cores, graus de riquezas e de miséria, de todas as diferentes manifestações de cultura... [...] De coração aberto lhes direi como vejo as nossas minorias e porque me parece que elas têm tarefas decisivas a desempenhar para a aproximação dos seres humanos e a construção efetiva da paz, através da justiça e do amor [...].

Permitam-me os não islamitas, os não cristãos, os não judeus que, pensando nessas minorias chamadas a servir, nós as chamaremos de Minorias Abraâmicas. Nada impede que cada raça e cada religião e, mesmo meu irmão humanista ateu, lhes deem outro nome.

Se você sente, no íntimo, o desejo de responder às qualidades que possui, se o egoísmo lhe parece estreito e irrespirável, se experimenta fome de verdade, de justiça e de amor, saiba que pode e deve caminhar conosco. Sem saber e, talvez, sem querer, é nosso irmão ou nossa irmã. Aceite a nossa fraternidade: nós nos entenderemos e poderemos caminhar juntos (CAMARA, 1979, p. 3, 5-6, 9-10, 15).

1ª parte
"Ver os sinais dos tempos"

I
As muitas opressões que pesam sobre nós

Sólo le pido a Dios
Que la guerra no me sea indiferente
Es un monstruo grande y pisa fuerte
Toda la pobre inocencia de la gente
Es un monstruo grande y pisa fuerte
Toda la pobre inocencia de la gente

Sólo le pido a Dios
Que el engaño no me sea indiferente
Si un traidor puede más que unos cuantos
Que esos cuantos no lo olviden fácilmente

Sólo le pido a Dios
Que el futuro no me sea indiferente
Desahuciado está el que tiene que marchar
A vivir una cultura diferente
Composição: *Leon Giego*
Cantada por *Mercedes Sosa*

Nos anos de 1990, o jornal O *Globo* contou a experiência que um universitário fez com dois sapos. O primeiro sapo foi colocado em uma bacia de água muito quente, quase fervendo. O sapo estremeceu, saiu com a pele queimada, mas assim que sentiu a água tão quente pulou fora da bacia e se salvou. O segundo sapo foi colocado em uma bacia com água fria e ele se sentiu muito bem e ficou no fundo da bacia. Acontece que a água da bacia foi aquecida de forma lenta e gradual. Foi esquentado pouco a pouco. E o sapo continuou na água sem perceber, até que a água começou a ferver e o sapo morreu sem se dar conta de que a água estava fervendo. O seu organismo parecia ter se adaptado a viver mesmo no calor da água quase fervendo.

Essa experiência pode servir de parábola para a realidade humana de quem vive sob a opressão. Há quem a sinta e procure pular fora, custe o que custar; e há quem, pouco a pouco, se habitue com o viver oprimido, quase como se fosse natural. A história revela que muitos povos e grupos humanos interiorizaram a opressão, seja ela o racismo, o patriarcalismo, sejam injustiças sociais ou qualquer outro tipo de situação desumana.

Até hoje, a América Latina, o Caribe e, de certa forma, todo o planeta Terra ainda sofrem o jugo de diversas formas de (neo)colonialismo. Em todo o planeta, ainda é profunda a marca da opressão. No caso do continente latino-americano, por mais de cinco séculos a Terra e a população indefesa dessa região têm sido submetidas a uma série inaudita de violências e de crimes. Basta lembrar:

1 O extermínio dos povos indígenas

Os povos indígenas das Américas se constituíam como muitos povos, de origens diferentes, de culturas e idiomas muito diversos e que tinham em comum o fato de saberem conviver bem com a mãe Terra, tirar os recursos para viver do clima em que viviam e descobrir o Espírito (energia de amor) presente em cada ser vivo, assim como no murmúrio das águas e no canto discreto da mãe Terra. Esses povos acolheram os conquistadores de forma em geral pacífica e convivial. Muitos dos povos interpretaram a vinda deles como o cumprimento de lendas ancestrais em que um enviado dos deuses viria e traria boas novidades. Outros viram que não seria assim, mas interpretaram que os deuses dos brancos eram mais fortes e por isso, mesmo sendo numericamente minoritários, os brancos os venciam. Além disso, não tinham nenhuma ética na relação. Mentiam, enganavam e matavam apenas para ter acesso ao ouro. E isso em nome de Deus.

Em um livro polêmico, D.E. Stannard calcula que, no decorrer da conquista das Américas, teriam sido dizimados aproximadamente 100 milhões de índios, somando os massacrados em guerras de conquista e os ceifados pelas doenças e epidemias imediatamente contraídas dos europeus e que dizimavam povos inteiros (STANNARD, 2009, p. 15).

No Brasil, Marcelo Grondin e Moema Viezzer conseguiram resumir brilhantemente a história trágica e impressionante de resistência e mesmo de resiliência dos povos indígenas em todo o continente americano em um livro no qual calculam em 70 milhões de vítimas (GRONDIN & VIEZZER, 2018, p. 5ss.).

> De fato, os países colonizados por cristãos, sobretudo na África e na América Latina, conservam a lembrança de uma evangelização que não suscitou nos índios a aspiração a uma sociedade mais justa, partindo de suas experiências culturais e políticas. Parece que a evangelização insistiu na obediência a Deus que se traduzia na submissão à Igreja e obediência aos colonizadores que tinham o privilégio de serem cristãos (PAOLI, 1989, p. 44).

2 O tráfico e a escravidão dos negros sequestrados da África

Foram sequestrados da África, entre os séculos XVI e XIX, milhões de homens, mulheres e crianças, de várias etnias e condições sociais. Até hoje, na América Latina e na África as consequências dessa tragédia continuam fortes e violentas.

Quando falamos em população afrodescendente na América Latina, é bom recordar que, da África, foram sequestradas, para ser escravas, pessoas provenientes de diferentes áreas do continente africano. Como a maioria dessa população foi trazida para o Brasil, somente como exemplo, me refiro aos irmãos e irmãs negros sequestrados para o Brasil. Foram pessoas vindas principalmente de três regiões do continente africano:

1) Pessoas saídas das regiões do noroeste da África. Eram etnias *Haussas*, os *tapas* e mesmo parte dos *nagôs* que se islamizaram e por isso eram chamados de *malês*. Este grupo dos *malês* se considerava culturalmente superior aos outros grupos negros e muitas vezes lideraram rebeliões contra a escravidão.

2) Pessoas vindas da costa ocidental da África, em torno do Golfo do Benin. Eram escravos *sudaneses* dos diversos grupos e reinos que ali existiam. Do grupo sudanês, os mais conhecidos vinham da Costa do Ouro, chamados comumente de *minas*. Também vinham de Daomé os *jejes, ewes* ou *jês*. Finalmente, da atual Nigéria, vinham os *nagôs* de língua Iorubá. A maior parte das casas de candomblé da Bahia vem desta tradição cultual *jê-nagô*.

3) Também muitos escravos/as foram trazidos/as da região do Rio Congo e também da África Oriental, do Moçambique. Eram pessoas de cultura *bantu*. Enquanto os sudaneses foram levados, preferentemente, para a Bahia, os *bantus* do Congo e do Moçambique foram trazidos para o Sul.

Só por isso, podemos ver a imensa dívida histórica que o Brasil e toda a América Latina tem com os nossos irmãos e irmãs afrodescendentes.

3 O capitalismo que continua a colonização

Na história, em muitos países, principalmente na Europa, o sistema capitalista se implantou com alguns elementos do que se chamou de "organização do bem-estar social" que garantia serviços públicos eficientes de saúde, educação, habitação e outros elementos. No nosso continente, ele tomou várias formas desde o colonialismo externo e também interno. No entanto, sempre foi mais descarado. Não precisou disfarçar o seu caráter cruel de opressão e insensibilidade social. Na América Latina e Caribe, vigorou o capitalismo em seu modelo mais violento e selvagem. Desde o começo, em um continente rico em terras férteis, com abundância de água, clima extremamente favorável à vida e à convivência, o modo de organizar a sociedade se tornou responsável pela fome, miséria, violências sofridas diariamente por milhões de pessoas e que, ao mesmo tempo, devasta a Terra e a natureza para transferir riquezas em direção aos países do Primeiro Mundo.

Todas as vezes que isso não pode ser assim através de meios pacíficos e aparentemente democráticos, o Império que domina o continente não tem nenhum pudor em recorrer à invasão, à intervenção armada, a golpes militares e à implantação de ditaduras sanguinárias. Uma rápida síntese histórica feita no começo do século XX elencava que durante o século que se acabara o governo dos Estados Unidos da América invadiu 104 vezes países e territórios da América Latina e Caribe. Patrocinou guerras civis e violências incontáveis, apenas para manter seus interesses econômicos e seus lucros na região.

Apenas para dar exemplos, transcrevo trechos de um estudo muito bem documentado:

> Na Argentina, entre 1976 e 1983, a ditadura militar produz 30.000 mortos e desaparecidos, como consequência do princípio estabelecido em 1977 pelo general de brigada Manuel San Jean, governador de Buenos Aires: "Primeiramente, vamos matar os subversivos. Depois, a seus colaboradores, depois aos simpatizantes de sua causa. Depois pegamos os indiferentes e, por último, os tímidos". No Chile, entre 1973 e 1988, Pinochet faz desaparecer ao menos 3.197 pessoas e tortura mais de 35 mil. "[...] Os propósitos pedagógicos do ditador, assim como os limites da democracia restaurada pelo mesmo, foram expressos na famosa declaração em vésperas

das eleições de 1989: Estou disposto a aceitar o resultado das eleições, contanto que não ganhe nenhuma opção de esquerda". Em El Salvador, entre 1980 e 1991, a guerra civil ocasiona 75 mil mortos e desaparecidos, obra em sua maior parte do exército e dos esquadrões da morte ao seu serviço. Ao regime do General Strossner que dominou o Paraguai entre 1954 e 1989 se atribui ao redor de 11 mil desaparecidos e assassinados, além de centenas de presos políticos e exílios forçados. Conforme o informe da Comisión por la Verdad y la Reconciliación, entre o ano de 1980 e o ano de 2000, no Peru, a cifra é de 70 mil mortos e 4 mil desaparecidos. Na Guatemala, entre 1960 e 1996, se registram 50 mil desaparecidos e 200 mil mortos, segundo a Comissão de Esclarecimento Histórico que atribui 93% destas mortes aos militares. No Uruguai, entre junho de 1973 e fevereiro de 1985, um em cada cinco cidadãos passou pelo cárcere; um em cada dez foi torturado e uma quinta parte da população se viu obrigada a migrar, centenas de pessoas desapareceram e outros foram simplesmente assassinados. No Haiti, sob a ditadura de Duvalier, entre 1957 e 1986, foram assassinadas mais de 200 mil pessoas, ao que temos de acrescentar os assassinatos por ocasião do golpe de Estado de Raul Cedras contra Aristides em 1991... Na Nicarágua, a ditadura de Somoza foi responsável por ao menos 50 mil mortos, ao que devemos somar outras 38 mil vítimas mortais da guerra de baixa intensidade sustentada na década de 1980. O caso da Colômbia oferece dimensões quase dantescas e inacreditáveis. A magnitude do extermínio é tal que não existem cifras confiáveis. A partir dos anos de 1980, se calculam em uma média de ao menos 20 mil mortos, a cada ano... Atualmente, as Associações de Familiares Desaparecidos denunciaram 7 mil desaparições. Só nos últimos anos, 5 mil políticos, deputados, senadores e candidatos, foram assassinados (LIRIA & ZAHONERO, 2006, p. 11).

Nenhum desses golpes e dessas ditaduras ocorreriam e se sustentariam se não contassem com total apoio e colaboração direta ou indireta do governo dos Estados Unidos da América.

Conforme dados recentes da Comissão Econômica para a América Latina e o Caribe (Cepal), no final de 2015, 29% dos latino-americanos (175 milhões) viviam na pobreza. Dessa população, 75 milhões vivem em situação de extrema pobreza (CEPAL, 2018).

Quando, em 2009, em uma assembleia da ONU, o presidente Hugo Chávez (da Venezuela) encontrou pela primeira vez Barak Obama, recém-eleito presidente dos Estados Unidos, Chávez lhe deu de presente um exemplar em inglês do livro "As veias abertas da América Latina" de Eduardo Galeano, saudoso companheiro e intelectual uruguaio. Nesse livro, já nos anos de 1970, Eduardo Galeano observa:

> A América Latina é a região das veias abertas. Da conquista até os nossos dias, tudo sempre se transformou em capital europeu, ou mais tarde, norte-americano. Todas as riquezas do nosso continente acabam sempre acumuladas em longínquos centros de poder na Europa ou América do Norte. Tudo. A terra e os seus frutos, as suas vísceras, ricas de minerais, as pessoas e sua capacidade de trabalho e de consumo [...]. Os nossos fracassos e sofrimentos estão intimamente ligados à riqueza e à vitória dos outros. Na América Latina, as nossas riquezas sempre acabam produzindo nossa pobreza para fazer crescer a prosperidade dos impérios do Norte e dos seus agentes e gerentes locais (GALEANO, 2017, p. 26).

Uma tragédia como essa se abate sobre todos. Em primeiro lugar sobre os oprimidos, mas também sobre os opressores e seus herdeiros. O mundo se torna menos habitável. E se há algumas décadas isso era a realidade do que se chamava o mundo dos pobres, atualmente, nas próprias metrópoles do império, milhares de pessoas passam fome, não têm habitação digna e não têm sua dignidade humana reconhecida. O mundo inteiro se tornou um imenso "vale de lágrimas".

4 A conquista e a devastação da Mãe Terra

Em muitas culturas populares, quando alguém quer agredir verbalmente uma pessoa ataca a sua mãe. Nas ruas, a ofensa mais comum é chamar o outro de "filho de prostituta". Não por acaso, a conquista dos povos originais sempre tem começado pela posse e tomada da terra (território) onde esse povo habita. Nas viagens marítimas de conquista dos séculos XV e XVI, o ritual de conquista começa quando a bordo da nave-caravela alguém grita: *Terra à vista!*

Em 1969, o diretor italiano Gillo Pontecorvo fez o filme *"Queimada"* (em inglês *Burn*), de acordo com a revista *Raça*, baseado na história da conquista do Haiti. De fato, o filme conta a história de uma ilha no Caribe. Essa ilha se chama *Queimada* porque, para conquistá-la dos nativos, os europeus (no filme, portugueses) tiveram de queimar toda a ilha e diversas vezes (cf. www.revistaraca.com.br – 19/10/2016).

Essa história que, diversas vezes, ocorreu na história das conquistas, é extremamente simbólica. Para os povos originais, a Terra e a natureza são sagradas. Quando o conquistador a domina e destrói, na alma do índio e do negro a escravidão já se estabeleceu. É como em um incidente policial no qual a mãe é refém nas mãos do dominador. O filho que vê a vida da mãe ameaçada se entrega. Quando os portugueses chegaram ao Brasil em 1500, toda a costa brasileira e a chamada *zona da mata* era coberta por uma vegetação dominada por uma árvore de madeira vermelha da cor de brasa. Por isso, a terra se chamou *Terra Brasilis* que deu o nome ao país. Em cinquenta anos (1550), os colonizadores tinham destruído toda a floresta de pau-brasil, ainda hoje, uma árvore de certa forma rara na região. Na Cordilheira dos Andes e em algumas regiões do México, América Central e Caribe, a conquista se efetuou através da mineração (minas de prata, de cobre e de estanho). Até hoje, em todo o continente, as mineradoras continuam a ser a maior agressão à Terra, à água e à natureza. Para os povos indígenas, a mãe Terra é presente divino, mas está sob a responsabilidade de seus filhos.

Até hoje, a escravidão dos povos está ligada à escravidão da Terra. O clamor da Terra que espera ser libertada se une ao clamor dos povos oprimidos. São povos crucificados em uma terra crucificada.

Em toda a América Latina e, especificamente, no Brasil, uma das formas mais violentas de exploração do ser humano e da Terra é o projeto de mineração, principalmente da forma como é conduzido pelas grandes empresas multinacionais de mineração. No Brasil, a Companhia do Vale do Rio Doce ficou famosa pela criminosa destruição da vida do Rio Doce e do Rio Paraopeba com o rio de lama tóxica provocada pelas barragens da Samarco em Mariana e a de Brumadinho. Até hoje, não se tem a conta exata de pessoas mortas em Minas Gerais. Também não se contam as mortes de adultos e crianças provocadas pelas locomotivas que conduzem dezenas de vagões de minério de ferro no Pará até o porto de São Luís do Maranhão.

> Por décadas, as usinas siderúrgicas sustentaram-se derrubando o que restava da floresta da Amazônia Oriental na região de Marabá (PA) e Açailândia (MA), A maior parte da produção de carvão, por mais de dez anos, foi atrelada ao fenômeno desumano do trabalho escravo em carvoarias clandestinas. Várias denúncias, em nível nacional e internacional, tentaram frear a devastação da floresta e de vidas humanas, ceifadas para a produção de ferro-gusa (BOSSI, 2015, p. 19).

Em sua encíclica sobre o Cuidado da Casa Comum, o Papa Francisco mostra que

> a terra clama contra o mal que lhe provocamos por causa do uso irresponsável e do abuso dos bens que Deus nela colocou. Crescemos pensando que éramos seus proprietários e dominadores, autorizados a saqueá-la. A violência, que está no coração humano, vislumbra-se nos sintomas de doença que notamos no solo, na água, no ar e nos seres vivos. Por isso, entre os pobres mais abandonados e maltratados, conta-se a nossa terra, oprimida e devastada, que está gemendo como que em dores de parto (Rm 8,22). Esquecemos que nós mesmos somos terra (*Laudato si'* 2).

A luta pacífica pela libertação dos povos oprimidos é luta pela dignidade e libertação de toda a humanidade e, em primeiro lugar, luta pela libertação da Terra.

5 Uma primeira conclusão

Até hoje muitos interpretam que as injustiças e desigualdades sociais são algo natural e inevitável. Nesse contexto, há quem se entrega ao desespero. No entanto, a maioria das pessoas e comunidades, em grave situação de opressão e sofrimento, não se conformam com a situação e, de alguma forma, reagem.

Segundo Leonardo Boff, ainda não terminou o processo de construção da humanidade. O ser humano possui uma tendência para se expandir e, por isso, consegue se adaptar em todos os ecossistemas pelos quais a Terra já passou. Entre esses podemos considerar a fase atual de globalização na qual vive a humanidade inteira.

Este atual projeto de globalização surgiu desde os primórdios da humanidade e se fortaleceu no século XVI com a cultura europeia que rompe as fronteiras do velho mundo. Pode-se denominar esta fase de "ocidentalização do mundo" ou Idade do Ferro da atual globalização.

A chamada ocidentalização do mundo conseguiu gerar duas consequências desastrosas na história da humanidade, a saber: a quase destruição (etnocídio) dos povos indígenas e a escravização dos povos africanos. E vale lembrar que tudo era feito, política e economicamente, em nome do Deus cristão da Igreja Católica (América Latina) e das confissões evangélicas (Estados Unidos e Canadá). A partir das últimas décadas, papas e bispos têm pedido perdão, mas continuam a sustentar nas bases o mesmo projeto colonizador, tanto no nível organizacional da estrutura fortemente hierárquica e centralizada quanto no plano teológico e espiritual que engessa e paralisa uma doutrina e não possibilita diversidades de interpretação e de vivência da fé. Enquanto isso não mudar, nada conseguirá apagar da história este projeto pré-globalizado que se implantou nas consciências de muitas nações.

Podemos dizer então que

> a cultura ocidental conseguiu impor a todos os povos sua forma de acercar-se da natureza mediante a tecnociência, sua maneira de organizar a sociedade (a democracia representativa), sua visão de pessoa humana (cidadão com direitos inalienáveis) e a maneira de entender e cultuar Deus no cristianismo como religião hegemônica no mundo (ARRUDA & BOFF, 2001, p. 26).

Sempre houve formas diversas de reagir a essa situação. Algumas vezes, as pessoas, sem ter quem as oriente e sem outras possibilidades, pensam em saídas individuais, às vezes, ilegais e extremas. A realidade em que vivem é tão opressiva que elas lutam, como se dissessem: "Morrer por morrer, morremos lutando".

No entanto, muitas vezes, não agem apenas assim por uma espécie de situação de desespero. São movidas por uma motivação mais profunda e positiva. Em todos os tempos, sempre houve e há grupos e povos que, mesmo em condições de grande risco, fragilidade ou inferioridade militar, não se conformam com a injustiça e tentam repetidas vezes a luta pacífica ou mesmo armada pela liberdade.

Em diversos países da África, da América Latina e Caribe, a desigualdade social imensa e a realidade dos empobrecidos e excluídos pelo sistema opressor chega a um ponto tão extremo de sofrimento e opressão que não há outra saída senão unir-se e se organizar na luta pela liberdade e pela vida.

Em todo o continente latino-americano, desde a última década do século XX, muitos grupos indígenas, ameaçados de extinção ou mesmo considerados extintos, retomaram sua vida comunitária, recomeçaram a luta pela conquista dos seus antigos territórios e pela retomada de suas culturas próprias, inclusive língua e tradições religiosas. No Brasil, ao menos 40 grupos que eram considerados como desaparecidos, atualmente, se apresentam vivos e lutando por sua libertação. Ainda no Brasil e em diversos países do continente, de todas as camadas da população, são as populações indígenas as que mais crescem e revelam uma vitalidade impressionante.

Do mesmo modo, em todo o Brasil, na primeira década deste século, o governo federal registrou mais de três mil comunidades e grupos que se consideram remanescentes de Quilombos, isto é, de comunidades afrodescendentes livres e que lutam por sua liberdade em um território que lhes pertence. Apesar de todas as lutas por demarcação de terras e da conjuntura nacional brasileira que não é de modo algum favorável a índios e remanescentes de quilombos, é admirável ver a persistência e coragem desses grupos na sua caminhada de libertação.

Em outubro de 2017, o Papa Francisco anunciou a realização de uma Assembleia Especial do Sínodo dos Bispos para a Amazônia. Esse sínodo que se realiza em outubro de 2019 em

Roma tem sido preparado de forma original e nova, a partir da escuta atenta e participativa dos diversos povos e segmentos que compõem a região pan-amazônica que integra nove países (Brasil, Venezuela, Colômbia, Peru, Equador, Bolívia, Guiânia Francesa, Guiânia Inglesa e Suriname).

Na mensagem final de um seminário convocado pelo Conselho Episcopal Latino-americano (Celam) e realizado de 5 a 9 de novembro de 2018, em Bogotá, na Colômbia, bispos e secretários das Comissões Episcopais sobre a pastoral entre os povos originários repercutiram esse grito à consciência e confirmaram a situação dramática em que os povos indígenas ainda são obrigados a viver:

> Com dor constatamos que esses povos estão sofrendo em todos os países uma situação de desprezo, marginalização e até criminalização. Frequentemente, são desalojados de seus territórios tradicionais, o que os obriga a migrar para zonas urbanas, onde sofrem o despojo de sua dignidade e de seu direito de ser diferentes [...]. O sistema neoliberal globalizado oprime rapidamente qualquer pequena alternativa emergente. Existe pouco espaço para que os Povos Originários possam contribuir com a grande riqueza de seus valores humanos que desenvolveram e mantêm durante milênios, resistindo a toda classe de colonização, invasão ou dominação (PALOSCHI, 2019, p. 17).

Diante dessa realidade, o desafio maior para o Sínodo dos Bispos sobre a Amazônia é que a maioria dos bispos do mundo aceite se deixar "amazonizar", no sentido de reconhecer que o Verbo se faz carne nos povos e na natureza da Amazônia e dessa periferia do mundo pode vir a salvação de uma Ecologia Integral (tema do sínodo) para o mundo inteiro. Principalmente, os próprios bispos, padres, religiosos/as e agentes de pastoral que atuam na região amazônica precisam viver o Pentecostes novo de entender as línguas dos povos e culturas diversas para construir a unidade da fé na diversidade das culturas e realidades do mundo atual.

> Monsenhor Ricardo Urioste, um dos mais próximos colaboradores de Monsenhor Romero em El Salvador, afirmou que em seu país "desde a conquista até os tempos contemporâneos, quando o Concílio Vaticano II começou a mudar essa realidade, a Igreja Católica é parte do tripé sobre o qual se alicerça o país. Durante todo esse tempo, ela sempre esteve junto dos militares e dos que detêm o capital. E essa é a realidade de toda a Igreja latino-americana, salvo algumas grandes exceções, como o Bispo Bartolomé de Las Casas, no tempo da conquista" (PAOLI, 1989, p. 44).

Mesmo assim, no decorrer da história do nosso continente e principalmente na segunda metade do século XX, muitas comunidades e pessoas de fé cristã, em nome da fé e por serem cristãos e cristãs, passaram a assumir uma postura sociopolítica crítica. Homens e mulheres de fé se colocaram junto a todas as pessoas que participam de movimentos sociais e grupos políticos de esquerda na caminhada da libertação.

Além desses irmãos e irmãs de várias Igrejas cristãs que se colocam no caminho de um cristianismo libertador, também se somaram pessoas e grupos de diversas outras religiões, tanto orientais (budismo) como das tradições originárias de nossos povos (tradições afrodescendentes e indígenas) que começaram a ler a fé e a vida a partir do apelo da libertação como sendo apelo divino e como sendo fundamental e ponto central de espiritualidade no modo de viver a fé.

Em 1994, na Arena de Verona, Dom Helder Camara, já com 85 anos, assim falava ao movimento italiano Mani Tesi (Mãos Estendidas):

[...] não estamos sós. Por isso, não aceito nunca a resignação nem o desespero. A última palavra neste mundo não pode ser a morte, mas a vida! Nunca mais pode ser o ódio, mas o amor! Precisamos fazer com que não haja mais desânimo e descrédito e sim esperança. Nunca mais vençam as mãos enrijecidas contra o outro e sim o que o movimento de vocês valoriza: Mãos estendidas! Unidas na solidariedade e no amor para com todos.

II
A vocação interior de todo ser humano à libertação

No mais íntimo de cada ser humano há uma vocação para a liberdade, embora nem sempre isso se manifeste claramente e nem todas as pessoas em condições de escravidão ou de sofrimento tomem consciência disso. Essa vocação para a liberdade se revela na luta pessoal que leva prisioneiros/as a tentar tudo e cada vez de novo e sempre para escapar das prisões, mesmo dos complexos carcerários mais rígidos e absurdamente fechados. Quem não se recorda do relato (verdadeiro ou fantasiado) do francês Henri Carrière no livro *Papillon*, transformado em filme em 1973, pelo diretor norte-americano Franklin Schaffner e refeito pelo diretor Michael Noer em 2017? O cinema internacional sempre explorou essa vocação. Basta pensar em filmes como *Alcatraz, fuga impossível* (1979) e *Sonho de liberdade* (1994).

É o mesmo apelo interior que explica que, em toda história da escravidão humana, sempre houve rebeliões. No mundo antigo ficou famosa, entre outras, a aventura de Spartacus, que liderou uma revolta de escravos contra a República Romana. Na América Latina, os escravos fugidos dos engenhos da escravidão criaram comunidades livres. Até hoje, no Brasil, temos milhares desses grupos, descendentes dos antigos escravos que fugiram da servidão. São as comunidades de remanescentes dos quilombos.

No sudoeste do México, em Chiapas, no dia 1º de janeiro de 1994, apareceu de repente para todo o mundo e para o país o Exército Zapatista de Libertação Nacional (EZLN), formado por índios/as de diversos grupos todos ligados à etnia Maia. Em uma rebelião armada, mas não violenta, eles assumiram o controle daquela região. Reivindicavam a reapropriação do território de 39 municípios pertencentes a seus ancestrais Maias. Essas terras tinham sido roubadas por latifundiários que tomaram a terra e fizeram os índios de escravos. Sem violência, mas com tenacidade, os zapatistas foram ocupando pacífica mas corajosamente esse território e organizaram o território em municipalidades autônomas. São cinco *caracoles* (os índios chamam de caracoles as conchas usadas para convocar a comunidade). Assim, eles se organizaram para resolver por si mesmos e sem depender do governo os problemas das comunidades. Cuidaram das reservas naturais para protegê-las. Estabeleceram sistemas autônomos de educação, saúde, produção agrícola e justiça inspirados nos valores coletivos e nas tradições indígenas. Para governar as comunidades, as assembleias comunitárias do povo elegem por três anos homens e mulheres indígenas. Esses são eleitos para exercer seus mandatos sem receber nenhum salário especial. Vivem do trabalho que já tinham antes e devem administrar obedecendo. Se não obedecerem ao povo, podem ser substituídos a qualquer momento. É um tipo de sociedade na qual o *nós* prevalece sobre o *eu* e o espírito comunitário permeia a vida social.

Por terem iniciado esse caminho, eles têm pagado um preço caríssimo. Desde que começaram já se somam em centenas as pessoas assassinadas e desaparecidas. Mas, cada vez mais, no México e em todo o mundo, esses índios têm conquistado o apoio e o coração de toda a humanidade. Nem sempre os grupos e pessoas em situação de opressão conseguem manter essa consciência da dignidade humana e do direito à liberdade. No decorrer da história, para isso, muitos foram despertados por uma fé religiosa ou ligada a uma tradição espiritual.

1 A fé no mistério e o chamado à libertação

Quase todas as tradições religiosas, ao pretender ligar o ser humano e as comunidades com uma realidade transcendente, têm como função revelar às pessoas que esse mistério já está presente e deve atuar em suas vidas a partir de agora. As mais antigas tradições espirituais, como as diversas formas de xamanismo e de religiões tribais, seja na Ásia, na África ou no continente americano, sempre tiveram uma função de curar doenças, guiar o ser humano na relação mais harmoniosa com a natureza e uns com os outros. Mesmo se não explicitamente todas as tradições antigas sempre revelaram que o ser humano tem uma vocação fundamental a ser livre. Como as culturas tradicionais são sempre de cunho comunitário e nas quais o coletivo é prioritário, o anseio da libertação tende sempre a tomar a forma de lutas comunitárias. Dessa forma, as pessoas tendem a se unir não somente como multidão informe, mas organizar-se como povo que tem consciência de ser uma unidade. Essa realidade, o Padre Comblin chama de "povo dos pobres" (p. 183).

Pela América Latina e Caribe, nos períodos mais pesados da escravidão, negros e negras, sequestrados de diferentes países da África, conseguiram superar suas divisões tribais, foram capazes de se colocar de acordo, idiomas e culturas muito diferentes entre si, e assim deram à luz uma religião que tomou formas diferentes segundo as regiões (candomblé no nordeste do Brasil, santeria em Cuba, vodu no Haiti e assim por diante). Essa fé sintetizava os cultos e crenças dos seus antepassados em diferentes países africanos. As comunidades negras resistiram a todas as repressões da sociedade dominadora e também das Igrejas cristãs que condenavam os seus cultos como demoníacos. Mesmo na clandestinidade, mantiveram vivos esses cultos, proibidos pelos dominadores. E essas tradições espirituais, embora nunca falassem em escravidão e liberdade e não tivessem jamais formulado nenhum discurso político, foram elementos fundamentais na resistência cultural, social e política dos grupos afrodescendentes, no fortalecimento de sua unidade, na consciência de sua dignidade humana e no manter vivo o sonho da justa libertação.

Além da importância das religiões afrodescendentes e também das expressões religiosas ancestrais dos povos indígenas, até hoje, presentes e atuantes no continente, muitas vezes, principalmente nos ambientes urbanos, as comunidades pobres assumiram formas de cristianismo que têm profunda autenticidade de fé. São fontes de espiritualidade para quem as pratica e souberam inserir-se nas culturas indígenas e populares. Apesar de elementos que podem ser julgados negativos, como o fatalismo e certa inclinação para expressões doloristas, esse tipo de fé possibilitou aos oprimidos uma expressão clara de sua dignidade. Muitas vezes, novenas, procissões e organizações de confraria foram e são ainda expressões de resistência cultural e mesmo de caminhos de libertação. Nos tempos da escravidão, no Brasil e em outros países, confrarias religiosas organizadas por negros foram instrumentos importantes de libertação para escravos. Elas serviram como grupos legais (já que eram consideradas como religiosas) nos quais os negros expressavam a sua dignidade humana e a sua cultura.

Em todo o mundo, a história revela relações positivas e, ao mesmo tempo, contradições entre as tradições religiosas e o direito humano à liberdade e à libertação dos oprimidos. Talvez o sinal mais vergonhoso disso seja lembrar que o primeiro navio negreiro que veio da África para a América trazendo centenas de escravos negros, "esse primeiro navio do tráfico negreiro tinha como nome: El Jesús" (HOUTARD, 2006, p. 112).

Sem dúvida, em toda a história, o cristianismo tem sido a religião que mais pareceu ligada a colonizadores e conquistadores violentos. No entanto, podemos afirmar que, muitas vezes, todas as grandes religiões traíram o seu espírito de origem e acabaram convivendo e, às vezes, até legitimando processos de injustiça, de desigualdade social e de opressão.

Isso provoca uma pergunta: *Por que, então, os oprimidos e vítimas da colonização aceitaram essa religião?*

Muitas vezes, fizeram isso forçados pela imposição dos dominadores e praticaram a religião oficial apenas em sua exterioridade. No entanto, na maioria das vezes, se tornaram profundamente cristãos, hinduístas ou budistas. Isso pode ter sido e ainda hoje ser fruto de alienação. Como um animal que busca refúgio naquele que o vai matar. No entanto, pode ter sido também pela inteligência dos oprimidos que foram capazes de redescobrir, como um fogo aceso por baixo das cinzas, um substrato de fé libertadora mesmo nas religiões de seus opressores. As próprias populações oprimidas mostram que, em si mesmas e nas suas raízes, no seu núcleo mais profundo, toda religião tem um caráter de vocação para a liberdade. Basta pensarmos que caminhos espirituais, como algumas religiões orientais como o budismo em suas diversas formas e as religiões abraâmicas (o judaísmo, o cristianismo e o Islã) surgiram e se desenvolveram em torno do tema da liberdade. Podemos afirmar que, de certa forma, foram criados para inspirar e apoiar as pessoas e comunidades no caminho da liberdade. Chegaram a explicitar o pensamento sobre a liberdade. E, entretanto, em muitos momentos da história, de certa forma, parecem ter legitimado sistemas e sociedades opressoras e destruidoras da liberdade humana para todos. Como isso pode ter sido possível? E será que não é esse o problema principal, por trás das posições de cardeais, bispos e grupos ditos cristãos que defendem o imperialismo norte-americano e desejam voltar a uma Igreja-Cristandade que, em nome de Deus, dominasse as consciências humanas e mantivesse o seu poder na sociedade internacional?

Como descobrir o rosto libertador do Deus dos cristãos que é o Deus do universo e que, de diversas formas e nas mais diversas culturas, se manifesta na pluralidade das religiões e mesmo para além delas. Já na década de 1980, na África, escrevia um famoso teólogo do Camerun: "Os cristãos da África não podem mais fugir da pergunta fundamental: Como articular a nossa experiência de Deus com os nossos compromissos cotidianos, em um contexto marcado por mecanismos de pobreza e de dominação?" (ELA, 1986, p. 22).

No próprio catolicismo popular, temos experiências como a devoção à Virgem de Guadalupe e no Brasil, a devoção à imagem de Aparecida. Por mais que ambas tenham por trás a Cristandade colonial, os pobres souberam se apropriar dos símbolos religiosos e os tornarem sinais e instrumentos de resistência espiritual dos mais pobres.

No México, através do índio Juan Diego, os índios descobriram que, através da figura de Maria, Deus os tem na dobra do seu manto maternal. No sudeste brasileiro, no começo do século XVIII, em plena época da escravidão, em um local que era ponto de pouso para os bandeirantes e garimpeiros a caminho das Minas Gerais, os pescadores e o povo mais pobre souberam se identificar com uma imagem que era expressão da vida deles, imagem enegrecida, quebrada e reciclada para ser figura da resistência dos pobres.

Um dos primeiros milagres de Aparecida conta que um negro escravo, fugido do seu dono, tinha sido aprisionado. Antes de ser castigado, o rapaz pediu para orar diante da imagem de Nossa Senhora Aparecida. Foi-lhe então consentido e o levaram acorrentado para o oratório. Diante da imagem, à vista de todos os presentes, as correntes que mantinham o escravo aprisionado se soltaram e todos se encheram de espanto e medo.

Na América Latina, já antes do Concílio Vaticano II, alguns cristãos, mesmo padres e pastores, seja em Cuba, seja na América Central e no Brasil, tiveram essa intuição de que a fé está ligada ao compromisso de ajudar na libertação do povo. Em diversos países da América Latina e Caribe, várias figuras de padres e religiosos/as estiveram ligadas às lutas de libertação. Embora a hierarquia eclesiástica, em sua maioria, sempre se pronunciou pelos espanhóis e colonizadores e contra os índios, alguns religiosos, como na América do Sul os jesuítas com suas missões, defendiam a liberdade dos povos índios. "A história registra que, na rebelião de Tupaq Amaru, em 1780, vários padres e religiosos fomentaram a rebelião e dela participaram ativamente, contra os interesses dos brancos e dos patrões" (BASCOPÉ, 2008, p. 82).

No México, os padres Miguel Hidalgo e José Maria Morelos; em Cuba, o Padre Félix Varela; no Brasil, Frei Caneca e outros são apenas exemplos mais visíveis de cristãos que, por sua fé, tomaram posições sociais e políticas que visavam a transformação da realidade. Muitos outros, homens e mulheres leigos/as, fizeram o mesmo. No entanto, a doutrina e a espiritualidade cristã se expressavam de uma forma que não facilitava essa relação entre fé e política. Parecia que as pessoas faziam isso, apesar de sua fé e não justamente pelo fato de serem cristãos e discípulos/as de Jesus. Isso ficou mais explícito nos movimentos populares revolucionários a partir de 1960 e principalmente nas décadas seguintes.

2 As tradições religiosas e a Libertação

Na história da humanidade, muitas escolas de Filosofia e também a maioria das tradições religiosas surgiram para ajudar as pessoas a tomarem consciência de sua realidade de "pessoas oprimidas" e para orientá-las no caminho da libertação. Nos séculos antigos, parecia natural que a humanidade fosse dividida entre senhores e escravos, entre patriarcas e pessoas que dependiam deles. Em uma cultura na qual não se distinguia a realidade histórica da vontade dos deuses, isso aparecia não somente como uma realidade natural (o mundo sempre foi assim), mas também sendo uma vontade dos deuses que protegem aqueles que são seus. Se os faraós do Egito já eram por herança, desde o nascimento, senhores do país e da vida das pessoas, era porque eram filhos de Aton-Ra, o deus sol. Se os reis da Babilônia, ou, mais tarde, os imperadores de Roma, eram senhores do mundo conhecido era porque eram divinos e filhos da divindade.

Na Índia, durante muitos séculos, muitos ritos e religiões explicavam a divisão de classes sociais (castas) como sendo expressão da própria divindade. Os sacerdotes e príncipes seriam encarnações da cabeça de Brahma; os guerreiros e comerciantes, os braços da divindade; os servos, os seus pés; e os párias ou *dalits* são excluídos e impuros porque nem fazem parte do corpo social da divindade.

Atualmente, ao ler esse tipo de explicação (que corre o risco de caricaturar um antigo ensinamento religioso), podemos ter a impressão de algo muito primário e evidentemente sem sentido. No entanto, de outras formas e expressões, até hoje, o sistema social e econômico que domina o mundo (o capitalismo em sua forma neoliberal) continua ensinando que as coisas são assim porque Deus quer que sejam assim. No Brasil é comum encontrarmos nas ruas um carro com uma faixa com os dizeres: "Este carro foi Deus quem me deu". Programas religiosos nas televisões transmitem testemunhos de pessoas que foram curadas por obra de Deus (e as que morreram, foram mortas por Deus?). Padres carismáticos e pastores prometem a bênção de Deus para as pessoas se saírem bem na venda de uma casa, na obtenção de um emprego e em uma viagem de negócios. E quanto mais essa propaganda religiosa se difunde, mais vemos uma massa imensa de pessoas pobres e abandonadas jazendo pelas ruas e sem poder invocar o nome de Deus a seu favor (MUÑOZ, 1988).

Diante disso, é necessário e urgente sublinhar como os diversos caminhos espirituais nasceram e se desenvolveram com a vocação para despertar nas pessoas e comunidades a energia para a libertação.

Desde os séculos antigos, no Oriente, diversos caminhos espirituais se tornaram conhecidos como caminhos de sabedoria para se alcançar a libertação. Na África, diversos povos descobriram que, mesmo em meio a sofrimentos e lutas terríveis, o domínio sobre o corpo, a música coletiva que parece expressar a melodia íntima que cada pessoa traz no seu ser mais íntimo e a dança que decorre desse ritmo dão à comunidade e a cada pessoa uma força interior muito grande para entrar em comunhão com a energia do universo e se harmonizar consigo mesmo, com os outros e com a mãe Terra, a água e a natureza. Os povos de tradição *Iorubá* chamam isso o *Axé*.

Na China, no século VI antes da nossa era, o sábio Confúcio (Mestre Kong) ensinou uma sabedoria que se baseava no senso comum e buscava o equilíbrio humano, pessoal e coletivo, como vitória contra os sofrimentos pessoais e comunitários. A filosofia de Confúcio sublinhava uma moralidade pessoal e governamental, os procedimentos corretos nas relações sociais, a justiça e a sinceridade.

No mesmo século, na Índia, um dia, ao sair do seu palácio para passear, o Príncipe Sidharta Guatama se confrontou com a multidão de pobres e miseráveis que jaziam nas sarjetas, em uma situação sub-humana de vida. De tal forma ele se condoeu com aquela realidade que renunciou à sua condição de príncipe, se tornou mendigo e monge.

Buda compreendeu a libertação como um processo antes de tudo interior à pessoa que a partir da consciência pessoal se expressa em relações de solidariedade (compaixão) social. Somente a pessoa interiormente livre e livre de tudo o que o inquieta e angustia, livre de todos os desejos, pode ser livre e libertadora. Buda ensinou que o caminho para a libertação está na consciência que pode ser alcançada por práticas e crenças espirituais, como a meditação e o yoga. Ele e seus discípulos acreditam que a consciência física e espiritual leva à iluminação e elevação, o chamado *nirvana*. É o plano mais alto de consciência, onde o ser está livre da dor do mundo físico. Entre os primeiros ensinamentos de Buda estão as "quatro verdades nobres" que têm como objetivo libertar o ser humano da dor.

No decorrer da História, sem dúvida, esses caminhos espirituais deram a muitas pessoas a força interior para resistir no meio de muitas opressões e sofrimentos. No entanto, ao insistirem na libertação interior, muitas vezes, pareceram indiferentes à organização injusta da sociedade. E os diversos sistemas de dominação nunca se sentiram ameaçados por essas intuições religiosas. É verdade que, no decorrer dos tempos, todos esses caminhos espirituais tiveram profetas e mesmo mártires. O mundo ainda se recorda com espanto da imagem de monges budistas que ateavam fogo em si mesmos como forma de protesto contra a guerra do império norte-americano contra o Vietnã ou depois contra a ditadura, dita budista, na Birmânia, atual Myanmar.

Sem dúvida, a figura mais emblemática da tradição oriental que representa um mártir da libertação interior, mas também social e política de um povo, é o Mahatma Gandhi. Embora, durante toda a sua vida, tenha se mantido fiel à tradição hinduísta, Gandhi propunha uma união das diversas tradições espirituais em função da vida e da libertação de todos. Para falar de *libertação*, Gandhi empregava o termo swaraj. "Swaraj è a expressão hindu empregada por Gandhi para indicar libertação. Aparece centenas de vezes em seus discursos e escritos. Apesar de não ser uma expressão criada por ele, sem dúvida, ele contribuiu para fixá-la como o termo hindu para libertação, liberdade, independência, autodeterminação, autogoverno e autonomia" (JESUDASAN, 1986, p. 85).

Para a libertação, Gandhi propunha o método da *satyagraha, o caminho da verdade* e a *ahimsa, a não violência ativa*, o que incluía a desobediência civil e a não colaboração com o sistema opressor. Na sua cultura e do seu modo, Gandhi insistia em um ponto que caracterizou na América Latina a intuição original de Che Guevara.

Já no começo dos anos de 1960, Guevara escrevia: "Para construir o comunismo, contemporaneamente à base material, é necessário criar um ser humano novo" (GUEVARA, 1965, apud GIRARDI, 2005, p. 163).

Como outros intelectuais latino-americanos, Che Guevara estava convencido do potencial revolucionário da fé cristã: "Quando os cristãos tiverem a coragem de dar um testemunho revolucionário integral, a revolução latino-americana será invencível. Até agora, os cristãos permitiram que a sua doutrina fosse instrumentalizada pelos reacionários" (GUEVARA, apud GIRARDI, 2005, p. 53).

Um dos mais importantes esforços de Gandhi na Índia dos anos de 1940 foi conseguir uma unidade entre hindus e muçulmanos.

O Islã é a religião revelada ao Profeta Mohamad (Maomé) para dar paz à humanidade (Salam é da mesma raiz do termo Islã.)

O Profeta Maomé reuniu diversas tribos árabes que antes viviam em conflito na unidade de uma única fé. Mesmo de forma muito independente, de fato, o Islã se tornou uma espécie de inculturação da fé abraâmica às culturas nômades do deserto. A primeira profecia do Islã é o seu caráter fortemente comunitário. Como na Bíblia, Deus faz aliança com o povo e em função de sua vida e de sua libertação. O Corão contém uma ética de justiça que possibilita uma consciência da dignidade humana e de como toda a humanidade reflete a transcendência divina.

Angelus Silesius, místico medieval para quem a Teologia começa pela Poesia, assim escreveu:

> O ser humano tem dois olhos,
> Um somente vê o que se move no tempo que passa.
> O outro, o que é divino e eterno (apud ALVES, 2003, p. 37).

3 O clamor dos oprimidos e a escuta da fé

Sem dúvida, em todas as Américas, o grupo humano que mais nos dá exemplo de resistência em todos esses séculos tem sido o dos povos indígenas. E, realmente, eles vivem essa resistência em permanecer nas suas terras ancestrais (são continuamente expulsos e a ela voltam, mesmo que seja para nela morrer), seu apego a suas culturas tradicionais, tudo isso é ligado à sua espiritualidade. Estão convencidos de que a relação com Deus é ligada à sua relação com a terra e à sua vocação à liberdade.

Também as comunidades negras e de cultura afro podem nos dar cursos e exemplos de resistência e de criatividade na energia de sorrir das desventuras e prosseguir a luta de cabeça erguida.

Em toda América Latina, pelo menos desde a metade do século XX, vários movimentos rebeldes e projetos revolucionários tiveram a participação de cristãos e a partir de sua fé. Em vários países, mesmo padres e religiosos/as entraram nos grupos e movimentos socialistas.

Em 1967, na Colômbia, o Padre Camilo Torres deixou o exercício do ministério presbiteral e entrou na guerrilha. Era um gesto extremo e impactante. Ele declarou que não se poderia autenticamente oferecer na Eucaristia o memorial do sacrifício de amor de Jesus na cruz sem antes realizá-lo de forma objetiva, na entrega da vida em função dos oprimidos, ou seja, através da revolução que procure transformar o mundo.

A partir da década de 1970, a experiência das Comunidades Eclesiais de Base e das pastorais sociais deu a essa inserção dos cristãos nos movimentos sociais de transformação do mundo uma base sólida e profunda.

No Brasil, em 1980, a partir da experiência do Conselho Indigenista Missionário (Cimi), Dom Pedro Casaldáliga e o poeta Pedro Tierra se reuniram com índios de diversas etnias e, junto com o compositor argentino Martín Coplas, criaram as letras e músicas dos cânticos da *Missa da Terra Sem Males*, experiência de uma celebração eucarística a partir do sofrimento da conquista e de suas consequências.

Dois anos mais tarde, no diálogo com comunidades afrodescendentes e remanescentes de Quilombos, os mesmos Pedro Casaldáliga e Pedro Tierra, dessa vez com a colaboração artística de Milton Nascimento, compuseram a *Missa dos Quilombos*, na qual a experiência terrível do sofrimento dos negros e sua resistência se tornam material de oferecimento do louvor e da entrega da vida ao Pai de Amor.

Quase imediatamente houve uma intervenção do Vaticano e as celebrações dessas missas foram proibidas. Algumas vezes, os autores têm retomado essa realização como uma liturgia da Palavra ou um ágape que não assume a forma de missa.

☙

Canção da foice e do feixe
Dom Pedro Casaldáliga

Com um calo por anel,
Monsenhor cortava arroz.
Monsenhor "martelo"
E foice?

Me chamarão subversivo
E eu lhes direi: O sou.
Por meu povo em luta, vivo,
Com meu povo em marcha, vou.

Tenho fé de guerrilheiro
E amor de revolução.
E entre Evangelho e canção,

Sofro e digo quanto quero.
Se escandalizo, primeiro
queimei o próprio coração
ao fogo dessa paixão
crua do Seu mesmo madeiro.

Incito à subversão
contra o Poder e o Dinheiro.
Quero subverter a lei
que perverte o povo em grei
e o governo em carniceiro
(Meu Pastor se fez cordeiro
Servidor se fez meu Rei).

Creio na internacional
das frontes levantadas,
da voz de igual para igual
e as mãos entrelaçadas...
E chamo a ordem de mal
e o progresso de mentira.
Tenho menos paz que ira
Tenho mais amor que paz.

Creio na foice e no feixe
dessas espigas caídas:
uma morte e tantas vidas!
Creio nesta foice que avança
sob este sol sem disfarce
e na comum Esperança
tão encurvada e tenaz (CASALDÁLIGA, 1978, p. 55-56).

Anotações do diário de Dom Pedro Casaldáliga no dia 6 de abril de 1972

É preciso ser duro sem nunca perder a ternura, dizia o Che. É preciso lutar sem ódio, amar o inimigo, fazer a guerra em paz, diz o Senhor. As iras, as armas, inclusive o sangue, as repressões e agressões destes dias me chamam a uma maior compreensão, a uma caridade apesar de tudo, à Paz de Cristo, no final das contas. Talvez o limite a que chegamos – como todo limite – seja uma boa lição espontânea. O que não significará, de modo algum, nem marcha à ré nem menos ainda acordo. "Não vim trazer a paz, mas a guerra". "Minha paz lhes deixo... não como o mundo a dá". A Paz da Páscoa (CASALDÁLIGA, 1978, p. 57).

III
Processos de libertação

Equívocos

Onde tu dizes lei,
Eu digo Deus.
Onde tu dizes paz, justiça, amor,
Eu digo Deus!

Onde tu dizes Deus,
Eu digo liberdade,
Justiça,
Amor!
Dom Pedro Casaldáliga

Na América Latina, quando alguém pergunta como está a Teologia da Libertação, é comum que eu e muitos outros irmãos e irmãs, inseridos nesse caminho, respondamos: – Mais importante do que a Teologia da Libertação é o próprio processo de libertação. Dom Pedro Casaldáliga afirma: "Enquanto houver pessoas sendo oprimidas e enquanto houver Teologia Cristã, haverá Teologia da Libertação".

Em seu diário nos anos de 1970 ele traduz esse pensamento de outra forma ao revelar a resistência do povo que sofre. Ele escreve: "A teimosia popular é um manancial de energias de sobrevivência. Ou, quem sabe, seria melhor dizer que é o instinto de sobrevivência o manancial da teimosia do povo" (CASALDÁLIGA, 1978, p. 109).

Sem essa imensa capacidade de resistir e sobreviver não seria possível pensar a longa história de movimentos de resistência e tentativas de libertação ocorridos na América Latina e Caribe.

1 Resistências e rebeliões que a espiritualidade provoca

Na luta de resistência contra o sistema socioeconômico dominante e explorador há movimentos sociais que partem motivados pelas desigualdades e contradições sociais e contêm implicitamente uma mística de tipo religiosa. Só a título de exemplo, podemos citar: "Na Índia, desde o começo dos anos de 1990, quando o país adotou uma política liberal, se multiplicam revoltas dos dalits (pessoas consideradas abaixo de todas as castas sociais e por isso vistas como impuras). A reação não é exatamente uma luta de classes, mas de castas religiosas. Na Argélia, a reação é de defesa da identidade cultural e se manifesta por uma luta feroz sem um objetivo econômico e político claro, mas, em muitos casos, com forte conotação religiosa (muçulmana). No Sri Lanka, é a religião que serve de base à resistência ao reconhecimento da autonomia sociocultural dos tâmis (etnia do sul da Índia)" (HOUTARD, 2006, p. 72).

Na Igreja Católica e em outras confissões sempre existiram grupos e pessoas que, de alguma forma, em nome da fé, protestaram contra o sistema econômico que idolatra o dinheiro e o regime político que legitima as desigualdades sociais. Havia uma contestação à sociedade dominante e à hierarquia eclesiástica na mística da *fuga mundi* (fuga do mundo), vivida pelos monges cristãos. A partir do século IV, muitos desses monges deixavam a sociedade e mesmo as comunidades eclesiais estabelecidas no Império e iam viver no deserto. Mais tarde, no século XIII, Francisco de Assis iniciou um movimento evangélico de caráter profético denunciador do acomodamento da Igreja ao império.

No tempo das conquistas, já vimos que diversos missionários como Bartolomé de las Casas em Chiapas, Antonio de Montesinos em Cuba, Antonio Valdiviesos na Nicarágua e tantos outros bispos e padres que defenderam os índios, os negros, condenaram a escravidão e criticaram o que eles viam como sendo abusos da colonização. No entanto, esses abusos eram inerentes ao próprio sistema.

É comovente ver como esses missionários críticos à escravidão são coerentes ao mostrar que o cristianismo contém um juízo ético, em consonância com o espírito evangélico que é necessariamente radical. Não há meio-termo possível quando se trata da dignidade dos seres humanos. Isso, todo os últimos papas têm escrito e afirmado. No entanto, aos missionários do tempo da colonização, como também nos documentos dos papas e da doutrina social da Igreja, falta um questionamento das relações sociais que estão nas bases desse sistema. Eles condenam os abusos do sistema e não percebem que a exploração do outro é a própria lógica do sistema. É verdade que nos seus discursos aos movimentos sociais e em sua encíclica *Laudato si'*, o Papa Francisco analisa o sistema como mau e assassino. É o sistema enquanto tal e não apenas os abusos do sistema. Ao fazer uma análise mais sistêmica, o papa é pouco compreendido. Em maio de 2018, dois organismos do Vaticano, impulsionados pelo papa, publicaram um documento de estudos sobre o capitalismo (Congregação para a Doutrina da Fé e Dicastério para o serviço ao Desenvolvimento Humano Integral, 2018).

Até hoje, nas Igrejas, há diversas iniciativas e movimentos que querem dar uma resposta imediata a situações de destruição social provocadas pelo sistema dominante. Fazer projetos em instituições europeias, obter ajuda dos ricos para ajudar os pobres pode ser uma ação emergencial necessária e urgente em determinados momentos de calamidade. Dom Helder Camara afirmava: "Embora a meta de qualquer combate seja ganhar a guerra, ninguém vai abandonar no campo os feridos da batalha". Nesse sentido, os pobres são feridos na guerra do capitalismo selvagem. Existem ações assistencialistas que criam dependência e não ressaltam a dignidade do pobre nem o tornam sujeito de seu processo de libertação. No entanto, há ações que são assistenciais e não assistencialistas. De todo modo, essas ações, que em determinadas urgências podem ser inevitáveis, nunca chegam a fazer uma análise profunda da realidade. Podem até ser formas de tranquilizar as consciências e acabam sendo oportunas ao sistema dominante. Não chegam a perceber que as condições sociais são fruto da reprodução de um sistema social e econômico em si injusto e que a ação de ajuda aos pobres não pode e não deve legitimar.

Dom Oscar Romero advertia: "É fácil ser portador da Palavra e não incomodar a ninguém. Basta ficar no espiritual e não se engajar na História. Dizer palavras que podem ser ditas, não importa onde e quando, porque não são propriamente de parte alguma" (ROMERO, apud VILAIN, 2006, p. 41).

2 Um rápido olhar sobre a história

Em toda a história do cristianismo, talvez um caso bem típico e diferente de todos os outros tenha sido a chamada "guerra dos camponeses" que eclodiu nos anos seguintes ao aparecimento da Reforma de Lutero. A compreensão de que o Evangelho é fundamentalmente lei de liberdade e libertação levou o teólogo Thomas Munzer e seus companheiros e companheiras a apoiarem uma rebelião de camponeses contra os príncipes e proprietários de terra. Infelizmente Lutero e outros reformadores ficaram do lado dos príncipes, sob o pretexto de que a liberdade proposta pelo Cristo é espiritual e não política. Os anabatistas deram apoio e legitimidade de fé à revolução dos camponeses alemães.

Poucos anos depois, os menonitas pregavam um pacifismo radical. Até hoje, o movimento das Testemunhas de Jeová se nega a fazer serviço militar e a participar de qualquer movimento militarista.

Na América Latina, seria impossível resumir aqui a lista imensa de rebeliões e movimentos de luta pela libertação que desde os tempos da conquista marcaram o continente.

Nos primeiros tempos da colonização, foram missionários e bispos que, mesmo sendo espanhóis de nascimento, assumiram a defesa dos índios e a resistência ao sistema colonialista. Alguns, como Antonio Valdiviesos (1495-1550), bispo da Nicarágua, Diego de Medellín, bispo de Santiago do Chile (1574-1590) e outros denunciaram e lutaram contra os abusos do sistema, mas sem serem capazes de ver que o sistema colonial, em si mesmo, era iníquo, injusto e assassino. Enquanto isso, homens como Bartolomé de Las Casas (1474-1556), bispo de Chiapas no sul do México, grande teólogo que se levantou contra o sistema colonizador, Antonio de Montesinos e Pedro de Córdoba, dominicanos da ilha onde hoje é República Dominicana, foram capazes de criticar o próprio sistema.

Frei Antonio de Montesinos (1475-1540) expressou sua denúncia do sistema colonial em favor dos índios com um sermão que se tornou célebre na história do continente latino-americano e caribenho: "Eles não são homens? Não têm almas racionais? Não sois obrigados a amá-los como a vós mesmos? Não entendeis isso? Não sentis isso? Como estais em tanta profundidade de sono tão letárgico dormindo? Tendes por certo que, no estado em que estais, não vos podeis salvar" (apud GONZÁLEZ FAUS, 1996, p. 220).

Desde o início da colonização, os próprios índios foram os sujeitos de sua luta por libertação. No território andino, ainda nos primeiros tempos da colonização, houve vários movimentos de resistência índia contra os espanhóis. Esses movimentos foram liderados pelos incas Chalcu Chima, Kiskis e Ruminawi e outros. Ruminawi foi um verdadeiro general inca que, em 1533, incendiou a cidade inca de Quito para impedir que os espanhóis a conquistassem. Mais tarde, ele foi preso e fuzilado. Depois desses movimentos armados desde a época da colônia, surgiu um movimento pacífico e milenarista, em todo o Tawantisuyu, com o nome de "Taki Unquy". Este nome indica que "certas doenças se curam através da dança e do cantar". "Esperavam que com o final do ciclo do sol em que estavam (1560) as antigas *wakas* venceriam o deus cristão, responsável pela vitória dos espanhóis e os intrusos espanhóis seriam expulsos.

O sol daria início a um novo movimento cósmico indígena. Este movimento conseguiu reavivar e manter a esperança e a resistência de muitos *ayllus* andinos. Mais tarde, o levante indígena mais conhecido foi o da "rebelião de Tupaq Amaru, em 1780. O movimento teve muitos combates e contradições, mas "a finalidade da rebelião se orienta estritamente em favor do bem comum e da recuperação do reino dos Incas" (BASCOPÉ, 2008, p. 81).

Ele liderou 60 mil indígenas em um exército que só foi vencido nove anos depois. Conforme as tradições índias, ele se entregou para que mais gente inocente não fosse morta.

Em toda a América Latina, nos países que se beneficiaram do sequestro e da escravidão de africanos e seus descendentes, desde o século XVI houve revoltas e lutas armadas. No Brasil, durante muitos anos, no século XVII, no que era então a Província de Pernambuco, os escravos fugiam dos patrões e se juntavam em Quilombos. Houve diversos, muitos dos quais resistiram a invasões dos brancos e a ataques militares. O mais famoso deles foi o Quilombo dos Palmares, no qual o líder era Zumbi, que continuava o grande e lendário Ganga Zumba. Este havia sido morto pelos brancos. Em 1697, depois de terem conseguido destruir Palmares, os militares de Pernambuco, fortalecidos pelos homens do bandeirante Domingos Jorge Velho, mataram Zumbi e expuseram o seu corpo como exemplo em uma praça do Recife. Mas ele se tornou símbolo permanente da luta negra. Hoje ainda, o Brasil fervilha de quilombos e quilombolas que mantêm sua cultura própria e o seu anseio de terra e liberdade.

No Equador, antes mesmo que se desse o primeiro grito de independência, os afrodescendentes já tinham lançado esta semente. Em 1553, os primeiros africanos que chegaram a Esmeraldas fundaram ali o Reino dos Sambos, uma grande comarca que, com alianças entre palenques, chegava até Buenaventura, na Colômbia. Os negros Antón e Alonso de Ilescas foram seus primeiros reis. Outros foram Pedro de Arobe e seus filhos. Este reinado permaneceu livre e fora da Real Audiência de Quito por mais de cem anos. No Equador e Colômbia se multiplicaram os *palenques* e territórios livres, conquistados pelos ex-escravos que, tendo conseguido sua libertação, lutavam para libertar os outros companheiros.

A Revolução Haitiana, na qual escravos e ex-escravos, conforme a história oficial, liderados por Toussaint L'Ouverture, vencem o império espanhol tornou o Haiti a primeira república livre da América (1804). Foi uma visita ao Haiti que impressionou muito Simon Bolívar e o levou a provocar o movimento de independência de toda a América Latina de língua espanhola.

Quando falamos em libertadores, para toda a América Latina, a referência simbólica mais importante é Simon Bolívar. Ele nasceu em 1783 de uma família nobre e rica da Venezuela. Perdeu os pais muito cedo e viveu vários anos sob a guarda do seu tutor Simon Rodriguez, professor brilhante, discípulo do filósofo francês Rousseau. Em 1799, aos 15 anos de idade, Bolívar foi enviado pelos tios à Espanha. Passou três anos na Europa, onde se deixou seduzir pelo ambiente revolucionário. Mas, conta a sua biografia que, em Roma, diante de uma imagem de Nossa Senhora, ele fez uma promessa. Prometeu a Deus nunca descansar enquanto não visse sua pátria livre. Volta à Venezuela e ali declara: "Ainda que a guerra seja o resumo de todos os males, a tirania é o resumo de todas as guerras. [...] Juro diante de vocês e diante do Deus de meus pais que não permitirei que meu braço descanse, nem que minha alma sossegue, até ter rompido com os grilhões que nos oprimem" (apud LIRIA & ZAHONERO, 2006, p. 15).

Queria libertar todo o continente, não apenas dos espanhóis, mas de todo tipo de opressão. Venceu uma serie de batalhas e, de fato, conseguiu libertar do domínio espanhol a Venezuela, a Colômbia, o Peru, o Equador e a Bolívia. Queria constituir a grande Colômbia e não tomou o poder para si. Mas, as elites de cada país se apoderaram do poder e o manejaram de acordo com suas conveniências. Simon Bolívar, que nasceu rico e nobre, faleceu aos 47 anos, exilado da própria pátria que ele libertou, e alguns dizem que morreu envenenado. A história oficial diz que foi de tuberculose. A libertação dos negros e dos povos indígenas que Bolívar iniciou ficou ainda por se fazer.

Na Europa, os ensinamentos do Padre Louis Joseph Lebret, que já em 1941 fundara o movimento "Economia e Humanismo", tiveram uma grande influência nos setores cristãos da América Latina. Em 1953, o Padre Lebret associou-se a Josué de Castro, diretor da FAO, em um trabalho da ONU para estabelecer novos parâmetros para "os níveis de desenvolvimento dos países no mundo". Foi conselheiro de vários dos nossos governos e assessorou o Papa Paulo VI, sendo que seu pensamento se encontra muito presente na encíclica do papa *Populorum Progressio*, de 1967. Naqueles anos, apesar de tudo, ainda vigorava uma visão positiva da relação entre os países pobres da América Latina ou da África e os países ricos. O capitalismo internacional se movia em uma lógica, segundo a qual os países que se chamavam "em vias de desenvolvimento" estavam todos na mesma direção de um caminho único da humanidade em rumo a mais civilização e mais desenvolvimento. Certamente, se se investissem em políticas econômicas corretas e esses países contassem com ajuda do Primeiro Mundo, em breve, chegariam a alcançar os mesmos níveis dos países ricos. Pouco a pouco, cada vez mais quem olhasse a história a partir dos pobres viam que não era assim. Os programas de desenvolvimento serviam para aumentar a dívida externa dos países pobres e os tornavam mais dependentes dos ricos. Como tinha ocorrido na época da colonização, mais uma vez, a hierarquia católica, com a Doutrina Social e também os responsáveis pelo Conselho Mundial de Igrejas, denunciava os abusos do sistema, mas não percebia que esses abusos pertenciam à própria lógica do sistema. Os técnicos falavam em desenvolvimento com vários adjetivos: integral, social ou humano. Dom Helder Camara falava em "desenvolvimento com justiça". Mesmo em uma época na qual nenhum progressista criticava o conceito de desenvolvimento, ele exigia que fosse para todos e baseado na justiça.

A partir da década de 1960, em vários países da América Latina, grupos revolucionários e movimentos de transformação política já não queriam mais apenas refletir sobre a possibilidade de um desenvolvimento com cara mais humana. Cada vez mais um número maior de cristãos começou a perceber que desenvolver um sistema intrinsecamente mau seria alcançar um nível pior ainda. Deveriam lutar pela libertação deste sistema iníquo, se pudessem de forma não violenta. O lema passou a ser: *Desenvolvimento, não! Libertação!*

Quando, a partir dos anos de 1980, se tornou mais espalhado o paradigma ecológico, intelectuais criaram o termo "desenvolvimento sustentável". Mas, a lógica é sempre a mesma. No fundo, o desenvolvimentismo era uma visão interessada que não ia às raízes do problema.

Na Nicarágua, os sandinistas retomaram a mística do General Augusto César Sandino que lutou contra a ditadura nos anos de 1930. Em El Salvador, comunidades camponesas deram origem à Frente Farabundo Martí para a Libertação Nacional. Na Guatemala, várias revoltas indígenas foram sufocadas violentamente. Na Colômbia da década de 1960, a guerrilha toma as montanhas e encanta pessoas como o Padre Camilo Torres. Nos países do Sul, explodem movimentos e lutas revolucionárias, seja no Brasil da ditadura militar, seja no Chile de Allende, na Argentina dos generais, no Uruguai e em outros países.

3 Uma espiritualidade da libertação anterior à teologia

Quem se deter em analisar a história dos movimentos pela libertação na América Latina vai descobrir que, mais do que em outras regiões, os grupos e indivíduos não são motivados apenas pela realidade dura da qual são vítimas e da qual querem se libertar. Muitos foram e vão combater contra sistemas ditatoriais e pela libertação, motivados por sua fé. Mesmo se instituições religiosas como a Igreja Católica, que historicamente sempre se posicionou como aliada dos poderosos de plantão, muitos jovens e adultos crentes se sentiram chamados a lutar pela libertação e em nome da sua fé. Na Nicarágua, já desde os anos de 1950, cristãos lutavam contra a ditadura de Somoza (CARDENAL, 1976, p. 10). A Frente Sandinista reuniu cristãos, marxistas e pessoas de várias tendências políticas contra a ditadura. Na mesma época, em El Salvador, comunidades eclesiais de base se uniram aos grupos camponeses e deram origem à Frente Farabundo Martí para a Libertação Nacional. Na Colômbia no começo dos anos de 1960, a guerrilha toma as montanhas e encanta pessoas como o Padre Camilo Torres.

Ainda no começo do século XX, no Peru, em um ensaio escrito em 1925, José Carlos Mariátegui, grande filósofo e pensador latino-americano, escreveu: "A inteligência burguesa ocupa-se com uma crítica racionalista do método, da teoria, da estratégia dos revolucionários. Que mal-entendido! A força dos revolucionários não está na sua ciência, mas na sua fé, na sua paixão, na sua vontade. É uma força religiosa, mística, espiritual [...]. A emoção revolucionária [...] é uma emoção religiosa. As motivações religiosas se deslocaram do céu para a terra. Elas não são divinas, mas humanas e sociais" (MARIÁTEGUI, 1970, p. 22).

Mariátegui desenvolveu esta tese a partir da análise das sociedades peruanas e latino-americanas. Ele sabia que, na história do nosso continente, os grandes movimentos populares de insurreição contra a tirania e de mais justiça e igualdade para comunidades indígenas ou camponesas sempre começaram ou vinham entrelaçados de motivações espirituais. Na América Latina, a maioria dos movimentos revolucionários, como o do Tupaq Amaru ou a Confederação do Equador, em Pernambuco, tinha a participação de padres e muitos crentes. Esta dimensão religiosa popular pode ser ambígua (p. ex., milenarista e não histórica), mas, se os movimentos revolucionários canalizam esta força de forma histórica e mais lúcida, sem dúvida, isso será uma contribuição nova para as mudanças sociais.

Se as sociedades tradicionais são quase sempre teocráticas, na América Latina, as comunidades indígenas e mais tarde as populações que delas descendem viveram algo como aconteceu com o povo bíblico no tempo do cativeiro. Também na América Latina, a criatividade das populações locais soube fazer uma releitura própria da religião dos colonizadores e manter uma cultura ligada aos seus antigos valores espirituais. No nordeste do Brasil, na penúltima década do século XIX, Antônio Conselheiro, um advogado popular, começa uma comunidade religiosa no sertão da Bahia. Na aldeia de Canudos, o Conselheiro reúne a comunidade dos devotos. Nessa comunidade, muitos lavradores sem-terra começam ali um movimento pela comunitarização da terra e da vida. O governo brasileiro atacou o movimento e assassinou mais de 20 mil lavradores, degolando todos os prisioneiros. Estes sertanejos eram simples devotos cristãos, reunidos no território livre e sagrado do Bom Jesus, em Canudos, sertão da Bahia.

De 1913 a 1916, em Esmeraldas, Equador, acontece a famosa *Revolução da Concha*. Ali, os negros foram os grandes protagonistas. Eles lutavam pela libertação, mas também pelo direito de exercer suas culturas e expressar a sua religião. Mais ou menos na mesma época, no sul do Brasil, lavradores lutavam por terras tomadas pela companhia ferroviária inglesa e faziam a famosa "Guerra do Contestado". Os lavradores que organizaram essa rebelião se reuniam em torno do Monge

João Maria, um religioso eremita que lhes dava apoio espiritual para a luta.

Muitos outros movimentos foram se dando no decorrer dos anos. Não vale a pena elencá-los aqui. Mas, é importante observar que, em todos, a raiz da busca de libertação está na fé vivida como confiança de que Deus é Libertador e quer a liberdade e a vida para todos.

4 O Espírito Libertador sopra onde quer...

Ninguém de nós veria a ação do Espírito em guerras sagradas, de direita ou de esquerda. Talvez pudéssemos dizer que o sinal da ação do Espírito em qualquer movimento revolucionário está no esforço de criar uma maior humanização da vida.

O Cardeal Walter Kasper afirma: "Sempre que brota algo de novo, ali há uma manifestação da atividade do Espírito" (KASPER, 1997, p. 227). Como não ver o Espírito dando força às pessoas que até hoje procuram por parentes desaparecidos no Chile e inspirando movimentos como o das Mães e mesmo das Avós da Plaza de Mayo na Argentina?

Desde a Groenlândia até a Patagônia, um fenômeno comum às manifestações religiosas originais dos diversos povos indígenas do norte e do sul é o transe. A possessão e experiências do Espírito fazem parte do xamanismo e da pajelança. Mesmo condenadas e perseguidas pelo sistema colonial e pelas hierarquias eclesiásticas, as religiões indígenas e afro conseguiram sobreviver e manter a identidade cultural das pessoas. No passado, em meio a todos os suplícios da escravidão, essas crenças e ritos deram força aos oprimidos para eles manterem a consciência de sua dignidade humana. Às vezes, chegaram até a suscitar elementos de uma ética de resistência e de libertação. Nas últimas décadas, a partir da ressurgência indígena em Chiapas e da articulação dos movimentos indígenas em todo o continente, a revalorização das religiões ancestrais suscitou a retomada e releitura de importantes elementos de resistência social e política. Assim, por exemplo, os povos andinos e outros redescobriram o paradigma do *bem-viver*, presente nas cosmovisões de vários povos indígenas de todo o continente e que hoje se tornou um programa continental proposto como objetivo do Estado no caminho da construção de um "novo bolivarianismo". Em todo esse caminho, podemos ver um sinal da iluminação do Espírito Mãe. Ele fez esses povos não apenas revalorizarem suas tradições religiosas antigas, mas retomarem uma vitalidade nova em um renovado protagonismo social e político.

No belo livro *A queda do céu*, Davi Kopenawa, Xamã do povo Yanomami, mostra que, depois de um contato e até inserção na sociedade branca, ele foi resgatado para o seu povo e voltou à sua identidade indígena e a uma missão de resistência. O elemento que fez ele retomar esse caminho profético foi justamente o que ele chama "os Xapiris", os espíritos da floresta, manifestações do Oumana, o Espírito Supremo e Criador do céu e da terra. A caminhada de libertação dele e do seu povo Yanomami se dá a partir da escuta de uma palavra ou chamado de Oumana, o Espírito Supremo. O Xamã Yanomami afirma:

A respeito da fé cristã, suas palavras são muito críticas e pesadas: "Quando eu era criança, os missionários quiseram a todo custo me fazer conhecer Teosi [é a forma como ele compreendia o termo Deus]. Não esqueço essa época da missão Toototobi. Às vezes me lembro de tudo. Então digo a mim mesmo que Teosi talvez exista, como aqueles brancos tanto insistiam. Não sei. Mas, em todo caso, tenho certeza há muito tempo de não querer mais ouvir suas palavras. Os missionários já nos enganaram o suficiente naquele tempo! Cansei de ouvi-los dizer: 'Sesusi [Jesus] vai chegar! Vai descer até vocês! Chegará em breve!' Mas o tempo passou e eu ainda não vi nada! Então fiquei farto de escutar essas mentiras. Os xamãs não ficam repetindo essas coisas à toa! Eles bebem o pó de yakoana e logo fazem descer a imagem de seus espíritos. E só. Por isso, quando me tornei adulto, decidi fazer dançar os xapiri como os antigos faziam no tempo da minha infância. Desde então, só escuto a voz deles. Talvez Teosi se vingue de mim e me faça morrer por isso. Pouco importa, não sou branco. Não quero mais saber dele. Ele não é nem um pouco amigo dos habitantes da floresta. Ele não cura nossas crianças. Tampouco defende nossa terra contra os garimpeiros e fazendeiros. Não é ele que nos faz felizes. Suas palavras só conhecem ameaça e medo" (KOPENAWA, 2015, p. 275).

Aí vemos uma espiritualidade da libertação na caminhada indígena e uma teologia não libertadora e colonialista da parte dos missionários cristãos. É importante reconhecer isso para transformar.

Nas últimas décadas, na América Latina, uma das mais fortes expressões do Espírito Santo foi o desenvolvimento de uma pastoral indígena e afro que não só respeita, como valoriza espiritualmente as culturas e religiões originais. Não fazem isso apenas como método de diálogo ou abordagem pastoral e sim como caminho místico. Muitas pessoas que, com sinceridade e profundidade, se inserem nas comunidades religiosas de matriz africana e em grupos indígenas descobrem manifestações do Espírito Divino que, embora não saibam explicar, as conduzem para um caminho novo de integração e unidade.

O Padre José Comblin explicava: "A sociedade latino-americana é uma sociedade desintegrada. A maioria dos habitantes das cidades fica alheia a qualquer associação. O desemprego, as condições de vida difíceis e o ambiente hostil das periferias urbanas dificulta muito qualquer projeto comunitário. O êxodo permanente de pessoas, troca de moradias, tudo isso torna difícil a experiência das comunidades. Por isso, conseguir firmar uma comunidade de vida e de convivência é um verdadeiro milagre. Só mesmo uma ação especial de Deus que acompanha o seu povo pode tornar isso possível. É uma experiência quase extática, ainda que vivida no dia a dia e com serenidade. A comunidade é experiência de partilha. Compartilha a palavra, compartilha bens, compartilha o agir social e político, consegue às vezes até levar adiante uma ação pública em conjunto. É uma manifestação forte do Espírito Santo" (COMBLIN, 1987, p. 47).

Atualmente, nas periferias das cidades, marcadas pela violência urbana e por fenômenos como o desemprego e o tráfico de drogas, é impressionante como ainda os grupos conseguem se reunir. Uns grupos se juntam para cuidar de um rio poluído ou de uma natureza ameaçada. Outros se unem para orar em comunidades pentecostais. Alguns formam círculos bíblicos ou comunidades eclesiais de base. Outros se unem nos cultos afrodescendentes. Todos esses fatores de comunhão são os únicos fatores de humanização. Ajudam as pessoas a manterem a consciência de sua dignidade. Nelas, o Espírito de Deus se manifesta de formas diversas, seja nos transes pentecostais, seja na escuta da Palavra da Libertação nos círculos bíblicos e comunidades da caminhada, seja nas manifestações cultuais dos diversos Orixás, Inquices ou Caboclos. Todas essas formas revelam o que Paulo chama de "frutos do Espírito" (cf. Rm 8,6; Gl 5,22; Ef 5,9).

O Espírito Libertador nas lutas cotidianas da vida

> *A luta pela vida é a questão mais abrangente e que exprime melhor a experiência das comunidades cristãs latino-americanas.*
> COMBLIN, 1987, p. 48.

A luta pela vida tem uma dimensão básica de sobrevivência cotidiana. Cada vez mais as comunidades têm de assumir e enfrentar isso. Tem os aspectos do ganha-pão básico, a luta pela água no bairro, o problema do transporte, da segurança, saúde e outras questões fundamentais... Essas lutas de forma própria para cada contexto urbano ou rural. É uma caminhada que implica uma espiritualidade de resistência, uma mística de defesa e de cuidado com a Vida. O Espírito faz com que, além das questões básicas, mesmo em meio a todas as carências, as comunidades sejam capazes de suscitar cultura, qualidade de relações, arte e beleza. Mesmo em bairros de periferia mais pobres e em assentamentos precários, as pessoas se mobilizam em Pontos de Cultura. Por todo o nosso continente, ocorre o que, em outro contexto, escreveu Elizabeth Johnson: "Uma vez que o Espírito é o criador e o doador da vida, a própria vida em si, com todas as suas implicações, com sua riqueza, perigos, mistérios e alegrias, torna-se mediação básica da dialética da presença e da ausência do mistério divino. O mundo da história se torna sacramento da presença e da atividade divina" (JOHNSON, 1995, p. 187).

Se "o mundo da história" é sacramento da presença e da atividade divina, dentro deste mundo da história, mais ainda "a caminhada da libertação" é como condensação forte dessa ação divina do Espírito.

Pedagogia da Libertação

Todos sabem que, além de usar a lei e as forças armadas para se impor, um sistema social e político deve contar com a escola e os instrumentos da educação. Tradicionalmente, a alfabetização e a educação servem para adequar as pessoas ao sistema opressor. Ajudam as pessoas a interiorizar a opressão, a aprender "o seu lugar" e considerar como natural que uns tenham tudo e outros não tenham nada. Uns sejam senhores e outros sejam servos. Essa tentativa de adequação do educando ao sistema começa já na primeira educação das crianças.

Já em seu tempo, na Alemanha, o filósofo e cientista social Theodor Adorno afirmava que o desafio mais urgente da educação é "desbarbarizar a sociedade". Entre vários educadores/as que tomaram como missão pensar e viver a missão de educar como tarefa libertadora, certamente o mais emblemático foi Paulo Freire (1921-1997). Em Recife, nos anos de 1960, ele desenvolveu o que chamou de *Pedagogia do oprimido*, título do seu livro principal, publicado em 1968 e que desde então teve muitas edições em diversos idiomas e adaptado a realidades tão diferentes quanto a América Latina e a África.

O método de Paulo Freire começa por uma profunda crítica à educação tradicional que ele chama de "concepção bancária da educação". Trata-se de uma educação que consiste em uma gaveta de dados cognitivos aos quais o educando pode ter acesso, mas desligado da sua vida real. Para que a educação seja realmente verdadeira e profunda, ela precisa ser libertadora. Paulo Freire repetia sempre: "Só a educação não consegue mudar o mundo, mas o mundo jamais mudará sem ser a partir da educação". Ele propunha: "Toda educação deve ser um diálogo entre as pessoas [homens e mulheres] que, mediatizados pelo mundo, o 'pronunciam', isto é, o transformam e, transformando-o, o humanizam para a humanização de todos" (FREIRE, 1970, p. 43). Para isso, quem educa deve se colocar "em plena sintonia com a pessoa oprimida". Só a partir da escuta e da inserção do/da educador/a no mundo cultural da pessoa oprimida é que se torna possível que essa possa "dizer o mundo". Para que o processo educativo se coloque "em plena sintonia com o oprimido", ele precisa despertar no oprimido uma conscientização para que ele reconheça sua situação como problema e alcance uma consciência crítica a respeito do seu próprio mundo e do mundo em si.

Tomar consciência do mundo em que vivemos é para os latino-americanos ou africanos ou asiáticos de países pobres assumir a consciência de que a pobreza do mundo é resultado da colonização continuada. Como Eduardo Galeano afirmava: "O desenvolvimento é uma viagem com mais náufragos do que navegantes".

Freire é um profundo conhecedor da tradição cristã e foi capaz de influenciar toda uma geração que repensava o sentimento de pertença à Igreja, intensificado a partir das discussões e das questões desenvolvidas a partir do Concílio Vaticano II. Foi por ter muito clara uma identidade de fé e uma formação religiosa profunda que, durante o seu exílio, Paulo Freire se tornou assessor do Conselho Mundial de Igrejas em Genebra. Além do fato de que se identificava sempre como cristão, ele gostava pessoalmente de Teologia. Assim, escreve na carta a um jovem teólogo: "Ainda que eu não seja teólogo, mas um 'enfeitiçado' pela teologia que marcou muitos aspectos de minha pedagogia, tenho às vezes a impressão de que o Terceiro Mundo pode, por isso, converter-se em uma fonte inspiradora do ressurgir teológico. [...] Uma teologia a serviço da burguesia não pode ser utópica, profética e esperançosa, por ser uma teologia que cria um homem passivo e adaptado que espera uma vida melhor no 'céu'. Isso divide, dicotomiza o mundo" (apud TORRES, 2014, p. 70).

Muitos consideram com razão Paulo Freire um precursor da Teologia da Libertação. Leonardo Boff reconhece que não somente existem pontos comuns entre a pedagogia freireana e a Teologia da Libertação, como também é fato que essa Teologia tem bases no método e no pensamento de Paulo Freire: "A Teologia da Libertação, na esteira de Paulo Freire, assumiu e ajudou a formular essa estratégia. É uma solução adequada à superação da pobreza. Quando essa prática vem motivada pela fé cristã e o seguimento de Cristo, fornece a base de uma reflexão crítica, que passa a se chamar então de Teologia da Libertação" (BOFF, 1977, p. 13).

O importante é salientar a prioridade do processo educador como tarefa de libertação. Como afirmava Ruben Alves: "Para ensinar, você só precisa saber. Para educar, precisa ser".

Conclusão deste capítulo

Não sabemos se a Teologia da Libertação poderia ter surgido em outro lugar da terra. Embora outros continentes também tenham sido e até hoje são vítimas do colonialismo e das conquistas violentas, as teologias da libertação nasceram na América Latina e no Caribe. Surgiram a partir das práticas das comunidades e da experiência de cristãos/ãs nos processos e nas lutas de libertação.

A caminhada do povo e suas lutas por libertação são autônomas e laicais. Não podem e não devem ser sacralizadas. Como têm repetido líderes de diversas religiões: "Não existe guerra santa". Nenhuma guerra é justificável. No entanto, é direito dos povos oprimidos reagir e lutar pela liberdade e pela vida que lhes é negada. Esse direito é reconhecido pela ONU na Carta dos Direitos Humanos e a fé judaico-cristã vê nele uma resposta ao chamado divino para transformar o mundo e construir ressurreição no lugar de opressão e de morte. Por isso, a caminhada do povo em busca de libertação é assunto de fé. É tema teologal e teológico. Por isso, sim, se pode afirmar que toda verdadeira Teologia cristã, de alguma forma, deve ser Teologia da Libertação. Na América Latina e atualmente em outros lugares do mundo, se desenvolvem várias correntes e escolas de teologias da libertação. Todas elas têm em comum o fato de surgirem como respostas à realidade que é a luta pela libertação. Todas elas, de um modo ou de outro, devem estar ligadas a essa prática.

A Teologia da Libertação é diversificada a tal ponto que, para ser justos, temos sempre de falar em "teologias da libertação". Nos primeiros tempos dessa caminhada teológica não era a mesma coisa ler Ronaldo Muñoz escrevendo no Chile e ler Juan Luis Segundo fazendo sua teologia no Uruguai. Atualmente, há correntes diversas.

A Teologia da Libertação sempre teve diversas correntes, todas baseadas na Bíblia, na Patrologia e na tradição do movimento de Jesus. As teologias negras, índias e feministas exigiram novas leituras da Bíblia, dos textos patrísticos e do próprio Jesus. Dentro do próprio cristianismo, estas correntes trouxeram para a Teologia da Libertação o paradigma do Pluralismo Cultural e Religioso. Esta abertura ao Pluralismo e ao diálogo que lhe é consequente pôs a nossa Teologia em uma nova relação de diálogo e de inserção nas comunidades de culturas indígenas e negras e em suas tradições espirituais muito antigas, em grande parte, responsáveis pela resistência de comunidades constituídas pela população mais oprimida de nosso continente. Estas comunidades também estão vivendo o desafio de um tempo novo de pluralismo interno e diálogo.

Em 2001, a assembleia mundial da Associação Ecumênica dos Teólogos do Terceiro Mundo (Asett) em Quito assumiu como tema teológico prioritário para estes anos o aprofundamento do "Pluralismo cultural e religioso vivido a partir do compromisso com os pobres e da opção libertadora".

A partir de então, a Comissão Teológica Latino-americana da Asett produziu e publicou três livros de autoria coletiva aprofundando esta unidade entre Teologia da Libertação e Teologia do Pluralismo Religioso. É a série que existe em espanhol, português e está também traduzida em italiano: *Pelos muitos caminhos de Deus* (VIGIL et al., 2002).

As teologias da libertação se caracterizam por sua metodologia. Seus pioneiros sempre insistiram que a Teologia da Libertação é principalmente um modo de fazer teologia, isto é, de refletir a fé e aprofundar a espiritualidade a partir das experiências de base e da realidade. Se é assim, todas as vezes que teólogos e teólogas de orientação mais aberta formulam a sua teologia nos escritórios e universidades, de forma mais acadêmica e sem estar diretamente ligada às lutas sociais, essa teologia é útil e fecunda e se situa no horizonte das teologias progressistas e comprometidas com a vida. No entanto, embora sejam úteis e importantes para este momento atual, podemos dizer que seriam mais teologias *sobre a* libertação do que teologias *da* libertação (ou seja, surgidas a partir das lutas de libertação).

Não entramos aqui na discussão sobre a epistemologia da Teologia da Libertação no sentido discutido por Clodovis Boff (de teologia do genitivo ou Teologia 2). Optamos pela visão de Jon Sobrino da teologia como *intelligentia amoris*, posicionamento bem sintetizado e explicado por Aquino Júnior (cf. AQUINO JÚNIOR, 2017).

Sem nenhuma rigidez de cobrança ideológica ou de postura *basista*, é bom levarmos em conta essa distinção entre "Teologia da Libertação" como método e caminho teológico espiritual vindo das bases e um tipo de produção na linha da "teologia sobre a libertação", que pode ser igualmente útil e importante no processo.

༶

Prólogo de Adolfo Pérez Esquivel para a edição argentina do livro *El evangelio en Solentiname*, de Ernesto Cardenal

São Paulo nos diz em sua Primeira Carta aos Coríntios que Deus confundiu aos sábios e iluminou os humildes. A meu ver, essa é a mensagem fundamental desse livro *O Evangelho em Solentiname*.

Este livro, no qual Ernesto Cardenal aparece mais como protagonista, de fato, é o livro dos humildes. É a reflexão do Evangelho feita em comum pelos camponeses nicaraguenses (nos anos de 1970). É o mesmo Evangelho, mas refletido em Solentiname e pelos mais pobres.

É a Palavra de Deus, vivida pelos pequeninos, que lhes permite encontrar verdadeiro sentido para cada um de seus atos cotidianos.

Solentiname torna a realizar aquilo que São Lucas narra sobre a primeira comunidade: "Eles eram perseverantes em ouvir o ensinamento dos apóstolos, na comunhão fraterna, na partilha do pão e nas orações" (At 2,42). Os apóstolos não precisavam de grandes templos para se reunir, não praticavam ritos complicados. Só ao contar para que se reuniam e o clima em que tomavam a refeição, São Lucas mostra um mundo totalmente novo. Do arquipélago de Solentiname, Cardenal nos diz algo semelhante: "Comentamos o Evangelho no ranchão de reunião, depois de comermos um almoço com arroz, feijão e fruta-pão que Otávio trazia da Ilha La Cigueña".

Nesse rancho ou em qualquer lugar da ilha, as pessoas que participavam da comunidade de Solentiname releem a sua vida à luz da Palavra de Deus. Não só reveem suas relações pessoais, mas também sua realidade social, política e econômica. Ali, as pessoas mais pobres compartilham os seus sofrimentos e suas esperanças. Ali evangelizam sua própria realidade. A profundidade com a qual se compreende a mensagem de Jesus, através dessa prática, poucas vezes a encontramos nas leituras dos "especialistas". [...]

A publicação desse livro na Argentina, depois de um longo período de censura e proibição, acende uma luz de esperança.

Em nosso país, onde homens que se diziam cristãos perseguiram aos cristãos, onde os opressores tomaram o Evangelho para manipulá-lo, o *Evangelho em Solentiname* deve contribuir para a reflexão e o compromisso. Porque, contrariamente à identificação realizada por Olívia (uma mulher da comunidade de Solentiname), entre o amor de Cristo e o amor entre as pessoas, na Argentina, os opressores usaram o que podemos chamar de "teologia da dominação" e utilizaram o Evangelho, os sinais e símbolos religiosos, esvaziando-os de seus conteúdos para oprimir, e não para libertar. Na realidade, era para manter sua suposta sociedade "cristã e ocidental". [...] Creio que, no *Evangelho em Solentiname*, os pobres e humildes da Nicarágua nos ensinam quais são os caminhos de esperança. Eles e elas nos mostram o que significa compreender a força libertadora do Evangelho e levá-la à prática.

Não quero terminar este prólogo sem fazer uma reflexão sobre o que aconteceu com a experiência de Solentiname. O ditador Anastasio Somoza destruiu essa experiência como o fizeram com experiências semelhantes todas as ditaduras da América Latina. Os/as participantes da comunidade sofreram a perseguição, a repressão, a morte, a tortura. Também nesse ponto, viveram o mesmo caminho dos primeiros cristãos.

Sem dúvida, estas experiências constituem a nova realidade do martírio em nosso continente. Milhares de cristãos/ãs chegam a dar a sua vida por seus irmãos e cumprem assim o mandamento de Jesus. [...]

A experiência de Solentiname e as diversas formas de compromisso dos cristãos na América Latina devem sempre ser compreendidas à luz da sábia loucura de Deus, a loucura dessa fé em Deus, no ser humano e na humanidade. Dessa forma é possível ler os sinais dos tempos, interpretá-los e assumi-los até as suas últimas consequências.

Buenos Aires, 15 de maio de 1985
Adolfo Pérez Esquivel

IV
A Igreja dos pobres

> *Nestes anos, aparece, cada vez mais claro para muitos cristãos, que a Igreja, se quiser ser fiel ao Deus de Jesus Cristo, deverá tomar consciência de si mesma a partir das bases, dos pobres deste mundo, das classes exploradas, das raças desprezadas, das culturas marginalizadas. Deve descer aos infernos deste mundo e comungar com a miséria, a injustiça, as lutas e as esperanças dos condenados da terra, porque neles está o Reino dos Céus.*
> GUTIÉRREZ, 1977, p. 54.

Qualquer pessoa que, nos últimos cem anos, acompanhou o caminhar dos povos no continente latino-americano e no Caribe sabe que, desde o começo, muitos homens e mulheres cristãos estiveram envolvidos nos diversos movimentos sociais e políticos de libertação. A novidade, a partir da década de 1960, foi que essa participação de pessoas das diversas Igrejas nos processos sociais e políticos transformadores passou a contar com o apoio explícito e direto de boa parte das hierarquias eclesiásticas e dos irmãos e irmãs que refletem a fé e a ligam com a vida.

Na segunda e terceira partes deste livro vamos aprofundar as bases bíblicas desse modo novo de viver a fé e os fundamentos teológicos do compromisso das Igrejas com a libertação dos povos. O que, agora, neste capítulo, queremos desenvolver é como esse processo transformador da fé foi ocorrendo e as repercussões dessa "nova" postura libertadora no conjunto das comunidades eclesiais e no mundo.

"Igreja dos pobres" é uma designação de certa forma nova. Há diversas formas de compreender esse título. O primeiro seria uma Igreja feita de pobres e para os pobres. Há séculos e em nossos dias, por todas as partes do mundo, esse foi e é o desejo de pastores e cristãos/ãs. Como o termo "pobres" pode ser interpretado em sentidos diversos (econômico, cultural etc.), a partir de algumas décadas, nos ambientes eclesiais, tem se falado em "viver a fé a partir dos pobres". Isso significa viver o mistério da Igreja a partir das lutas próprias e dos interesses da população mais pobre, organizada em comunidades.

Desde os anos de 1960, nas Igrejas cristãs, se falou em "opção pelos pobres". Comumente, quem fala em opção pelos pobres já dá a entender que, de certa forma, não é pobre, e, por isso, deve optar pelos pobres. Nas comunidades cristãs, essa linguagem surgiu a partir de debates e dissenções criadas em torno de posicionamentos e posturas em matéria social. Desde os anos de 1950, alguns setores eclesiais compreendem que as Igrejas devem "olhar o mundo e a realidade social e política a partir dos interesses e das causas dos pobres". Nessa opção pelos pobres deve estar contida a decisão de olhar a sociedade e a vida a partir dos pequenos, de fazer um deslocamento do centro para a periferia e se situar na história junto com os pobres, como pobres e contra a pobreza injusta.

Seria quase impossível fazer uma retrospectiva histórica dessa caminhada na América Latina e no mundo. Vamos tentar lembrar alguns marcos mais significativos dessa história e assinalar alguns eventos ou elementos desse caminho eclesial.

1 As raízes de uma sensibilidade mais social nas Igrejas

O cristianismo chegou no nosso continente ligado ao colonialismo europeu e depois norte-americano. Dentro dessa ótica, a sensibilidade social das Igrejas, tanto Católica como evangélicas, se reduzia a atividades assistenciais (para não dizer assistencialistas). Nas comunidades, paróquias e dioceses, sempre houve grupos e pessoas com espírito mais crítico e vocação transformadora, mas nem sempre conseguiam unir esse desejo de mudanças com o próprio núcleo da fé. Em geral, a leitura da fé era conservadora, ligada ao *status quo* e dualista (separando o natural e o sobrenatural).

Se falamos de raízes de uma nova sensibilidade mais social nas Igrejas, sem dúvida devemos isso ao movimento bíblico que nas confissões evangélicas significou fazer uma leitura crítica e contextual da Bíblia. Esse movimento existe desde fins do século XIX. Na Igreja Católica, o movimento bíblico também começou na Europa no começo do século XX e foi se espalhando. Junto a esse, os novos movimentos comunitários. Nos ambientes católicos, os movimentos da chamada "Ação Católica" que desde os anos de 1930 juntavam operários para conversar sobre a realidade operária e criar entre eles uma solidariedade cristã. Estudantes reunindo estudantes e lavradores trabalhando com lavradores.

Nas confissões evangélicas, a primeira organização ecumênica formada entre diversas Igrejas foi a Confederação Evangélica do Brasil (CEB). Ela foi organizada em junho de 1934, sob a liderança do Reverendo Epaminondas Melo do Amaral. Faziam parte da CEB as seguintes confissões: Igreja Episcopal Brasileira, a Metodista do Brasil, a Presbiteriana, a Presbiteriana Independente, a Igreja Cristã do Brasil e a União das Igrejas Congregacionais. Faziam também parte da CEB algumas organizações missionárias (todas evangélicas) e sociedades bíblicas. No começo, a CEB desejava representar os evangélicos junto às autoridades públicas e à sociedade. Pouco a pouco, através do seu Setor de Responsabilidade Social, principalmente a partir dos meados dos anos de 1950, começou a assumir posições sociais mais abertas e críticas (cf. BITTENCOURT, 2013).

Richard Schaull, pastor presbiteriano, grande teólogo norte-americano, que viveu no Brasil desde a primeira metade dos anos de 1950, foi um dos pioneiros da Teologia da Libertação. Como assessor da CEB, propunha uma Teologia e Espiritualidade da Revolução (cf. SHAULL, 1953).

Esses primeiros teólogos evangélicos que pregavam a revolução não a compreendiam no mesmo sentido que os grupos marxistas a propunham (como luta de classes e implantação do socialismo). Eles a pensavam como *transformação da sociedade a partir de reformas de base* (Reforma Agrária, Reforma Política) *e implantação da Justiça social*. Em 1962, através do seu Setor de Responsabilidade Social, a CEB organizou no Recife a Conferência do Nordeste, que foi um marco na história das Igrejas evangélicas no Brasil. Essa Conferência teve a assessoria e a participação de sociólogos e economistas não evangélicos e acarretou uma maior inserção de alguns grupos evangélicos nos movimentos sociais e políticos de transformação da sociedade (MENDONÇA, 2005, p. 62). O lema do encontro foi "Cristo e o Processo Revolucionário Brasileiro" (CEB, 1963, p. 157). Isso causou apreensão e mesmo rejeição na maioria das Igrejas de caráter profundamente conservador. De todo modo, o sociólogo José Ricardo Ramalho afirma que, no mundo protestante brasileiro, essa Conferência do Nordeste "representou o prenúncio de ajustes mais profundos na ação pastoral e teológica de um grupo de importantes setores protestantes, antecipando a opção pelos pobres da Igreja Católica, expressa no documento de Medellín em 1968" (RAMALHO, 2010, p. 9).

Na mesma época, um grupo de jovens da JUC (Juventude Universitária Católica) dialogava com o Partido Comunista do Brasil (PCdoB). Já em 1961, a direção nacional da JUC se reuniu em Natal e o tema do encontro foi "O Evangelho como fonte da revolução brasileira". Em 1963, em um congresso em Salvador, um grupo de jucistas funda a *Ação Popular*. Esta passa a atuar nas lutas do campo em várias regiões do Brasil, reunindo jovens católicos e evangélicos de esquerda, e assim que estoura a Ditadura Militar passa a ser perseguida como um ramo do

PCdoB (LIMA, 1984, p. 23). Por tudo isso, não é de se estranhar que tanto os grupos evangélicos mais abertos da CEB como os jovens católicos da JUC foram excluídos e praticamente marginalizados pelas hierarquias de suas Igrejas, insensíveis ao grito dos pobres e àquilo que o Evangelho chama de "sinais dos tempos". Esses grupos, marginalizados pelo clero e pela hierarquia, vinham desde o final dos anos de 1950 se abrindo a um diálogo com cristãos de outras Igrejas que visava colocar-se a serviço das comunidades populares e em uma perspectiva de transformação da sociedade.

Para se compreender profundamente a Teologia da Libertação na América Latina temos de lembrar com gratidão e com reconhecimento os seus antecedentes nos ambientes católicos e também na caminhada das Igrejas-membros do Conselho Mundial de Igrejas (CMI).

Já em 1961, o CMI reunia a sua 3ª Assembleia Geral em Nova Dehli, na Índia, um dos países mais pobres do mundo. O tema da assembleia foi "Jesus Cristo, Luz do Mundo", e isso já tirava o foco de uma preocupação apenas para as questões internas das Igrejas e situava a missão no mundo e para o mundo. As sessões que se desenvolveram durante a assembleia foram o testemunho, o serviço no mundo e a unidade. A partir de então, boa parte de evangélicos e católicos procuravam a unir a fé com o compromisso de transformar este mundo. Foi o ambiente propício no qual a Igreja Católica viveu o Concílio Vaticano II.

2 O Concílio Vaticano II e a Igreja dos pobres

> *Este Concílio será verdadeiramente o "novo Pentecostes", que fará florescer a Igreja nas suas riquezas interiores e na sua atenção materna a todos os campos da atividade humana. Será novo passo em frente, do reino de Cristo no mundo. Será reafirmação cada vez mais alta e persuasiva da alegre*

> *boa-nova da Redenção, anúncio luminoso da soberania de Deus, da fraternidade humana na caridade, da paz prometida na terra às pessoas de boa vontade, em correspondência à vontade divina.*
> Discurso do Papa João XXIII no encerramento da 1ª sessão do Concílio Vaticano II. Roma, 8 de dezembro de 1962.

Sem dúvida, em todo o século XX, o Concílio Vaticano II foi um dos acontecimentos mais importantes para as Igrejas e mesmo para o mundo. Pela orientação do Papa João XXIII, o Concílio abriu o diálogo entre católicos (clero e fiéis) e outras confissões cristãs, assim como também com outras religiões e mesmo com a humanidade. Para isso, o Concílio iniciou uma profunda renovação da Igreja em sua doutrina e em sua missão no mundo.

No ambiente do Conselho Mundial de Igrejas, o desafio da pobreza injusta e sistêmica, desde a Conferência de Amsterdã (1948), ocupava as preocupações das Igrejas e das comissões ecumênicas. Desde os anos de 1950, o CMI trazia ao debate ecumênico o problema das corporações transnacionais, a dívida dos países pobres, as políticas do mercado e a necessidade de nova ordem internacional (cf. DIKINSON, R., apud LOSSKY, N. et al., 2005, p. 904, verbete Pobreza).

Enquanto isso, na Igreja Católica, esse assunto aparecia nos círculos de Ação Católica, em alguns movimentos de padres operários e religiosos que, na perspectiva de Charles de Foucauld, viviam a *"espiritualidade de Nazaré"* e a mística do viver o seguimento de Jesus na inserção em meio aos mais pobres. No entanto, apesar de duas encíclicas de papas sobre a questão social (*Rerum Novarum*, de Leão XIII, 1891, e a *Quadragesimo Anno*, de Pio XI, 1931), a hierarquia da Igreja não ligava muito à preocupação do cuidado com os pobres à exigência da justiça social.

A pobreza, quando era valorizada, parecia mais considerada como questão de espiritualidade pessoal, quase em um aspecto ascético.

Com o Concílio Vaticano II, de certa forma, isso começou a mudar. O Papa João XXIII propunha como dois pontos de partida para a renovação eclesial: "ler os sinais dos tempos" e "uma atenção privilegiada ou prioritária aos pobres". Já há um mês antes do Concílio, João XXIII tinha afirmado: "A Igreja quer ser de todos, mas especialmente dos pobres" (cf. AQUINO JÚNIOR, 2016, p. 634). Essa afirmação do papa possibilitou que bispos e fiéis, preocupados com a questão da pobreza e da justiça social, se movimentassem. "Durante o Concílio, assessorados por teólogos/as e leigos/as do mundo inteiro, alguns bispos, como o Cardeal Lercaro, Dom Helder Camara e outros, se organizaram como um grupo de aprofundamento dessa questão. E buscaram assessoria para ajudar o conjunto da Igreja a se comprometer com os pobres. Como afirma Aquino Júnior: 'Provocados e inspirados pela experiência do Padre Paul Gauthier e de Marie--Thérèse Lescase junto aos operários de Nazaré, vários bispos e teólogos passaram a se reunir regularmente no Colégio Belga de Roma sob a presidência do cardeal francês Gerlier em torno do projeto da 'Igreja dos pobres'. Esse grupo se tornou um lugar privilegiado de sensibilização e reflexão teológica sobre a relação entre Jesus e os pobres. Embora tenha sempre permanecido como um grupo, de certa forma, marginal durante o Concílio, esse grupo inspirou muitas boas intervenções nas sessões plenárias do Concílio [...]' Mais de 50 anos depois do Concílio, sem forçar a história, podemos considerá-lo semente da Teologia da Libertação" (AQUINO JÚNIOR, 2016, p. 635).

Durante o Concílio e em seus documentos, o tema da Igreja dos pobres não recebeu a merecida atenção. O Papa Paulo VI fez alguns sinais que iam nessa direção, como depor no altar a sua tiara papal (a tríplice coroa) como gesto de entrega da coroa para ajudar os pobres da África. Sempre se revelou próximo ao grupo de bispos da "Igreja dos pobres", mas o Concílio, como tal, se manteve alheio a isso. Somente a Constituição Pastoral *Gaudium et Spes* sobre a Igreja no mundo de hoje (o documento conciliar mais longo e sobre a relação Igreja-mundo) retoma diversas vezes o argumento de que a Igreja deve ser para todos, mas particularmente dos pobres. [...] Além desse reconhecimento oficial, foram se desenvolvendo como à margem, uma busca e uma proposta mais intensas que envolveram dezenas de bispos e teólogos, sobretudo franceses e latino-americanos e com a presença significativa do Cardeal Lercaro, arcebispo de Bolonha.

No centro da reflexão, se colocaram dois pontos:

a) eliminar sinais de riqueza da Igreja;

b) evangelizar os pobres, não apenas com a palavra, mas promovendo uma prática de justiça pessoal, social e institucional.

Poucos dias antes do final do Concílio, esse grupo se encontrou nas Catacumbas de Domitilla, em Roma, e, depois de haver celebrado a Eucaristia, assinou um documento com 13 pontos (esse documento se chamou *Pacto das Catacumbas*). Eram 42 bispos de todo o mundo e assumiram esse compromisso de simplicidade, pobreza e de trabalhar para que toda a Igreja se torne sempre mais serva e pobre (cf. box ao final desta seção).

No Pacto das Catacumbas, o ideal de pobreza que foi explicitado parecia ainda se caracterizar por um compromisso principalmente pessoal de cada bispo com os pobres. Era um compromisso de simplicidade nas roupas, nos ornamentos e no modo de viver. Tratava-se da pobreza, antes de tudo, como modo de viver e estilo de vida pessoal. Tinha um sentido de sobriedade que, nos dias atuais, pode ser atual quando na Europa diversos grupos falam em "decrescimento feliz" e propõem um estilo de vida que vá na direção oposta à do desenvolvimento dominante.

Mais tarde, na América Latina, se formulou claramente: "Junto com os pobres, mas contra a pobreza injusta". Comentando Gustavo Gutiérrez no livro *Teologia da Libertação*, em uma entrevista, Ernesto Cardenal afirma: "A pobreza material na Bíblia é algo escandaloso que é preciso combater e não deve existir no povo de Deus. A pobreza contradiz o sentido mesmo da religião mosaica. Deus queria fazer de Israel um povo fraterno no qual não houvesse pobres (Dt 15,4ss.). A existência da pobreza é uma ruptura da solidariedade entre as pessoas e impede a comunhão com Deus. Existe também na Bíblia a pobreza espiritual, aquela das pessoas que se sentem pobres perante Deus. É a pobreza das bem-aventuranças. [...] Por isso, a pobreza cristã é solidarizar-se com os pobres e lutar contra a pobreza. Em outras palavras, ser revolucionário" (CARDENAL, 1976, p. 51).

Na época do Concílio, a descoberta do mundo dos pobres começava entre os pastores pelo apelo evangélico à comunhão com os pobres e foi isso que o Pacto das Catacumbas significou profundamente.

Durante o Concílio, o papa convidou irmãos e irmãs de outras confissões como observadores dos diálogos e debates do Concílio. Esses pastores e teólogos (a maioria era de homens) e as mulheres convidadas foram profundamente tocados pelo Concílio e por suas propostas. Assim, o ambiente renovador do Concílio também se propagou por algumas Igrejas evangélicas e mesmo ortodoxas.

Esse clima de amizade e comunhão teve como consequência uma influência enorme de homens latino-americanos como Dom Helder sobre evangélicos como Roger Schutz e os Irmãos de Taizé que, por sua vez, inspiraram a criação da *Operação Esperança*, em Recife. Foi uma das primeiras iniciativas de transformar propriedades antes da Igreja Católica em cooperativas de trabalhadores rurais e experiências de Reforma Agrária, conduzidas por técnicos e educadores ligados à arquidiocese e coordenados pelo próprio Dom Helder.

Apesar de algumas experiências como essa, em dioceses latino-americanas, somente na conferência de Medellín (1968), os bispos católicos ainda olhavam os pobres como pessoas individuais às quais a Igreja precisa acolher e servir e não como categorias organizadas ou não, que formam coletividades com suas características próprias. Alguns padres e pastores, religiosos e religiosas, sim, viviam essa inserção de comunhão com os pobres, mas contra a pobreza injusta. Mas nem sempre isso era claro.

Desde os tempos do Concílio, a inserção e o serviço aos pobres tomavam essa fisionomia social e política crítica em relação à sociedade dominante, produtora e alimentadora das injustiças sociais na forma de ser e atuar de pastores como o Cardeal Lercaro em Milão, alguns bispos de dioceses da Europa e da América Latina, como Dom Helder Camara, Dom Sergio Mendes Arceo (de Cuernavaca, México) e Dom Manuel Larrain (Talca, Chile), mas pareciam ainda uma característica pessoal desse ou daquele pastor, e não tanto uma posição eclesial clara e explícita.

Onze anos depois de Medellín, na conferência e no documento de conclusões de Puebla (1979), os bispos voltaram a falar dos pobres como pessoas individuais das quais a Igreja deveria cuidar por "opção preferencial pelos pobres". Mas essa opção não explicita o compromisso de defendê-los e assumir suas causas coletivas.

Como com toda razão sublinhou Edward Neves Monteiro de Barros Guimarães, Puebla sublinhou que deve existir, na ação evangelizadora "em primeiro lugar, a vinculação estreita entre a vida cristã e a defesa da dignidade humana. [Mesmo se] em linguagem de teologia abstrata e sem levar em conta a riqueza das análises críticas como mediação para conhecer a realidade do continente, o Documento (de conclusões de Puebla) afirma de forma contundente que qualquer violação da dignidade humana é injúria ao próprio Deus, cuja imagem é o ser humano. [...] Em segundo lugar, Puebla frisa o encontro com a pessoa de Jesus como fonte de humanização e libertação. Em terceiro lugar, propõe uma relação estreita e criativa entre Igreja e sociedade na defesa da dignidade humana" (GUIMARÃES, apud SOUZA & SBARDELOTTI, 2019, p. 241).

Apesar de que Puebla generalizou e voltou a uma linguagem bem mais abstrata do que Medellín, ainda conseguiu ser a continuidade do caminho eclesial latino-americano, iniciado em Medellín. Essa inspiração profética só voltou, e mesmo assim de forma tímida e ainda, em vários aspectos ambíguos e pouco claros, na V Conferência do Episcopado Latino-americano e do Caribe em Aparecida (2007). Embora nem sempre fique claro o que o documento de conclusões compreende como missão (às vezes se tem a impressão de que a missão é ainda pensada em perspectiva de uma Igreja-Cristandade) e a perspectiva de inserção é muito menos corajosa e clara do que Medellín, seja como for, os bispos em Aparecida afirmaram claramente: "A opção preferencial pelos pobres é uma das peculiaridades que marca a fisionomia da Igreja latino-americana e caribenha" (*Documento de Aparecida* 391). O documento não esclarece quais seriam as outras *peculiaridades*.

Não podemos compreender a ação das Igrejas no seu deslocamento em favor dos empobrecidos – tanto a Católica como as outras – apenas ou principalmente através de documentos e declarações oficiais. É importante prestar atenção às ações concretas.

Ao menos na América Latina, desde a década de 1970, nos ambientes católicos, tem sido muito importante a criação e a atuação das Pastorais Sociais, como o Conselho Indigenista Missionário (Cimi) no Brasil e órgãos correspondentes a esse em vários países do continente (como o Cenami no México, Comissão de Culturas e Pastoral Indígena nos países andinos), a Pastoral da Terra, a Caritas e muitos outros organismos de Pastoral a partir de um modelo de Igreja servidora e comprometida com a libertação. Do mesmo modo, nas Igrejas evangélicas, principalmente históricas, muitos organismos ecumênicos têm atuado nos países e nas causas da libertação.

No âmbito internacional, já nos anos de 1970 e 1980, o CMI foi muito atuante contra o *apartheid* na África do Sul e colaborou com projetos sociais importantes no mundo dos pobres. Uma perspectiva ecumênica sobre a pobreza não se limita a uma compreensão apenas econômica. Além da questão da sobrevivência econômica, se incluíram questões como os direitos humanos e sociais. As Igrejas, membros do CMI, lutaram contra a marginalização dos processos políticos, negação de oportunidades em campos como educação e emprego, falta de liberdade de organização etc. O CMI adotou a categoria usada pelos bispos católicos em Medellín e definiram a realidade da América Latina e de grande parte do mundo como "situação de injustiça institucional" (cf. SANTA ANA, 1985, p. 7ss.).

Infelizmente, na cúpula da Igreja Católica, desde a década de 1970, sob a influência do Papa João Paulo II e depois de Bento XVI, tanto o trabalho de renovação da Igreja como o diálogo com o mundo foram interrompidos. A partir desses pontificados, oficialmente, a preocupação com os pobres voltou a ser tema de caridade social e consequência da pastoral, mas não a pastoral em si. A perspectiva da Doutrina Social parece olhar a sociedade, não como estrutura que tem regras próprias e além da vontade das pessoas individuais, e sim como possível de conversão desde que as pessoas responsáveis acolham a palavra do padre ou do bispo.

Em todas as dioceses e no conjunto dos países, isso dificultou muito a ação inserida nas bases e com o rosto próprio de Igreja latino-americana. Graças a Deus, a partir das bases e ligadas aos movimentos sociais, as Comunidades Eclesiais de Base, mesmo sem o apoio oficial, prosseguiram sempre a sua caminhada e as pastorais sociais nunca deixaram de realizar a sua missão. E puderam sempre contar com a participação e apoio de alguns padres, religiosos/as e mesmo de alguns bispos proféticos. Esses nadaram contra a corrente majoritária, formada em seminários muitas vezes hostis à caminhada libertadora.

Atualmente, mesmo com um episcopado e a maioria do clero que continua ainda formado na direção contrária (Cristandade autorreferente), o Papa Francisco tenta, sem muitos resultados, restabelecer o diálogo com a humanidade e, nesse diálogo, insiste em que a base é a solidariedade e a defesa das pessoas e comunidades mais pobres, marginalizadas e excluídas pela sociedade dominante. Ele afirma de forma clara e contundente que, "para a Igreja, a opção pelos pobres é mais uma categoria teológica do que cultural, sociológica, política ou filosófica. [...] Os pobres ocupam um lugar preferencial no coração de Deus e essa preferência divina deve ter consequências na vida de fé de todos os cristãos e do conjunto da Igreja" (*Evangelii Gaudium*, 198).

É a partir da comunhão com os pobres que, para aprofundar o diálogo com a humanidade que quer paz e justiça, o papa procura aprimorar o trabalho de renovação da Igreja. Nesse esforço de renovação, um elemento prioritário é a questão social e política. Até aqui, o Papa Francisco tomou a iniciativa de manter três encontros com representantes de movimentos sociais do mundo inteiro. Quis escutá-los e apoiá-los em suas reivindicações. Não fez para eles pregações religiosas, mas simplesmente assegurou sua comunhão e lhes deu a sua amizade.

Em 2013, em Roma, um grupo de bispos, padres, religiosos/as, leigos e leigas quiseram retomar o Pacto das Catacumbas e assiná-lo novamente para atualizar esse compromisso na Igreja de hoje (cf. *Adista*, 13/06/2013, p. 3).

De todo modo, em um momento no qual o Papa Francisco retoma a proposta de "'uma Igreja pobre e para os pobres', é bom retomar o espírito do Pacto das Catacumbas, assinado em 1965. Ali, já ficou explicitado o propósito e o programa elaborado pelos bispos para viver de forma pobre e prioritariamente para os pobres" (RIZZI, 2013, p. 9).

Pacto das Catacumbas
Roma, Catacumba de Domitilla, 16 de novembro de 1965

O pacto da Igreja servidora e pobre

Nós, bispos, reunidos no Concílio Vaticano II, esclarecidos sobre as deficiências de nossa vida de pobreza segundo o Evangelho; incentivados uns pelos outros, numa iniciativa em que cada um de nós quereria evitar a singularidade e a presunção; unidos a todos os nossos irmãos do episcopado; contando, sobretudo, com a graça e a força de Nosso Senhor Jesus Cristo, com a oração dos fiéis e dos sacerdotes de nossas respectivas dioceses; colocando-nos, pelo pensamento e pela oração, diante da Trindade, diante da Igreja de Cristo e diante dos sacerdotes e dos fiéis de nossas dioceses, na humildade e na consciência de nossa fraqueza, mas também com toda determinação e toda a força de que Deus nos quer dar a graça, comprometemo-nos ao que se segue:

1) Procuraremos viver segundo o modo ordinário da nossa população, no que concerne à habitação, à alimentação, aos meios de locomoção e a tudo que daí se segue (cf. Mt 5,3; 6,33-34; 8,20).

2) Para sempre renunciamos à aparência e à realidade da riqueza, especialmente no traje (fazendas ricas, cores berrantes), nas insígnias de matéria preciosa (com efeito, esses signos devem ser evangélicos) (cf. Mt 6,9; 10,9-10; At 3,6 – Nem ouro nem prata).

3) Não possuiremos nem imóveis, nem móveis, nem conta em banco etc., em nosso próprio nome; e, se for preciso possuir, poremos tudo em nome da diocese, ou das obras sociais ou caritativas (cf. Mt 6,19-21; Lc 12,33-34).

4) Cada vez que for possível, confiaremos a gestão financeira e material em nossa diocese a uma comissão de leigos competentes e cônscios do seu papel apostólico, em mira a sermos menos administradores do que pastores e apóstolos (cf. Mt 10,8; At 6,1-7).

5) Recusamos ser chamados, oralmente ou por escrito, com nomes que signifiquem a grandeza e o poder (Eminência, Excelência, Monsenhor...). Preferimos ser chamados com o nome evangélico de Padre (cf. Mt 20,25-28; 23,6-11; Jo 13,12-15).

6) No nosso comportamento, nas nossas relações sociais, evitaremos aquilo que pode parecer conferir privilégios, prioridades ou mesmo uma preferência qualquer aos ricos e aos poderosos (ex.: banquetes oferecidos ou aceitos, classes nos serviços religiosos) (cf. Lc 13,12-14; 1Cor 9,14-19).

7) Do mesmo modo, evitaremos incentivar ou lisonjear a vaidade de quem quer que seja, com vistas a recompensar ou a solicitar dádivas, ou por qualquer outra razão. Convidaremos nossos fiéis a considerarem as suas dádivas como uma participação normal no culto, no apostolado e na ação social (cf. Mt 6,2-4; Lc 15,9-13; 2Cor 12,4).

8) Daremos tudo o que for necessário de nosso tempo, reflexão, coração, meios etc., ao serviço apostólico e pastoral das pessoas e dos grupos laboriosos e economicamente fracos e subdesenvolvidos, sem que isso prejudique as outras pessoas e grupos da diocese. Ampararemos os leigos, religiosos, diáconos ou sacerdotes que o Senhor chama a evangelizarem os pobres e operários compartilhando a vida operária e o trabalho (cf. Lc 4,18-19; Mc 6,4; Mt 11,4-5; At 18,3-3; 20,33-35; 1Cor 4,12; 9,1-27).

9) Cônscios de exigências da justiça e da caridade, e das suas relações mútuas, procuraremos transformar as obras de "beneficência" em obras sociais baseadas na caridade e na justiça, que levam em conta todos e todas as exigências, como um humilde serviço dos organismos públicos competentes (cf. Mt 25,31-46; Lc 13,12-14.33-34).

10) Poremos tudo em obra para que os responsáveis pelo nosso governo e pelos nossos serviços públicos decidam e ponham em prática as leis, as estruturas e as instituições sociais necessárias à justiça, à igualdade e ao desenvolvimento harmônico e total do homem todo e de todos os homens, e, por aí, ao advento de uma outra ordem social, nova, digna

dos filhos do homem e dos filhos de Deus (cf. At 2,44-45; 4,32-35; 5,4; 2Cor 8–9; 1Tm 5,16).

11) Achando a colegialidade dos bispos sua realização a mais evangélica na assunção do encargo comum das massas humanas em estado de miséria física, cultural e moral – dois terços da humanidade –, comprometemo-nos:

- a participarmos, conforme nossos meios, dos investimentos urgentes dos episcopados das nações pobres;

- a requerermos junto ao plano dos organismos internacionais, mas testemunhando o Evangelho, como fez o Papa Paulo VI na ONU, a adoção de estruturas econômicas e culturais que não fabriquem nações proletárias num mundo cada vez mais rico, mas sim permitam às massas pobres saírem de sua miséria.

12) Comprometemo-nos a partilhar, na caridade pastoral, nossa vida com nossos irmãos em Cristo, sacerdotes, religiosos e leigos, para que nosso ministério constitua um verdadeiro serviço; assim:

- esforçar-nos-emos para "revisar nossa vida" com eles;

- suscitaremos colaboradores para serem mais uns animadores segundo o Espírito do que uns chefes segundo o mundo;

- procuraremos ser o mais humanamente presentes, acolhedores...;

- mostrar-nos-emos abertos a todos, seja qual for a sua religião (cf. Mc 8,34-35; At 6,1-7; 1Tm 3,8-10).

13) Tornados às nossas dioceses respectivas, daremos a conhecer aos nossos diocesanos a nossa resolução, rogando-lhes ajudar-nos por sua compreensão, seu concurso e suas preces.

Ajude-nos Deus a ser fiéis (*Revista Concilium*, 1977, p. 118-120).

CR

3 Assembleias ecumênicas e a libertação

Certamente um dos aspectos mais originais da recente história da Igreja latino-americana é sua novidade teológica. Na história da teologia latino-americana pode-se detectar de 1959 a 1968 uma etapa de preparação, amadurecimento, entre o Concílio e a conferência de Medellín. Nesse contexto, se desenvolveu uma teologia do tipo desenvolvimentista, ou como os evangélicos progressistas chamavam: *Teologia da Revolução*.

Em 1964, em um encontro entre teólogos latino-americanos em Petrópolis, Gustavo Gutiérrez apresentava a teologia como "uma reflexão crítica sobre a realidade".

A partir de então, houve vários encontros, tanto nos meios católicos como evangélicos, e se estabeleceu um bom diálogo entre teólogos católicos como Gustavo Gutiérrez, Hugo Assman, Lúcio Gera, Juan Luis Segundo e teólogos evangélicos como Emílio Castro, José Miguez Bonino, Julio de Santa Anna e Rubem Alves. Já em preparação a Medellín, conferências de Gustavo Gutiérrez foram reunidas em uma publicação que tinha por título *Rumo a uma Teologia da Libertação*. Mas somente a partir da conferência de Medellín (1968) aparecem as primeiras obras de Teologia da Libertação, como as de Rubem Alves, Richard Shaull, Gustavo Gutiérrez, Hugo Assmann em 1970 ou Lúcio Gera (DUSSEL, 1995, p. 74-75).

No nível internacional, o Conselho Mundial de Igrejas (CMI), organização fraterna que, atualmente, reúne 349 Igrejas cristãs, evangélicas e ortodoxas, tem sido uma instituição que tem ajudado muito o cristianismo a se colocar como profecia de comunhão para este mundo dividido e serviço de libertação para todos os oprimidos/as do mundo. O CMI (Conselho Mundial de Igrejas) foi fundado em 1948. Já na 1ª Assembleia em Amsterdã (Holanda), a seção 3 desenvolvia o conceito de "sociedade responsável", em oposição tanto ao capitalismo neoliberal quanto ao comunismo considerado totalitário.

Em julho de 1968, dois meses antes da 2ª Conferência Geral dos Bispos Católicos Latino-americanos em Medellín, se reunia em Uppsala, na Suécia, a 4ª Assembleia Geral do CMI com o tema tirado do Livro do Apocalipse: "Eis que renovo todas as coisas". Nessa assembleia se reuniram 704 delegados/as procedentes de 235 Igrejas-membro.

Ali, pela primeira vez, jovens de várias confissões fizeram uma manifestação em praça pública e reivindicaram o direito de voz e de participação na assembleia, na qual até então só bispos e pastores tinham acesso. Como escreveram os historiadores: "Uppsala foi a assembleia do CMI mais ativista e orientada politicamente. Pode ser considerada como o fim de uma era no movimento ecumênico e o despontar de um novo início. [...] Uppsala colocou a unidade e a catolicidade da Igreja dentro da esfera da atividade de Deus na história. Pela *primeira vez, foi articulada a ideia de um* 'concílio autenticamente universal, capaz de falar por todos os cristãos'" (VAN DER BENT & KEESLER, 2005, p. 104).

Sem dúvida, essa assembleia do CMI dois meses antes de Medellín, embora pouco conhecida dos bispos católicos, ainda muito centrados quase exclusivamente sobre o que se passa em sua própria Igreja, teve muita influência nos meios ecumênicos latino-americanos e, através deles, indiretamente nos bispos católicos mais abertos.

A partir dos anos de 1960, o CMI foi um instrumento fundamental de apoio aos cristãos da África do Sul para que estes pudessem tomar posição contra o regime do *apartheid* e lutar pela igualdade racial na África e em todos os continentes.

Em 1966, quando o Brasil já estava mergulhado na ditadura militar, a Igreja Metodista do Brasil publicou um documento chamado *Credo Social Metodista* que tinha perspectivas de muita abertura e uma postura crítica e revolucionária dos pastores. Naquele tempo, a organização *Igreja e Sociedade na América La-*

tina (Isal) teve importante papel na aproximação entre católicos e protestantes, comprometidos com as lutas do povo. Esse contato produziu o que conhecemos por Teologia da Libertação, que é primordialmente ecumênica. (Desde o começo, tivemos teólogos como Gustavo Gutiérrez, Leonardo Boff e outros católicos, como Ruben Alves, José Miguez Bonino, Richard Shaull e outros evangélicos.)

As assembleias gerais do CMI ocorrem mais ou menos de sete em sete anos. Em 1968, na assembleia mundial de Uppsala, o Pastor Visser't Hoff, então secretário-geral, declarou: "Os membros da Igreja que negam, de fato, a sua responsabilidade pelos necessitados em qualquer parte do mundo são tão culpados de heresia quanto os que negam esse ou aquele artigo da fé" (DUCHROW, 2005, p. 679).

A assembleia declarou que, em qualquer de suas formas, o racismo contido no *apartheid* e sua justificação teológica é uma heresia contra a fé cristã. Assim, a questão da justiça não é apenas uma consequência ética da fé, mas é elemento constitutivo da própria essência ou natureza da fé. O CMI declarou a justiça como *status confessionais*.

Em Vancouver (1983), no que diz respeito à responsabilidade de se contrapor ao sistema econômico transnacional, o CMI declarou: "A Igreja é desafiada não só naquilo que ela faz, mas também em sua própria fé e modo de ser". Foi ali na assembleia de Vancouver que o CMI propôs a *Convocação mundial Paz, Justiça e Integridade da Criação*, convocação que foi feita às Igrejas e a toda a humanidade. A Teologia da Libertação foi assumida no *Programa de Combate ao Racismo*, no combate à exploração econômica, na discriminação contra as mulheres e no compromisso de colaborar com todas as pessoas de boa vontade na construção de um mundo novo. Em Seul (1990), na assembleia especial sobre Justiça, Paz e Integridade da Criação, ficou acertada a realização de um processo conciliar mundial sobre esse compromisso de todas as Igrejas, tanto membros como não membros do CMI (cf. DUCHROW, 2005, p. 679). Também é preciso ressaltar que o CMI tem apoiado abertamente a justa causa do povo palestino e colaborou com a elaboração do importante documento *Kayros Palestine* que declara como pecado público a forma como o Estado de Israel trata o povo palestino e sua justa luta pela terra e pelo direito de existir (cf. *Kayros Document*, 2016).

Podemos resumir a caminhada da Teologia da Libertação com a bela síntese de Maria Clara Bingemer: "Ver toda realidade como sinal dos tempos e chamado de Deus na história; colocar a reflexão teológica na intersecção da fé com a economia, a política e outras ciências sociais; ler a realidade do ponto de vista dos pobres e das vítimas, dos excluídos, a quem o Deus da vida se revela de modo privilegiado; apropriar-se de suas causas e sonhos; lutar pela mudança dessa realidade injusta como um aspecto essencial do seguimento de Jesus Cristo... esses são alguns dos elementos que configuram aquilo que comumente chamamos de Teologia da Libertação" (BINGEMER, 2017, p. 14).

4 Medellín e o Cristianismo da Libertação

> *Na plenitude dos tempos, Deus envia o seu Filho, para que, feito carne, venha libertar todos os seres humanos de todas as escravidões a que o pecado os sujeita: a fome, a miséria, a opressão e a ignorância, numa palavra, a injustiça e o ódio que têm sua origem no egoísmo humano.*
> Conclusões de Medellín sobre a Justiça – *Medellín*, doc. I, n. 3.

Em 2018, em todo o continente latino-americano, as Igrejas locais e nacionais, assim como no nível continental diversos encontros e eventos celebraram os 50 anos da 2ª Conferência do Episcopado Católico Latino-americano em Medellín (29 de agosto a 7 de setembro de 1968).

Se o Concílio Vaticano II foi considerado como novo Pentecostes para a Igreja, sem dúvida, na América Latina, a conferência de Medellín foi um novo nascimento. Em Medellín, a Igreja Católica Latino-americana assumiu rosto próprio. Ali, os bispos aplicaram as conclusões do Concílio ao continente, mas foram além: definiram a missão *como serviço libertador a toda a humanidade e a cada pessoa por inteiro* (*Medellín* 5, 15).

Até o momento em que esta reflexão foi escrita, o episcopado latino-americano e caribenho teve cinco conferências gerais. Depois de Medellín, tivemos a de Puebla (1979), a de Santo Domingos (1992) e finalmente a de Aparecida (2007). No entanto, em nenhuma delas se repetiu a graça que a Igreja Católica viveu em Medellín, momento de graça único e excepcional. Dom Pedro Casaldáliga afirma: "Sem dúvida, Medellín foi o Vaticano II da América Latina. Mais avançado do que o Vaticano II, porque no Vaticano II a opção pelos pobres foi de uma minoria, quase clandestina, comandada por Dom Helder Camara. Medellín fez a opção pelos pobres, pelas comunidades, pela militância, pela fé. Eu digo sempre que, em toda a história da Igreja na América Latina e Caribe, não houve nenhum acontecimento como Medellín. É nosso Pentecostes" (cf. GODOY & AQUINO JÚNIOR, 2017, p. 7).

O Padre João Batista Libânio afirmou: "Existe um Medellín histórico e um Medellín simbólico. O mais importante de Medellín não foram os textos, mas o significado e o símbolo que se tornou para a Igreja e para o continente latino-americano" (LIBÂNIO, 1988, p. 22).

Medellín foi principalmente o exemplo de uma assembleia na qual os bispos exerceram, como nunca (nem antes, nem depois), a graça do diálogo entre eles e diálogo com toda a sociedade, principalmente os mais pobres. Medellín deu o exemplo de uma assembleia (Igreja) no caminho da reconciliação ecumênica. Faustino Teixeira vê como maior sinal do Ecumenismo em Medellín a sensibilidade dos bispos com relação ao diálogo, todo tipo de diálogo, diálogo intercultural, intereclesial e inter-religioso (TEIXEIRA, 2006, p. 135).

Como salienta José Oscar Beozzo: "Em Medellín, pela mecânica de trabalho adotada, trabalharam lado a lado, nas 16 comissões e subcomissões, bispos, peritos, sacerdotes, religiosos e religiosas, leigos e leigas, além dos observadores não católicos, participando todos ativamente da elaboração dos textos. Simbolicamente toda a Igreja estava ali implicada, na busca dos caminhos para melhor servir ao povo latino-americano, no sentido de sua redenção e libertação" (BEOZZO, 1993, p. 25).

Benedito Ferraro acrescenta: "O Documento das Conclusões de Medellín sobre a Paz foi influenciado pelo Pacto das Catacumbas. [...] Sem dúvida, este Pacto acabou inspirando os bispos presentes em Medellín, e posteriormente também em Puebla, a insistirem na importância da vivência da pobreza como "compromisso que assume voluntariamente e por amor à condição dos necessitados do mundo para testemunhar o mal que a pobreza injusta sofrida pelos pobres representa e a liberdade espiritual frente aos bens" (cf. GODOY & AQUINO JÚNIOR, 2017, p. 247).

Claudia Fanti, jornalista italiana, especializada na Teologia e na realidade das Igrejas latino-americanas, escreveu: "A partir da Conferência de Medellín, a parte mais progressista da Igreja toma consciência de que existe um vínculo profundo entre a história da salvação e a história humana. O anúncio da salvação é mensagem de libertação integral do ser humano e das estruturas em que vive. Os destinatários privilegiados da missão são os pobres e oprimidos. Assim, a Igreja se encarna no mundo dos últimos, assume a defesa de seus interesses e lutas e sofre as mesmas perseguições das quais os pobres são vítimas" (cf. PALINI, 2017, p. 42).

Antônio Manzato continua: "A partir de Medelllín, nos anos seguintes, a característica essencial da Igreja era a afirmação da unidade da fé em torno do compromisso comunitário de construir uma sociedade de justiça e fraternidade. [...] Era o tempo da pastoral engajada, da espiritualidade encarnada, da teologia comprometida e do novo jeito de ser Igreja" (cf. GODOY & AQUINO JÚNIOR, 2017, p. 29).

Já deixamos claro: Medellín explicitou dimensões próprias da fé e da missão que o Concílio esboçou, mas não aprofundou. O fato de *olhar a história a partir dos pobres* e *colocar a Igreja como serviço libertador aos povos da América Latina* deslocou a visão que a Igreja tinha sobre si mesma. Transformou o conceito de missão. E com isso também colocou o ecumenismo no horizonte mais amplo possível. "Situou-o, no empenho pela VIDA em todas as suas dimensões, vida tão diminuída e ameaçada, sem colocar nem barreiras nem fronteiras para a cooperação nos esforços humanos pela justiça, pela paz, pela preservação da criação. Este descentramento do ecumenismo dos quadros estreitos das relações institucionais entre Igrejas cristãs para recolocá-lo no eixo das preocupações com a vida concreta dos empobrecidos, nas suas demandas por pão, terra, trabalho, dignidade, cidadania e ainda no horizonte das culturas concretas do continente, abre perspectivas novas e promissoras. Ficam aqui e ali percalços e incoerências, frutos de posições conflitantes, mas que não comprometem as aberturas e avanços propostos para a caminhada ecumênica" (GERMAN, 1990, p. 153).

Teólogos/as da Libertação sugerem que Medellín significou a irrupção dos pobres na vida e nos documentos oficiais da Igreja no continente. De fato, como estamos vendo neste capítulo, desde muitas décadas antes, já havia setores eclesiais dedicados aos mais pobres e tentando interpretar a fé a partir da opção pelos pobres. No entanto, foi em Medellín que, ao menos na Igreja Católica, esse assunto se tornou geral e oficial, embora depois (a partir dos anos de 1980 até os dias do Papa Francisco) tenha sido praticamente esquecido e negado por grande número dos bispos, padres e mesmo grupos leigos de tradição católica no continente latino-americano e Caribe.

Hoje, quem vê a prática e o discurso ainda vigente na maioria de nossas dioceses tem dificuldade de acreditar e compreender como foi possível que, em 1968, em Medellín, os ofendidos deste mundo, as vítimas deste perverso sistema neoliberal, os ignorados, os esquecidos, irromperam com força, com um grito irreprimível, impossível de ser calado, provocando seus opressores e carrascos. O próprio tema geral da Conferência de Medellín foi "A Igreja na transformação da América Latina". Pelo método com que o tema foi tratado e pelo clima espiritual que envolveu aquele evento, com os pobres e excluídos, cremos nós que o próprio Deus entrou em nossa história e que seu coração de mãe palpita no silêncio dos que não têm voz, na resistência dos que não têm vez; aliás, este é o nosso Deus (e o de Jesus de Nazaré): escondido entre os últimos, crucificado nos que sofrem a crucificação de todos os dias (seja pela crueldade criminosa e covarde da polícia que mata indiscriminadamente nos morros e favelas, seja pelos direitos básicos que nos são negados).

Inspirados e animados a buscar e percorrer novos caminhos que apressem o Dia do Povo, da Libertação, queremos hoje e sempre atualizar a memória perigosa (impunemente esquecida/proibida) de Medellín: a fim de que a Igreja deixe todo pedestal de orgulho e poder e se esforce para ser sinal/sacramento/força da Boa Notícia do Reino entre os explorados e oprimidos.

5 CEBs, Igrejas locais e missão

No Brasil e em alguns outros países da América Latina, as Comunidades Eclesiais de Base (CEBs) começaram nos anos de 1960. Surgiram como experiências de comunidades cristãs, inseridas na realidade do povo mais empobrecido, a partir de uma espiritualidade profética que liga Evangelho e vida. Desde o começo, se definiram como novo modo de ser Igreja. Em seu próprio DNA, querem ser o que o Concílio Vaticano II definiu como "*Igrejas locais*" (LG 28), Medellín chamou de "Igreja pascal" (*Medellín* 5, 15) e o Papa Francisco chama: "Igreja em saída" (*Evangelii Gaudium* 20-49).

A partir da década de 1970, as Comunidades Eclesiais de Base (com este ou com outros nomes) tiveram uma importância fundamental em vários países do continente. Na Colômbia, no Chile, na Argentina, assim como na América Central, foram comunidades cristãs e como cristãs que, junto com outros grupos, deram origem à Frente Sandinista de Libertação Nacional na luta da Nicarágua contra a ditadura somozista, à Frente Nacional Farabundo Martí em El Salvador e a diversos movimentos sociais e políticos de caráter transformador em diversos países. Essa história e o que caracterizou cada processo merecem destaque. Seria importante reunir os documentos e relatos de cada um desses caminhos. Embora tenha vivido momentos fecundos de diálogo e de contato com a caminhada de muitos movimentos sociais no continente, não me sinto capaz de resumi-lo aqui e de tratar neste livro de algo com o qual tive apenas contatos e algumas experiências, mas no dia a dia não vivi pessoalmente. Por isso, peço perdão a vocês e me proponho a desenvolver mais aqui a experiência própria e enriquecedora das CEBs no Brasil.

Em 2011, a revista *Horizonte* da PUC de Minas Gerais publicou um testemunho de Dom Tomás Balduíno, já bispo emérito e perto dos seus 90 anos, sobre a aplicação do Concílio (e de Medellín) na diocese de Goiás. Depois de contar brevemente a sua história e como assumiu a diocese em 1967, Dom Tomás contou como eram feitas as assembleias populares que foram dando à diocese um rosto próprio. Nesse relato, ele escreveu: "O grande marco histórico da caminhada da Diocese de Goiás foi a 5ª Assembleia Diocesana, realizada em julho de 1972. Os delegados leigos não foram mais os eleitos nas paróquias, mas sim os escolhidos nos grupos da roça e da periferia, que tinham assumido a evangelização a partir da ligação Evangelho e Vida. Leigos, portanto, pobres e sofridos e, principalmente, não preocupados apenas com as estruturas paroquiais, mas com a situação do povo" (BALDUÍNO, 2011, p. 1.344).

Depois, ele confessou: "A decisão final da assembleia pelos pobres e marginalizados significou para alguns optar por deixar essa Igreja particular. Foi sofrido. Correram lágrimas. Não foi agradável para ninguém. Foi um caminho de cruz, a mesma cruz levada pelos marginalizados". A respeito das CEBs, Dom Tomás acrescenta: "Na diocese não se falava em "comunidades eclesiais de base". O que era conhecido eram os "grupos do Evangelho". Esses foram a primeira concretização da opção pelos pobres. Tinham uma expectativa não somente de converter as pessoas, mas transformar as estruturas injustas. Em muitos desses grupos havia experiências de vida comum: roças comunitárias, mutirões de serviço na roça, fiandeiras, violeiros, artesanato etc. Os agentes de pastoral ocupavam a maior parte do seu tempo na formação desses grupos – passavam noites em reunião e oração com eles, principalmente nas roças. Em Itapuranga, havia mais de 50 grupos de base. A gente assistia ao vivo o milagre da libertação (BALDUÍNO, 2011, p. 1.346).

Outro testemunho nos vem do bispo que começou os encontros intereclesiais de CEBs. No começo dos anos de 1980, Dom Luiz Gonzaga Fernandes escrevia em um jornal de Campina Grande, sua diocese: "Comunidade de base está na moda. Todo mundo quer fazer comunidade. [...] Mesmo dentro da Igreja vulgariza-se o discurso comunitário, tantas vezes, sem o mínimo conteúdo real, efetivo. Qualquer coisa hoje, facilmente, se chama de comunidade de base. Uma capela qualquer, qualquer grupo de jovens, um pequeno clube de velhos, um núcleo de Vicentinos. O mais frequente é pretender-se que uma parcela da paróquia, pelo simples fato de ser pequena, já seja uma verdadeira CEB. Ora, Comunidade Eclesial de Base não é pedaço de qualquer coisa: é Igreja de Nosso Senhor Jesus Cristo, formada e constituída como tal. [...] Poderíamos tomar para nossa consideração o caso da capelinha do interior. O que lhe faltaria para chegar a ser uma CEB segundo o figurino mais exigente? [...] De ordinário, os fiéis dispersos pelos sítios e fazendas apenas se encontram esporadicamente para 'assistir' à missa periódica, naquele pequeno templo, à beira da estrada. Onde está a comunidade? No caso das CEBs, fomentar vínculos e compromissos comunitários é a tarefa primeira. Reconheçamos que, com pequenas variantes, nossa freguesia é massa difusa e descompromissada, tanto no interior como nas cidades. A própria formação religiosa, tradicionalmente transmitida, não ajuda. [...] Diferentemente disso, comunidade eclesial de base é vivência intensiva da conversão cristã em suas dimensões pessoais profundas, sociais e coletivas. É compromisso histórico-político. Diga-se mais uma vez: CEB é Igreja constituída" (cf. RIETVELD, 2011, p. 31).

Sem dúvida, essa forma de ver e compreender as CEBs não é unânime. Mesmo em documentos e declarações do episcopado, principalmente nos anos mais recentes, algumas vezes não se têm feito a distinção justa e necessária entre CEBs e outras pequenas comunidades, como núcleos ou capelas das paróquias.

Em 1989, a Diocese de Duque de Caxias e São João de Meriti, RJ, publica um livro sobre a história das CEBs. Ali se deixa claro: "É importante ressaltar que a Comunidade Eclesial de Base não é um movimento na Igreja, nem o braço da paróquia tradicional. *É a própria Igreja na base.* A face eclesial das CEBs é percebida em seus elementos estruturantes: a fé, alicerçada na Palavra de Deus, a celebração da vida em suas várias dimensões, incluindo os sinais sacramentais, a comunhão fraterna e com os pastores, a missão profética e libertadora" (DIOCESE DE DUQUE DE CAXIAS, 1989, p. 9).

Essa distinção importante entre CEBs e pequenas comunidades ou capelas que pertencem às paróquias não parece tão clara em um documento como a *Mensagem ao Povo de Deus sobre as Comunidades Eclesiais de Base*, publicado pela CNBB em 2010. O documento transmite uma mensagem positiva de apoio e confiança dos bispos às CEBs, mas provavelmente foi escrito para estimular bispos hesitantes ou refratários ao apoio à caminhada. Por isso, a preocupação maior parece ser a de garantir que as CEBs entrem na tradição eclesial. E a identificação entre CEBs e pequenas comunidades paroquiais aparece clara no texto: "Ao acolher pastoralmente a população rural ou migrante em capelas e salões improvisados nos quais elas se sentissem 'em casa', a Igreja lhes ofereceu uma possibilidade de organizar-se autonomamente..." (CNBB, 2010, p. 14). Esse documento afirma, como outros anteriores, que as CEBs são o "primeiro e fundamental núcleo eclesial". No entanto, mantém claramente uma eclesiologia que identifica *a Igreja* com a CNBB ou com a estrutura paroquial que acolhe e possibilita os encontros das CEBs. Como antes do Concílio afirmava o Padre Yves Congar: "a eclesiologia se reduz à hierarcologia" (CONGAR, 1953, p. 74). Na realidade, ainda se pensa que Igreja mesmo é apenas a hierarquia. Esse assunto será melhor compreendido se olharmos brevemente a história dos encontros intereclesiais de CEBs e as mudanças e evoluções ocorridas nessa história.

6 "Uma Igreja que nasce do povo pelo Espírito de Deus"

Esse foi o tema do 1º Encontro intereclesial de CEBs, em Vitória, ES, ocorrido de 6 a 8 de janeiro de 1975. Todos que ali estiveram e os que escreveram sobre esse encontro concordam que, a partir daquela experiência eclesial, surgiu de forma mais clara "uma nova eclesiologia", ou seja, uma nova compreensão do ser Igreja. No prefácio à antologia de artigos de Dom Luis Fernandes, Carlos Mesters afirma: "Dom Luis tinha a convicção profunda de que a Igreja, para poder ser como Jesus a queria, devia renascer a partir das iniciativas simples do povo, sobretudo das Comunidades Eclesiais de Base" (SILVA JÚNIOR, 2000, p. 2).

Em uma conversa, o sociólogo Pedro Ribeiro de Oliveira afirmou: "Quando Dom Luís Fernandes falava do caráter intereclesial do encontro de CEBs ele fazia questão de dizer que não se tratava de um encontro nacional, mas sim de Igrejas particulares que se encontravam para confrontar experiências e tirar orientações para a ação".

Os intereclesiais seriam encontros das Igrejas locais e particulares que estão na "*caminhada*". No Brasil dos anos de 1970, em clima de forte ditadura militar e repressão aos movimentos populares, a *caminhada*, primeiro nome das comunidades cristãs, conforme os Atos dos Apóstolos, designava os cristãos comprometidos com as lutas pacíficas pela libertação. Ser da caminhada era identificar-se com a linha da Igreja expressa pela conferência dos bispos em Medellín, aprofundada pela Teologia da Libertação e vivida pelas CEBs e pastorais sociais. Nesse rico conceito de *caminhada*, cada CEB, como base da Igreja particular, tinha sua autonomia e seguia seu caminho próprio. No entanto, ao se colocar em comunhão com outras Igrejas particulares, se juntava às outras que estavam no mesmo rumo. Umas se caracterizavam mais pela luta pela terra, outras pela inserção nas culturas populares ou pela leitura da Bíblia, e assim por diante. Todas na mesma caminhada. Tinham consciência de pertencer ao conjunto maior da Igreja Católica no Brasil. Sentiam-se em comunhão com a CNBB e com todos os organismos eclesiais, mas, ao mesmo tempo, pensavam ter o direito de expressar sua forma própria de ser Igreja, com sua missão de fortalecer a caminhada das comunidades, animadas pela fé libertadora.

Infelizmente, algumas vezes, para quem tem como modelo eclesiológico a Cristandade, hierarquizada e centralizada, não há possibilidade de comunhão possível, a não ser na submissão e se todos seguem o estilo imposto de cima.

A partir dos anos de 1980, sob a orientação do Papa João Paulo II e depois isso continuou com Bento XVI, algumas dioceses, marcadas pela caminhada libertadora, sofreram intervenções do Vaticano.

Todos sabem que os papas João Paulo II e depois Bento XVI fizeram o que puderam para reprimir e matar, não apenas a Teologia da Libertação, mas os trabalhos de base e a caminhada de uma Igreja inserida no meio dos pobres a serviço de sua libertação. Não somente na América Latina, mas em todo o mundo, cuidaram de substituir bispos da caminhada que eram verdadeiros pais para o povo (No Brasil, Dom Helder Camara; no Equador, Dom Leónidas Proaño; no México, Dom Sergio Mendes Arceo e muitos outros) por prelados contrários à inserção e que perseguiam padres e agentes de pastoral que fossem mais inseridos. Incentivaram seminários integristas e movimentos de direita em todo o mundo. Quanto à teologia, perseguiram sim a Teologia da Libertação, mas de fato reprimiram e fizeram tudo para impedir o desenvolvimento de qualquer Teologia que não fosse apenas curial ou repetição do que o papa dizia. Não havia nenhum clima de liberdade para a pesquisa teológica e a expressão de uma Teologia nem na América Latina nem em nenhum lugar do mundo.

Desde os anos de 1980 até a chegada do Papa Francisco foram centenas (perto de 200) os teólogos e teólogas censurados, e alguns punidos. Entre os mais conhecidos, podemos citar na América Latina: Gustavo Gutiérrez, Leonardo Boff, Jon Sobrino, Eleazar López, José Maria Vigil e outros. Na Europa, Hans Küng (Alemanha), José María Castillo, Juan Masiá, José Antonio Pagola, Marciano Vidal, Benjamín Forcano, Andrés Torres Queiruga, Juan José Tamayo (na Espanha), Tissa Balasurya (Sri Lanka) e, sem falar em teólogas como Ivone Gebara, Elisabeth Johnson e outras irmãs nos Estados Unidos e por todos os continentes.

Sobre a Teologia da Libertação, Ratzinger e o Vaticano revelaram que não compreendiam realmente do que se tratava. O Papa João Paulo II via em tudo o fantasma do comunismo e condenava o Marxismo. No entanto, de fato, não houve condenação explícita. Houve cerceamento e principalmente um esforço imenso para impor a toda a Igreja a mesma linha eclesial da velha Cristandade e apoio incondicional a movimentos e grupos de direita. Podiam ser antiéticos no trato da Política e seus grandes líderes e fundadores podiam ser até comprovadamente pedófilos. Eram apoiados pelo Vaticano desde que fossem de direita.

Esse ambiente teve profunda repercussão negativa no Brasil e em todo o continente. Em geral, o que se conseguiu foi moderar de forma mais conservadora a caminhada dos grupos de base e torná-los mais dependentes da hierarquia. Geralmente, desde que se reconhecesse a autoridade e sempre se pedisse a bênção e as benesses do bispo, se poderia manter a caminhada das Comunidades Eclesiais de Base e das pastorais sociais. Controlava-se o mais possível a liberdade profética e mantinha-se o caminho.

Já no início dos anos de 1980, o 5º Encontro Intereclesial das CEBs, ocorrido em Canindé, CE, em 1983, foi praticamente convocado e conduzido pela coordenação regional da CNBB, com muitos assessores vindos da sede da CNBB em Brasília, alguns deles estranhos à caminhada das CEBs. Desde então, a marcha prosseguiu e foi avançando, mas sofreu na carne aquilo que o saudoso Padre João Batista Libânio chamou de "volta à grande disciplina" (LIBÂNIO, 1983).

Toda a Igreja sofreu o clima de centralização e imposição a um modelo único e eurocêntrico. No entanto, é bom recordar que as CEBs eram e são ainda o que, no primeiro encontro intereclesial de 1975, Carlos Mesters chamava de "Flor sem defesa".

Em 1989 e em 1991, o fim da União Soviética, o fracasso do comunismo real no Leste Europeu, a queda do Muro de Berlim e com ela o descrédito de uma forma de socialismo estatal pareceu consolidar a hegemonia capitalista e fortaleceu o conservadorismo na sociedade e também nas Igrejas. Houve forte refluxo na caminhada dos movimentos sociais e também nos ambientes das bases.

Até este ano (2019), tivemos 14 encontros intereclesiais, espalhados pelas mais diversas regiões do Brasil, cada um significando uma experiência nova e fecunda no sentido da unidade e da animação das CEBs.

É verdade que, desde os anos de 1980, os intereclesiais de CEBs foram se tornando encontros menos caracteristicamente de comunidades de base e mais e mais foram se tornando "Encontros do Povo de Deus", de certa forma, correspondentes ao que, a partir dos anos de 1990, a CNBB vinha fazendo como "Assembleia dos Organismos do Povo de Deus".

Na *Mensagem ao Povo de Deus*, a CNBB afirma que os intereclesiais são "encontros que reúnem diversas dioceses para troca de experiências e reflexão teológica e pastoral acerca da caminhada das CEBs". Essa não era a compreensão que se tinha nos primeiros encontros intereclesiais. Esses se consideravam como encontros de "Igrejas locais comprometidas com a caminhada da inserção no mundo, nas quais as CEBs tinham protagonismo e se encontravam como Igrejas". Esse documento propõe os intereclesiais como encontros das dioceses que quiserem se encontrar *sobre* as CEBs. É diferente de um encontro de Igrejas locais que aceitavam ser movidas pelas CEBs. De fato, desde os anos de 1990, essa visão mais institucional tende, pouco a pouco, a predominar.

Os encontros intereclesiais de CEBs continuam a ser uma experiência bela e profunda para quem deles participa. Por isso, vale a pena aprofundar o que significa e como se concretiza uma eclesiologia das Igrejas locais que seria aquela que se fortaleceu na origem das CEBs e que deveria ser a das dioceses que optam pela *caminhada* e por uma espiritualidade sociopolítica libertadora.

7 Outras assembleias ecumênicas e o processo libertador

Durante as últimas décadas, confissões evangélicas e organismos ligados às diversas Igrejas promoveram diversos encontros e assembleias para aprofundar a missão cristã como compromisso das Igrejas em se inserir na realidade humana, colaborar com a unidade de toda a humanidade, especificamente a partir da caminhada de libertação dos grupos e povos oprimidos.

Nos anos de 1980, aqui e ali algumas assembleias ecumênicas continentais sugeriram e a assembleia geral do CMI em Vancouver (1983) decidiu retomar a ideia do Pastor Dietrich Bonhoeffer (escrita nos anos de 1930) e propor que as Igrejas caminhassem para um concílio universal que não fosse somente de bispos e abrangesse as mais diferentes Igrejas e mesmo com abertura de diálogo e unidade a representantes das outras religiões. O tema dessa conferência ou concílio pan-ecumênico seria "Justiça, Paz e Integridade da Criação" (JPIC). Em 1990, realizou-se a "Convocação Mundial sobre Justiça, Paz e Integridade da Criação, para Seul (Coreia). A proposta era de formar uma Aliança de Igrejas irmãs e desencadear, a partir das bases, um processo conciliar. Desde o começo, o Vaticano, assustado com o uso do nome "concílio", sem que fosse só de bispos e convocado pelo papa, se opôs. O CMI assumiu o nome de "Convocação Mundial Justiça, Paz e Integridade da Criação" que teve seu ponto alto nos primeiros anos, mas pouco a pouco se tornou menos visível.

Em 2006, tivemos a 9ª Assembleia Geral do Conselho Mundial de Igrejas em Porto Alegre. Tocamos aqui nesse assunto por dois motivos: o primeiro porque a assembleia aconteceu, imediatamente depois do Fórum Social Mundial, e na mesma cidade. Isso significa que os delegados que vieram para a assembleia do CMI podiam vir para o Fórum Mundial e ficar para a assembleia. Desde 2001, quando aconteceu o 1º Fórum Social Mundial, a participação de grupos eclesiais e de ministros eclesiásticos no Fórum nunca tinha sido muito expressiva. De fato, o Fórum Mundial havia sido pensado e organizado por uma comissão internacional da qual fazia (e faz) parte Francisco Whitacker. Na época, ele era presidente da

Comissão Nacional Justiça e Paz, organismo ligado à CNBB. Mesmo assim, excetuando algumas presenças pessoais, as Igrejas participavam pouco. Por isso, foi muito significativo que uma assembleia do Conselho Mundial de Igrejas tenha se realizado no contexto e nos dias seguintes a um Fórum Social que se propõe a ser instrumento de encontro, diálogo e unidade da humanidade, missão que em si competiria às Igrejas cristãs.

Na América Latina, desde 1992, além do Ecumenismo propriamente cristão (entre Igrejas), ficou claro a opção por uma maior unidade com as religiões e tradições espirituais dos povos originários (negros e indígenas). Chamamos esse ecumenismo do Reino de Deus de "macroecumenismo". Esse termo foi expresso pela primeira vez no *Manifesto do Povo de Deus*, publicado como documento conclusivo do 1º Encontro Continental da Assembleia do Povo de Deus (APD), encontro entre cristãos e membros de religiões indígenas e autóctones da América Latina em 1992 em Quito (CASALDÁLIGA, 1992, p. 233-242).

Nos meios eclesiais e teológicos, o termo macroecumenismo suscitou alguns desacordos. Alguns acharam que não existem micro e macroecumenismo. O espírito é um só e prefeririam falar em "ecumenismo intereclesial, ecumenismo intercultural e ecumenismo inter-religioso". De todo modo, o fato é que o ecumenismo do reinado divino se tornou uma espiritualidade marcada por dois elementos:

1º) uma oposição clara ao que, na época, se chamava de neoliberalismo, como sistema econômico e como cultura.

2º) uma opção clara pela inserção nos movimentos sociais e na busca de comunhão com as espiritualidades indígenas e afrodescendentes.

O processo continental da APD (Assembleia do Povo de Deus) fez alguns encontros locais. No Brasil, houve três encontros no Mosteiro da Anunciação em Goiás e mais dois encontros continentais (Bogotá, 1996 e Santo Domingos, 2000). O processo da APD teve boa repercussão em pequenos grupos e ambientes marginais às Igrejas e não conseguiu inserção nas comunidades afrodescendentes e indígenas. Provavelmente, desde o começo, essas sentiram que o nome e a inspiração eram claramente judaico-cristãos ("povo de Deus" é uma expressão bíblica).

Depois de séculos de marginalização e perseguição por parte das hierarquias das Igrejas, as comunidades afrodescendentes e indígenas queriam ser apoiadas e valorizadas, mas não tinham a experiência de um caminho comum com cristãos. Além disso, a linguagem de fé era muito diversa e não tinham a mesma sensibilidade sociopolítica.

Da parte das Igrejas, tanto evangélicas como católicas, mesmo abertas, a maioria dos ministros não se interessou. A proposta pareceu agradar mais a alguns padres casados, afastados do ministério e algumas ex-religiosas e pessoas que se diziam pós-cristãos. Era válido e importante unir esses grupos marginalizados, mas não conseguíamos acesso às comunidades locais das Igrejas. A partir do ano de 2000, o processo se esvaziou e, pouco a pouco, foi esquecido.

8 Para concluir este capítulo e, assim, a 1ª parte

Até aqui vimos como o desafio da libertação integral (tanto social e política como humana, cultural e espiritual) de todo ser humano, de um modo ou de outro, se tornou central na história das diversas tradições espirituais e, especificamente, das Igrejas cristãs na América Latina.

Como a história da inserção das Igrejas nos movimentos sociais é mais conhecida na parte católica, é importante sublinhar a grande contribuição de irmãos e irmãs, assim como de comunidades de Igrejas evangélicas, tanto na contribuição para um ecumenismo a partir da inserção em prol da justiça e da libertação, como na própria teologia vivida a partir das lutas do povo. Sobre esse assunto, vale a pena conferir o excelente livro de Claudio Ribeiro e Magali Cunha: *O rosto ecumênico de Deus* (cf. RIBEIRO & CUNHA, 2013).

Evidentemente, esse rápido olhar sobre a realidade atual e sobre a história das nossas Igrejas com relação a esse assunto deixa na nossa mente e no coração muitas perguntas e questionamentos. É bom que essas questões não sejam imediatamente respondidas. Elas incomodam profeticamente e pedem de nós um compromisso de aprofundamento, cujo teor vai além das possibilidades deste estudo. No entanto, a partir de agora, ao entrar na segunda parte e aprofundar a leitura da Bíblia a partir desse desafio da existência das opressões e do compromisso profético das pessoas e comunidades de fé com essa questão, podemos descobrir melhor o projeto divino revelado na tradição bíblica e assim escutar, hoje, "o que o Espírito diz às Igrejas" (Ap 2,5).

☙

Meu salmo pagão

Manoel de Barros

Aprendo com abelhas mais do que com aeroplanos
É um olhar para baixo que eu nasci tendo.
É um olhar para o ser menor,
para o insignificante que eu criei tendo.
O ser que, na sociedade, é chutado como uma barata,
cresce de importância para o meu olho.
Ainda não entendi por que herdei
esse olhar para baixo.
Sempre imagino que venha
de ancestralidades machucadas.

Fui criado no mato e aprendi
a gostar das coisinhas do chão –
antes que das coisas celestiais.
Pessoas parecidas de abandono me comovem:

quanto as soberbas coisas ínfimas (in: *Retrato do artista quando coisa*, 1998).

☙

2ª parte
"O que o Espírito diz, hoje, às Igrejas"
(Discernir)

V
A Bíblia e o projeto libertador de Deus

> ...*O Amor divino fez o céu e a terra,*
> *O mar e tudo o que neles há,*
> *Para sempre mantém seu amor fiel,*
> *Sua aliança nunca vai falhar.*
>
> *Faz justiça aos oprimidos,*
> *E liberta quem é cativo,*
> *Dá pão a quem tem fome,*
> *E levanta o desvalido.*
>
> *Dá visão a quem é cego,*
> *Endireita quem está curvado,*
> *Sustenta o órfão e a viúva,*
> *Transtorna o plano do malvado.*
>
> *Deus Amor reconduz os migrantes à sua terra,*
> *E as pessoas honradas, orienta sempre,*
> *O seu projeto vigora permanentemente.*
> *Amor de nossa salvação, hoje e eternamente.*
> Sl 146,6-10 – leitura atualizada (BARROS, 2017, p. 185).

Recentemente, alguém que, pela primeira vez, leu a Bíblia revelou o seu espanto com o fato de que ela parece pouco espiritual. Diferentemente de outros livros sagrados, a Bíblia trata de problemas humanos concretos. Fala de terra, de relações humanas, de amor e de ódio, de conquistas e de libertação. Há quem considere a Bíblia um livro violento, porque contém guerras e conflitos. Essa era a posição mesmo de intelectuais como José Saramago que, por diversas vezes, expressava a sua perplexidade com a forma como a Bíblia fala de Deus e como fala do ser humano. Várias vezes, ele declarou: "Se se lê a Bíblia, se nota que seja Deus, no Antigo Testamento, seja o seu Filho Jesus no Novo, não se comportam conforme os nossos critérios de justiça [...] Em todo caso, Deus não respeita o politicamente correto".

Atualmente, as pessoas podem expressar com liberdade esse mal-estar frente à cultura bíblica e à sua proposta. Antigamente, isso era mais difícil. Talvez, por isso, no mundo antigo, a exegese judaica da Bíblia, e a partir do século III, principalmente, em Alexandria, também a exegese cristã desenvolveram uma interpretação alegórica dos textos bíblicos. Até hoje, podemos ler comentários bíblicos, nos quais a libertação do Êxodo foi apenas um símbolo da libertação interior do pecado que existe em cada ser humano. O caminho pelo deserto foi um grande retiro religioso e toda a pregação sobre o Reino de Deus é compreendida como anúncio do céu que Deus nos promete para depois da nossa morte.

No entanto, cada vez mais, no mundo inteiro, maior número de teólogos/as e exegetas se levanta contra essa forma dualista de compreender a fé. Desde seus inícios, a Teologia da Libertação insistiu no fato de que não existe uma história profana e uma história da salvação. A história é uma só e é dentro do mundo e no meio dos acontecimentos da vida que Deus se revela e manifesta o seu projeto de salvação. Compreendemos (todos) que a salvação divina não se restringe apenas ao nível social e político. Atinge todas as dimensões da vida e vai além da morte. Nesse sentido poderíamos dizer que a Libertação tem sempre uma dimensão de saída (libertação *de*...) e uma dimensão de chegada ou de meta (libertação *para*...). Toda vez que pronunciamos a palavra Salvação, essas duas dimensões estão incluídas. Principalmente no que diz respeito à meta (libertação *para*), a salvação é escatológica, isto é, diz respeito à totalidade da vida, desde a mais íntima e pessoal até a sua dimensão mais coletiva. Ao mesmo tempo se realiza no tempo, mas é eterna.

No primeiro testamento, a revelação divina focaliza uma ação divina que tem em vista a Israel (povo – portanto coletiva) e no mais concreto da vida. É promessa da terra, da liberdade social e política. É proteção para que a terra seja fecunda e o povo tenha comida e água suficientes e possa viver livre de guerras e de conquistas dos impérios vizinhos. Esse caminho é proposto como objetivo da aliança em Deus e com Deus. A observância à lei de Deus é instrumento desse caminho de justiça, de maior igualdade social e de liberdade. O pecado de alguém seria romper com a aliança com Deus e com o povo.

À medida que a revelação de Deus foi evoluindo, a essa dimensão social e política, as comunidades foram agregando a dimensão mais interior e que hoje as pessoas chamam "espiritual", ou seja, de interiorização da fé em uma relação como se fosse direta com Deus. Essa dimensão é válida e importante, desde que não esqueça o que afirmaram todos os bispos católicos reunidos no Concílio Vaticano II: "Deus não quis nos salvar isoladamente, cada um por si, mas nos unindo em um povo" (*Lumen Gentium* 2).

No Novo Testamento, na época das comunidades de Paulo, o tipo de judaísmo dominante, tanto no templo, como nas sinagogas, insistia mais no caráter exterior, cultual e coletivo da fé. Tratava-se de manter a observância do sábado, fazer as festas prescritas, cumprir os ritos da lei e pronto. O Apóstolo Paulo, ao anunciar como Jesus ensinou aos discípulos a relação com Deus e uns com os outros, insistiu em completar essa religião exterior e de obrigações por uma dimensão de fé interior e mais profunda. Por isso, ele ensina que a libertação importante e fundamental seria a da lei, do pecado e da morte (Rm 8,2). Ao afirmar isso para a comunidade de discípulos e discípulas de Jesus que participavam da sinagoga de Roma, Paulo tenta unir as duas dimensões (interior e social), e não dividi-las.

Para Paulo, como para a cultura judaica da época, a lei é o sistema ou estrutura dominante no mundo. Do mesmo modo, o pecado não significa apenas uma culpa moral. É o pecado do mundo, ou seja, é a estrutura de uma sociedade organizada de forma contrária ao projeto divino. E morte é mais do que a morte individual física. É um modo do mundo ser. No século IV, Gregório de Nissa, um Pai da Igreja grega, afirmava: "Vivemos uma vida morta. Temos de viver uma vida viva".

Para nos situarmos na leitura bíblica que ajudou as comunidades latino-americanas e de outras partes do mundo a assumir sua vocação libertadora, vamos lembrar algumas chaves de leitura da Bíblia judaica e cristã.

1 Um projeto de Deus

Em todo o mundo, entre os católicos, a consequência mais imediata e talvez mais profunda do Concílio Vaticano II foi um esforço para que todas as pessoas de fé pudessem ter pleno acesso aos textos bíblicos. Depois de séculos nos quais a Bíblia era propriedade das hierarquias e dos intelectuais, era preciso devolver a Bíblia ao povo de Deus. A própria Reforma Litúrgica, decretada pelo Concílio, teve como uma de suas finalidades: proporcionar aos fiéis um uso maior da Bíblia que passaria a ser lida toda ela na liturgia. Na América Latina e no Brasil do começo dos anos de 1970, em lugares aonde ainda não se escutava falar em Teologia da Libertação, já se organizavam círculos bíblicos. A leitura comunitária da Bíblia foi a base da criação de muitas comunidades eclesiais de base e do cuidado espiritual de sempre ligar a fé com a vida. Não se tratava apenas da vida individual de cada crente, mas principalmente da vida e realidade das comunidades. Em sua imensa maioria, essas comunidades são pobres e vivem imersas na realidade social concreta do povo. Por isso, os círculos bíblicos procuraram sempre ler a Bíblia a partir da realidade social do povo empobrecido.

Um projeto de Deus foi o título de um pequeno livro da autoria de Carlos Mesters que, no início da década de 1980, através do Cebi (Centro de Estudos Bíblicos) se espalhou por todo o Brasil (MESTERS, 1983).

A proposta era original: mostrar que toda a Bíblia pode ser lida e compreendida a partir de um fio hermenêutico que a percorre por inteiro: do Gênesis ao Apocalipse. Do início ao fim, por trás de todas as histórias e narrativas mais ou menos fragmentadas, pode-se perceber a história da revelação de Alguém: um Deus que, por seu próprio nome e natureza, é Libertador (Ele disse a Moisés na sarça ardente: *Eu sou Aquele que serei com vocês – na caminhada da libertação* (cf. Ex 3,7)). No entanto, essa própria história da revelação de Deus se dá na apresentação cada vez mais clara e forte de um projeto divino para o povo bíblico e depois para o mundo inteiro. É só à medida que esse projeto vai ficando claro e vai se concretizando que a revelação divina também vai se realizando.

Esse projeto divino – segundo a tradição judaica – foi revelado a Abraão, patriarca velho e casado com uma mulher estéril. Deus lhe diz: "Vai, sai da tua terra e vai para a terra que eu te indicar" (Gn 12,1). Ali, Deus não revela nada sobre si mesmo, mas antes de tudo revela um projeto, um plano: dar terra a Abraão, o hebreu, isto é, aquele que vivia na terra dos reis de Canaã, mas não tinha terra própria. E, desde aquele momento, o projeto divino se concretiza no dom da Terra Prometida. Essa promessa, ligada à promessa da descendência (necessária para a posse da Terra), é repetida com Isaac e Jacó, os primeiros patriarcas, descendentes de Abraão. E ali Deus se apresentava como um deus familiar, "Deus dos pais", ou *El Shaddai*, o Altíssimo (Ex 6,2).

Conforme o relato do Êxodo, quando Ele se manifesta a Moisés se apresenta com outro nome (o nome impronunciável: IHWH) e o projeto do dom da Terra continua como meta, mas para torná-lo possível a ordem é tirar o povo da *casa da escravidão* (assim é chamado o Egito) e conduzi-lo pelo deserto até a terra prometida. Para que o povo possa habitar em sua terra, precisa ser libertado. A libertação do Êxodo ficará para sempre o ponto fundamental da fé bíblica. *Cremos no Deus que libertou nossos pais e mães do Egito.* Esse Deus se revelou mais do que antes. Ele propôs às tribos de hebreus que fizessem entre si uma aliança – uma tribo defender a outra quando atacada –, e o fiador dessa aliança seria o próprio Deus. A Aliança em nome de Deus (ou Aliança em Deus) se concretizou naquilo que a tradição hebraica chamou de "assembleia de Siquém" (Js 24).

Essa aliança (*berith* – ou pacto) de justiça e solidariedade entre os hebreus era vivida através da lei – lei que visava uma ética ou comportamento que tinha como meta a liberdade. Não era uma lei para constranger e oprimir, mas para ensinar o povo a ser livre. Era a lei de Deus. Outras palavras para a Lei na Bíblia é mandamento, direção, projeto... E esse projeto divino da justiça e da solidariedade devia ser vivido não somente como uma aliança entre as tribos em nome de Deus (Aliança em Deus), mas até mesmo como uma aliança que o próprio Deus aceitou fazer com o povo. Uma aliança não somente em Deus (ter Deus como fiador), mas com Deus, como parceiro da Aliança. E a partir daí, dizem os legisladores depois do Exílio (Ex 19; 20), o povo bíblico se tornou o povo consagrado como propriedade divina.

Os profetas recordam continuamente que essa eleição divina, essa predileção é para ser luz para as nações, isto é, é para ajudar a humanidade inteira que o projeto divino é alargar essa aliança a todos os povos. É ser Deus libertador da humanidade inteira (cf. Am 9,4ss.; Is 56,1; 60,1-6 e muitos outros textos).

O projeto divino da Aliança em Deus e com Deus (isto é, a aliança de solidariedade e justiça entre as comunidades completada pela aliança de relacionamento com o próprio Deus) é revelada na Bíblia tendo sempre uma meta: unir todos os povos na realização de um mesmo projeto divino: uma terra de paz e de justiça (cf. Is 2,1-5; 11; 65,10...).

Mais tarde, depois do cativeiro da Babilônia, quando o povo bíblico já havia perdido a terra e a independência, os textos apocalípticos e alguns profetas começam a falar do projeto divino como *Reino de Deus* (em hebraico: *malkuta IHWH*, em grego: *basileia tou Theou*). Essa terminologia de Deus como rei não é própria do Israel bíblico. Existia em todo o antigo Oriente. No entanto, o povo bíblico descobriu uma coisa fundamental: que esse reinado divino deve ocorrer na história concreta do povo, como se se pudesse dizer: aqui e agora. Jon Sobrino afirma isso ao escrever: "Israel historicizou a noção de Deus-rei segundo a sua fé fundamental de que Deus intervém na história" [...]. "É uma forma de dizer que Deus age na história e em favor do seu povo oprimido" (SOBRINO, 1994, p. 110-111).

Nos anos de 1970, o grande teólogo alemão Karl Rahner sintetizou essa verdade quando afirmou: "O Reino de Deus só virá para as pessoas que constroem o reinado divino que se realiza na terra" (apud PICO, 2010, p. 455).

Gustavo Gutiérrez reitera: "Concretamente, não existem duas histórias, uma profana e a outra sagrada, justapostas ou estreitamente ligadas. Há um só processo humano, assumido irreversivelmente por Jesus Cristo, Senhor da História" (GUTIÉRREZ, 1972, p. 152).

O Reino de Deus se manifesta através da transformação real e visível ocorrida em uma sociedade, quando um povo realiza uma mudança social na linha da justiça e da igualdade, segundo a vontade de Deus. A Bíblia propõe uma fé que tem como ponto essencial o fato de que Deus pode mudar uma situação má e injusta em uma realidade nova, boa e justa. Por isso, a fé no Reino de Deus supõe uma esperança histórica e historicizada.

Nos evangelhos sinóticos (vamos aprofundar isso depois) Jesus vai insistir em que o reino é dom. É trazido por Deus. Nós não o construímos. Somos testemunhas e podemos desde já antecipá-lo por nosso estilo de vida. Na linguagem do Evangelho, o modo de dizer isso era afirmar que o "reino não é deste mundo". Muitas vezes, isso foi compreendido como se o Reino de Deus fosse algo apenas espiritualista e se identificasse com o céu depois da morte. A leitura da Bíblia feita pelas comunidades latino-americanas confirma: ele é histórico. Ele não se esgota aqui ou apenas no plano social e político. Mas, todos os dias, oramos no Pai-nosso: "Venha a nós o teu reino". Nossa esperança é que esse projeto divino comece a se realizar neste mundo. Essa é a nossa esperança.

2 Um povo feito através do Êxodo

Podemos afirmar que, em vários países da América Latina, a partir da segunda parte dos anos de 1960 e até a década de 1980, o texto-fonte, de certa forma, provocador e fundador de muitas lutas concretas de libertação social e política, foi o livro bíblico do Êxodo.

A ele se referiam cristãos que participavam das lutas de libertação em países da América Central como Nicarágua e El Salvador, como também em grupos que ligavam a fé cristã e o ideal socialista no Chile, Argentina, Brasil e Colômbia. Em muitos lugares, lavradores, índios e gente pobre se viam a si mesmos como novos hebreus oprimidos gemendo sob o peso da opressão dos novos Faraós, mas chamados por Deus para um novo Êxodo de libertação e de vida. Foi a partir dessa realidade social existente que agentes de pastoral e teólogos/as começaram a refletir e a elaborar o que, pouco a pouco, se constituiu como Teologia da Libertação.

Atualmente, as pesquisas arqueológicas colocam em dúvida a historicidade do Êxodo e da maior parte da história bíblica (VIGIL, 2016, p. 120). É possível que devamos ser mais humildes ao falar das tradições libertadoras que a Bíblia nos dá, mas o fato é que elas seguem sustentando o horizonte de uma fé na libertação como dom e projeto divinos.

Em 1981, dezenas de famílias de lavradores pobres, expulsos de suas terras ancestrais, ocuparam uma fazenda em Ronda Alta, RS, no sul do Brasil. Nem existia ainda organizado o MST (Movimento dos Trabalhadores sem Terra). Na entrada do acampamento, agentes da Polícia Federal (estávamos ainda no tempo da ditadura militar) detinham agentes de pastoral e pessoas que vinham assessorar os lavradores. Quando, afinal, conseguíamos encontrar os lavradores acampados, a primeira coisa que um dos coordenadores afirmou foi: "Nós estamos vivendo aqui o que os hebreus viveram no deserto, acampados e esperando a Terra Prometida. E como na Bíblia, estamos nessa caminhada, conduzidos por Deus".

De fato, já naquela época, as Comunidades Eclesiais de Base cantavam a canção composta por Zé Vicente:

> No Egito, antigamente,
> no meio da escravidão,
> Deus libertou o seu povo.
> Hoje, Ele passa de novo,
> gritando a libertação.
>
> Para a terra prometida,
> o povo de Deus marchou,
> Moisés andava na frente.
> Hoje, Moisés é a gente,
> quando enfrenta o opressor.

Antes mesmo que, na América Latina, se desenvolvesse uma exegese bíblica libertadora, ainda nos anos de 1960, jovens do campo e da cidade e membros de comunidades eclesiais começaram a descobrir a Bíblia como uma espécie de carta ou mensagem que Deus dirigiu antigamente ao povo bíblico e hoje a toda pessoa que crê e acolhe essa Palavra. Em um círculo bíblico, alguém perguntou:

– Em poucas palavras, qual a mensagem central da Bíblia?

Carlos Mesters, pioneiro na organização e assessoria dos círculos bíblicos, respondeu: "A resposta não é fácil, pois depende da vivência. Se você gosta de uma pessoa e alguém lhe pergunta: Em poucas palavras, qual é a mensagem dessa pessoa para você? O resumo da pessoa amada é o seu nome. Basta você ouvir, lembrar ou pronunciar o seu nome e este lhe traz à memória tudo o que a pessoa amada significa para você. Pois bem, o resumo da Bíblia, a sua mensagem central é o nome de Deus! Esse nome, Ele mesmo explicou o sentido: *Eu Sou Aquele que Sou*. Ou em uma tradução mais exata: *Aquele que serei. Isso significa que* "vocês me descobrirão na caminhada de libertação". Deus quer ser "a presença libertadora no meio de nós. Assim, Deus se manifestou pela primeira vez ao povo, na libertação do Egito. A última prova está sendo, até hoje, a ressurreição de Jesus, chamado *Emanuel, Deus conosco*" (MESTERS, 1983, p. 20).

Certamente, essa foi a descoberta fundamental da fé bíblica: Em inúmeros textos bíblicos Deus se revela como "Eu sou aquele que tirou Israel do Egito". Assim, Ele se apresenta no alto do Sinai para fazer aliança com o povo (Ex 20,1). Por isso, de modo algum, é exagerado afirmar: O povo bíblico é constituído pela libertação.

Novamente, aí se pode perguntar: Qual libertação? Que tipo de libertação? Evidentemente, no Êxodo, trata-se de *libertação política*.

Embora, em todo o desenvolvimento do texto bíblico, no decorrer dos diversos livros, principalmente no Novo Testamento, se desencadeia um processo no qual *a libertação* deixa de ser apenas social e política e passa a ser também ética e espiritual, evidentemente, a primeira acepção bíblica da palavra libertação é *social e política*. É a partir da dimensão social e política que o projeto divino se alicerça também no plano pessoal das consciências e no aspecto que, pouco a pouco, tomará uma dimensão mais claramente religiosa.

Ali Deus se apresenta provocando e chamando o povo a saídas (Êxodo) da escravidão para a libertação. E os profetas revelam que o Senhor (IHWH) é o Deus de todos os povos e chama toda a humanidade para novos êxodos de libertação para onde Ele quiser (Am 9,7), especialmente onde há pessoas e pessoas dispostas a quebrar o jugo de sua dominação.

O eixo principal do acontecimento e do Livro do Êxodo é que Deus se revela às pessoas que aceitam se colocar na aventura social e política de sair da escravidão do Egito e na caminhada da libertação como caminho da intimidade com Deus, ou seja, como forma de ter parte na aliança entre Deus e o seu povo. O Livro do Êxodo conta de uma forma paradigmática, simbólica, a comunidade da aliança no Sinai como se fosse o povo de Israel. Mas, na época ali narrada, todos sabem que não existia ainda povo de Israel. A Bíblia faz as pessoas pensar que os hebreus eram os israelitas. No entanto, hoje se sabe que eram oprimidos, escravos fugidos da servidão, lavradores como Marx chamou mais tarde de lumpen... E a aliança de Deus com aquela comunidade ali tinha como sentido dizer ao mundo que Deus sempre faz e fará aliança com os escravos, os excluídos e os oprimidos em luta pela libertação. Essa revelação é própria e específica porque coloca a libertação como o assunto mais profundo e afetuoso da mística, ou seja, da intimidade com o divino.

Na memória do povo bíblico, essa libertação conserva o seu caráter fundamental. E imediatamente também assume uma função exemplar. IHWH é aquele que fez sair, ou seja, tirou para fora o povo da escravidão (cf. Ex 6,7; Lv 22,23; Dt 8,15; 13,6-11; Jz 2,12; 2Sm 22,49; Is 43,17; Sl 68,7).

> 1) A libertação (sociopolítica) é o tema central do Credo Deuteronômico (Dt 6,21).
> 2) É o alicerce – fundamento – da aliança (*berit*), inicialmente estabelecida no Sinai (Ex 19,4) e depois renovada com as tribos em Siquém (Js 24,6).

3) A libertação é a motivação própria da exortação de Deus ao povo. No Código de Santidade está dito: "Eu sou IHWH, que te santifico. Eu te tirei do Egito [te libertei da escravidão] para ser o teu Deus" (Lv 22,32; cf. tb. Dt 8,14; 13,6.11).

4) A libertação é o argumento de fato, mais profundo e agravante, próprio da acusação de Deus contra o seu povo (Jz 2,1; 6,8).

5) Esse desafio da libertação está presente no culto. A festa anual da Páscoa comemora esse evento da libertação do Egito (Ex 12,42). Vários salmos recordam e celebram esse fato (como os Sl 76; 81; 114; 126).

O Egito é sinônimo da casa da escravidão (em hebraico: *bet 'abadim*). Essa expressão é usada no contexto litúrgico (Ex 13,3-14), como também na fixação do decálogo (Dt 5,6), como fundamento da aliança (Js 24,17) e na exortação ao povo para que seja fiel à aliança de libertação (Dt 6,12).

Uma comunidade profética do século VII antes de Cristo colocou na boca de Moisés a seguinte afirmação: "Vocês são testemunhas de tudo o que IHWH fez no Egito contra o faraó, os seus ministros e todo o seu país. Vocês viram aquelas grandes provas, importantes sinais e maravilhas. Mas, até hoje, IHWH não te deu coração para entender, os olhos para ver ou ouvidos para ouvir" (Dt 29,1-3).

Um exegeta europeu clássico interpreta: 'Não basta assistir aos acontecimentos e nem mesmo basta deles participar. Precisamos entender o seu significado. E quando o acontecimento é transcendente, significa que traz salvação. Então, a compreensão é dom de Deus'" (SCHOEKEL, 1996, p. 22).

Alonso Schoekel tem razão: a experiência libertadora do Êxodo que o povo bíblico viveu tem de ser compreendida como dom gratuito de Deus. Já a sua afirmação, comum a toda exegese clássica, de que se tratou de um acontecimento transcendente e de salvação, trata-se de saber como compreender exatamente isso. Alguns autores – não poucos – compreenderam a salvação e a transcendência como além da história e em um plano religioso, totalmente alheio a uma política concreta de luta contra a escravidão e projeto de libertação social e política. Não é o caso de Alonso Schoekel que cita um poema que parece ter sido composto por algum biblista latino-americano:

> para ser um povo libertado e livre
> e servo exclusivo de IHWH
> o povo bíblico não deve jamais escravizar seu irmão,
> nem tratá-lo como se fosse chefe a seus súditos. [...]
> Por ganância, alguns israelitas escravizam outros
> por ambição o rei escravizou seus súditos: [...]
> A Bíblia afirma que foram castigados,
> Tornaram-se dependentes de outros povos
> Como se o próprio Deus os tivesse deixado ir à ruína.
> Como se a escravidão deles fosse imposta pelo próprio Deus:
> Para salvar a vida do povo oprimido (SCHOEKEL, 1996, p. 70).

A partir da revelação do Êxodo, a fé de Israel se apoia em três elementos:

> 1) A Palavra de Deus que suscita a alteridade. Revela-se a Moisés, não para ele, Moisés, que estava bem, casado na terra de Madiã, com esposa e terra, mas para os outros. "Vai, eu te mando para liderar o meu povo e fazê-lo sair do Egito".
>
> 2) A responsabilidade de Israel chamado a comprometer-se com esse caminho novo. Não teria havido êxodo e não há hoje se quem é chamado não aceitar o chamado e se colocar em caminho. É sintomático que a Bíblia confunde hebreus – os antigos oprimi-

dos nas tribos – e Israel, o povo que lê ou ouve o relato em todas as épocas.

3) Quando Deus mandou Moisés ao faraó para lhe dizer (não para pedir, mas para ordenar): "Deixa meu povo sair do Egito", a razão era para "fazer uma festa para mim, a três dias de caminho no deserto". Uma festa no deserto. Desde então, as festas em Israel são chamadas de "Ir ao encontro de Deus". Essa dimensão é a mais exigente e profunda porque é a descoberta de que no coração de toda experiência social e política de caráter libertador há um chamado a se viver a aliança de intimidade com Deus. No meio do deserto (hoje se diria, nas montanhas das guerrilhas, na clandestinidade da luta de resistência, na experiência revolucionária), Deus se revela e revela o mais íntimo de si, o seu nome – o seu mistério e nos convida a viver o caminho a partir do seu amor e de sua presença – guiados/as por Ele/Ela e como sacerdotes/sacerdotisas do seu projeto divino de fazer deste mundo o seu reino de justiça e de paz.

3 Volta ao primeiro amor – A tradição libertadora nos profetas

Em toda a Bíblia, o Êxodo fica sempre como o paradigma fundamental da revelação de Deus e de sua aliança com o povo. Foi no Êxodo que Deus revelou a seu povo a sua vontade, o seu projeto para o povo bíblico e, através dele, para toda a humanidade. Esse projeto é a justiça e a libertação. A mensagem central de todos os profetas da Bíblia é a justiça. Não a justiça como é compreendida pelas leis humanas, mas a justiça divina que tem como meta garantir o direito dos pobres e dos mais fracos e libertá-los de suas opressões. "O conceito bíblico de justiça, em hebraico: *sedaqah*, que aparece cerca de quinhentas vezes na Torá, e em grego *dikaiosùne* (substantivo formado por *dikaios*, ou seja, justo, mais o sufixo *sunè*) não corresponde ao critério do direito romano de dar a cada um o que lhe pertence. [...] O *sedaqah* (justiça bíblica) é essencialmente solidariedade com a comunidade. É o viver relações profundas com os irmãos. Na tradução grega da Bíblia esse termo é geralmente traduzido com *dikaiosùne*, mas no Livro do Eclesiástico aparece como *eleemosúne*, esmolas, para, assim, indicar a solidariedade concreta aos necessitados" (MIGLIETTA, 2013, p. 165).

A luta pela justiça aparece nos relatos sobre o Profeta Elias (1Rs 17–2Rs 2). Esse profeta, que é considerado como o pai do profetismo bíblico (séculos IX e VIII a.C.), aparece como inimigo dos reis e defensor da justiça. Em uma época na qual o Rei Acab, casado com uma filha do rei de Tiro (fenício), introduziu no reino do Norte o culto de Baal e a cultura fenícia, o profeta luta contra os profetas de Baal que não eram apenas adoradores de outro deus e sim legitimadores de um império opressor. Nessa luta, o profeta condena o rei pela morte do lavrador Nabot e proclama a justiça de Deus (1Rs 21). Na mesma linha, continua Eliseu (2Rs 4ss.).

Na América Latina, desde os anos de 1960, as comunidades de lavradores se nutrem com as profecias de Amós, o profeta lavrador de Técua, pequeno povoado do sul, que vai exigir a justiça das pessoas que cultuavam a Deus em Betel e na Samaria. Suas denúncias e suas ameaças aos ricos de Israel se concluem com a promessa divina: "Farei correr a justiça como um rio e o direito como uma fonte impetuosa" (Am 5,24).

Lavrador como Amós, Miqueias, que atuou no sul, deixou muito claro: "Ele [Deus] já te disse, ó ser humano, o que é bom e o que o Senhor quer de ti: somente que pratiques a justiça e caminhes na simplicidade diante de teu Deus" (Mq 6,8).

Da mesma época (século VII a.C.), o Profeta Isaías deixa claro que Deus se aborrece com o culto que não for baseado na prática da justiça e do direito (Is 1,10ss.), promete acabar com as armas de guerra e estabelecer a paz, como fruto da justiça e do direito dos pobres (Is 2; 32).

O Profeta Jeremias se coloca na porta do templo e questiona as pessoas que ali entram para oferecer sacrifício: "De que adianta esse tipo de religião se vocês exploram os irmãos, falsificam o peso na balança e oprimem os pobres? A casa na qual é invocado o meu nome, vocês transformam em um covil de ladrões" (Jr 7).

Em alguns dos profetas mais importantes há uma palavra divina que ressoa sempre: *volta ao primeiro amor*. Isso aparece em Jr 2 como um chamado novo para o povo de Jerusalém: "Eu me lembro de ti quando tu me seguias pelo deserto, nos tempos do teu namoro, isto é, do teu primeiro amor" (Jr 2,1-2). Oseias vive a experiência da traição da mulher. Compara-a com a traição de Israel à aliança do Êxodo e propõe como palavra divina: "Vou conduzi-la de novo ao deserto. Vou falar ao seu coração, como no tempo de sua juventude" (Os 2,16-21). Está se referindo à experiência do Êxodo libertador.

Depois do tempo do cativeiro da Babilônia (século VI a.C.), um discípulo do Profeta Isaías dirá que a piedade que agrada a Deus é a prática da justiça e do direito (Is 58). Ele conta a sua vocação com as palavras que, cinco séculos depois, em um sábado, na sinagoga de Nazaré, Jesus lerá como sendo atuais: "O Espírito do Senhor veio sobre mim e me ungiu para anunciar a libertação dos oprimidos e um ano de graça da parte do Senhor" (Is 61).

Essa espiritualidade profética de libertação repercute nos livros da Sabedoria.

4 Libertação e sabedoria bíblica

No século III, Orígenes, Pai da Igreja e professor de catequese de Alexandria, revelava: "Em toda a Bíblia, eu penso que não existe uma letra, um jota que não tenha, contido em si, um segredo de amor, um sentido místico que quem ama não possa descobrir. O único método confiável de interpretação bíblica é o amor ao Espírito de Deus que nela nos fala" (ORÍGENES [século III]. *Homilias sobre o Êxodo*, 1,4).

A profecia é uma palavra divina escutada nos acontecimentos sociais e políticos, de forma que aponte os caminhos da justiça e da libertação. Depois que o povo de Deus se tornou colônia de outros povos, como os persas, os gregos e depois os sírios, e, por fim, os romanos, a tradição bíblica já não valorizou tanto as profecias. Até há um salmo que diz: "Já não há mais nenhum profeta e ninguém sabe até quando" (Sl 74,9). Nessa realidade, o povo começou a ouvir a Palavra de Deus a partir das coisas simples do dia a dia, da experiência da vida na família e nas relações cotidianas. Em hebraico, experiência é *hokma*, palavra que a Bíblia traduz por Sabedoria. Não se trata da sabedoria erudita de ciências teóricas e sim do saber viver e de descobrir na vida a Palavra de Deus que sempre chama o seu povo a mais vida e mais liberdade. Assim foram compilados o Livro dos Provérbios, a experiência do coordenador de comunidade (Eclesiastes), o Livro de Jó que discute por que e o justo sofre e o que tem Deus a ver com isso, o Cântico dos Cânticos, que é uma coleção de poemas de amor, e assim por diante. Esses livros, vindos do meio popular, refletem a cultura das comunidades daquele tempo. Neles, descobrimos pensamentos machistas e discriminadores da mulher, julgamentos que parecem legitimar a diferença de classes, e assim por diante. No entanto, Deus se serve dessas realidades para ir educando o seu povo para a liberdade. Ali há uma profunda valorização da Palavra como Sabedoria e inserida na harmonia do universo (Pr 8,22ss.).

O Cântico dos Cânticos revela a experiência espiritual como experiência de amor erótico entre um homem e uma mulher. A tradição judaica fez desses poemas símbolos da aliança de Deus com o seu povo.

No Livro de Jó, Deus revela que o sofrimento e a injustiça não vêm dele e ao ser humano compete viver na história concreta a luta da vida. O livro desafia Deus; como Ele pode ser Deus se o justo sofre e a realidade dos pobres é terrível: "Andam nus, sem vestes. Famintos, carregam seus fardos. Não têm mó para prensar o óleo; sedentos, pisam as cubas. Passam as noites nus, sem vestes, sem cobertas contra o frio. O aguaceiro das montanhas os encharcam; por falta de abrigo, abraçam os rochedos. Do órfão, roubam o seu campo, penhoram o manto do pobre" (Jó 24,10-12).

O livro mais novo de toda a Bíblia, escrito não em hebraico e sim em grego, retoma o acontecimento da libertação do Egito para afirmar: "Assim como no meio da noite, a Palavra de Deus desceu do céu como um guerreiro para defender o seu povo, hoje ainda, podemos contar com essa palavra" (Sb 19). Em todos esses escritos (em hebraico *Ketuvin*), sempre permanece o mesmo apelo do Êxodo – a libertação não é apenas um projeto divino. É uma vocação humana. "Os livros da Sabedoria partem de uma consciência do povo a respeito de sua origem de povo que foi escravo e explorado. Aquilo que hoje se chama 'opção pelos pobres' encontra raízes nessa perspectiva. Os escritos sapienciais oferecem uma dimensão adicional do significado de libertação na Bíblia. Os livros do Pentateuco e dos profetas destacavam uma libertação política e socioeconômica. Os escritos sapienciais acrescentam a importância da libertação pessoal. [...] A sabedoria procura motivar e educar a pessoa nas virtudes que levam à vida *plena e livre*" (SERESKO, 2004, p. 11-12).

Um dos livros mais recentes do primeiro testamento foi escrito diretamente em grego e possivelmente por uma comunidade judaica que vivia fora do seu país, isto é, na diáspora. Trata-se do Eclesiástico ou Sirácida.

Conta a tradição teológica e espiritual latino-americana que, por volta de 1530, em um sábado à tarde, no convento dominicano de Cuba, o Frei Bartolomé de las Casas preparava o sermão que deveria proferir no dia seguinte. E o texto que lhe cabia interpretar era uma passagem na qual o Sirácida assume a voz de um profeta inspirado. Ele fala justamente do culto que agrada a Deus, tema que Isaías (Is 1), Jeremias (Jr 7) e outros já tinham desenvolvido. O texto diz: "Oferecer sacrifício de bens adquiridos com injustiça é zombar de Deus. Deus não aceita ofertas de pessoas injustas. Não é pela abundância das vítimas que ele perdoa os pecados. Quem oferece sacrifícios a Deus com os bens roubados dos pobres é como quem imola o filho na presença do próprio pai [...]" (Eclo 34,18-20).

Naquela tarde, o Frei Bartolomé de las Casas se deu conta de que preparava o sermão sobre esse texto, justamente no primeiro andar de um convento. Embaixo do piso no qual ele estava meditando ouvia-se o barulho dos escravos do convento aprisionados em sua senzala e organizados para os trabalhos caseiros e dos campos. Ele mesmo era ou tinha sido *encomendero*, isto é, intermediário de venda de índios como escravos para espanhóis residentes na ilha. Ali, naquele momento, sentindo a total incoerência daquele modo de viver a fé, Bartolomé de las Casas começou sua caminhada que o levou a defender os índios, lutar contra a escravidão indígena e a propor um outro modelo de evangelização que, na América Latina, passou a se chamar *lascasiana* (DUSSEL, 2000, p. 16-17).

Infelizmente, naquele contexto do século XVI e pensando a partir da sua condição de frade dominicano espanhol, Bartolomé de las Casas denuncia os abusos do sistema e luta contra eles, mas não chega a questionar o sistema colonizador em si mesmo. Não percebeu que a escravidão e o desprezo do outro não era apenas um abuso e sim a própria lógica do sistema. Infelizmente, isso continua acontecendo muitas vezes na crítica ética ou teológica que a chamada doutrina social da Igreja faz à economia do mercado. São condenados os abusos, mas não se percebe que a mesma lógica do sistema que é perversa. Foi preciso vir o Papa Francisco para afirmar claramente aos movimentos sociais: "Esse sistema [o capitalismo] mata!" Seja como for, na América Latina e Caribe, a figura de Bartolomé de las Casas se tornou modelo de uma teologia e uma pastoral da libertação.

Vamos resumir tudo isso com uma simples observação:

No hebraico bíblico, o termo futuro *lifne* diz respeito ao que ficou para trás e o termo *aharon*, passado, significa o que está na frente. Parece contraditório. De fato, é a realidade. Para os grandes proprietários de terra e os comerciantes que defendem alimentos transgênicos, venenos agrícolas e o agronegócio, os lavradores pobres que lutam pela agricultura familiar e ecológica são *pessoas atrasadas, ligadas ao passado*. Parecem pessoas que se negam a evoluir e a aceitar o progresso.

No entanto, para quem tem juízo e tem sensibilidade ecológica e se preocupa com o futuro do Planeta Terra esse é o futuro correto, é o futuro que queremos. Então, o futuro que nos é imposto pelo sistema capitalista e por esse tipo de progresso não é o futuro desejado pelas pessoas e comunidades que amam a justiça e pensam na vida para todos e todas. O futuro que podemos desejar, de certa forma, retoma os tempos comunitários e mais livres do passado (do tempo do Êxodo). É o futuro justo e possível, mas que parece ao mundo como se estivesse de certa forma projetado no passado simbólico e tomado como paradigma.

Para o povo da Bíblia, o progresso das civilizações mais avançadas como eram o Egito, a Babilônia, os cananeus, não podia ser o futuro desejado para o povo de Deus. O futuro que eles desejavam era retomar o Êxodo, a libertação e atualizar o projeto de um povo livre em uma terra livre.

É claro que para pensar em um futuro possível assim é preciso crer e é preciso ter um projeto claro. A Bíblia, o Corão e de certa forma as tradições religiosas antigas têm por trás um projeto divino para o mundo e para as pessoas, e quando a gente aprofunda a fé, descobre que deve estar a serviço desse projeto que os evangelhos chamam de "Reino de Deus" e por exemplo o candomblé chama de "Axé".

5 Com os salmos orar a libertação nossa e da Terra

> *Toda pessoa que quer orar e recolher-se pode se servir do Saltério. Seria bom que todo/a cristão/ã se familiarizasse a tal ponto com este livro que o soubesse de cor, palavra por palavra, e pudesse citar, em qualquer circunstância, uma passagem apropriada. [...] O Saltério é a Bíblia condensada por conter autênticas palavras de fiéis, palavras que ainda podem iluminar a situação da pessoa que crê no mundo e diante de Deus [...].*
> Martinho Lutero. *Introdução ao Livro dos Salmos.*

Na América Latina, um modo de ler a Bíblia vivido nas comunidades cristãs populares tem sido o de ajudar as pessoas a se sentirem revivendo a caminhada do povo bíblico. Não se trata apenas de compreender o texto e, na medida do possível, atualizá-lo para os nossos dias. As comunidades gostam de reencontrar no texto bíblico uma relação de aliança de amor e de vida entre Deus, a comunidade e cada pessoa que vive a fé e ora. Para isso, um escrito bíblico que tem ajudado muito as nossas comunidades é o Livro dos Salmos. Uma coleção de 150 poemas que marcaram a história e a fé do povo bíblico. Nesse livro, nós não somente ouvimos uma palavra de Deus, mas podemos falar com Deus com as próprias palavras que o amor divino nos revelou.

Nos salmos, podemos detectar vestígios de diversas épocas da história do povo e ver neles como o salmo liga história e oração, cultura do povo e revelação de Deus. Apesar dos estudos bíblicos terem avançado muito, não podemos garantir que tal salmo tenha vindo de tal época histórica bem determinada. No entanto, um elemento constante nos Salmos é certa capacidade de ir recebendo acréscimos e atualizações, através das diversas etapas da história do povo. De certa forma, a maioria dos salmos está ligada não apenas a uma época, mas a diversas. E essa capacidade de se atualizar ou de ser retomado (alguns autores chamam-na de "repetibilidade") não torna o salmo menos inserido na história. E podemos sempre partir do que parece ser o núcleo principal do salmo, ou a parte que mais claramente expressa vestígio de determinada época.

A tradição cristã sempre procurou reler os salmos como a oração de Jesus Cristo ao Pai (diversas vezes, nos evangelhos, Jesus aparece citando ou orando um salmo). E no decorrer da história, as Igrejas sempre interpretaram os salmos como orações litúrgicas do povo de Deus que ligam a relação com Deus com a salvação. Nas últimas décadas, tanto na América Latina como em outros continentes, as comunidades têm redescoberto que a maioria dos salmos vem de um contexto de sofrimento social e político do povo e que a salvação da qual tratam não é apenas a libertação moral dos pecados individuais e o bem-estar do fiel na sua relação íntima com Deus.

De fato, a expressão que mais aparece nos salmos é o apelo por salvação. Já no salmo 3 o termo "salvação" é expresso com a forma poética *jesu'atah*, "expressão rara, presente só no Sl 80,3 e em Jn 2,10, mas cujo conteúdo percorre todo o saltério" (RAVASI, 1986, p. 115).

Na linguagem dos salmos, afirmar "Tu és o Deus de nossa salvação" não é exatamente sinônimo de dizer: "És o Deus do nosso socorro". O grito por salvação significa mais do que um simples pedido de socorro.

O vocabulário bíblico da salvação supõe o clima da aliança. Nesse contexto, quando alguém ou uma comunidade ora ou canta: "salva-me", "Tu és o Deus de nossa salvação" está querendo dizer: "Cumpre a tua promessa. Recorda que eu te pertenço. Tu tens um compromisso comigo e conosco".

Os salmos denotam que a salvação é a responsabilidade de Deus na relação da aliança. Na cultura judaica antiga, Deus é *Goel*, o parente mais próximo, responsável por exigir justiça para seu parente frágil; aquele que, segundo a lei, teria direito a cobrar com o sangue o assassinato do seu filho, filha, pai ou mãe. No caso de Deus, a salvação revela que Ele realiza o que prometeu e é fiel à aliança que fez com o seu povo.

Quem canta os salmos que invocam salvação sabe que pode cantá-los porque tem direito a invocar a promessa de Deus. De certa forma, faz isso como quem cobra uma dívida de alguém íntimo. Conforme essa visão, só quem está dentro da relação da aliança pode dizer "Salva-me" e só Deus pode salvar e ao povo da aliança. No seu comentário ao Sl 36, Santo Agostinho explica: "Ninguém pode dizer a Deus: 'devolve-me o que te demos', porque nunca demos nada a Deus. Mas, sempre podemos dizer: 'Dá-nos o que tu nos prometeste', porque, por sua promessa, Deus nunca deixará de nos proteger e salvar".

É esta consciência de aliança que faz com que os Salmos possam falar de Deus e com Deus sem nenhuma maquilagem. Nos salmos, quem ora expressa alegria e confiança, como também desabafa em termos de medo, de angústia e mesmo de raiva e vontade de se vingar. O salmo não nos ensina isso. É a vida que nos traz esses sentimentos e emoções. Mas, o Salmo não os nega, nem os condena. Apresenta-nos a Deus em nossa realidade nua e crua para que Ele nos cure e salve.

Em nossos dias, esse tipo de explicação da fé pode ser malcompreendido. A espiritualidade dos salmos se fundamenta na intimidade com Deus, mas baseada na sua promessa da aliança e na solidariedade comunitária como base da oração. O salmo 1 já começa afirmando: Feliz quem pratica a justiça e vive de acordo com a lei de Deus. Sem uma prática da justiça na vida, a adoração a Deus se torna idolatria.

Ao contrário, atualmente, há grupos cristãos que desenvolvem uma fé individualista e ensinam o que chamam de "teologia da prosperidade". Se Deus é Deus, quem pertence a Deus deve vencer na vida, lucrar e ter prosperidade econômica e social. Organizam uma *"religião de resultados"* na qual as pessoas podem e devem cobrar de Deus aquilo que consideram obrigação dele para conosco. Isso está ligado a uma leitura fundamentalista de alguns textos do primeiro testamento que associam pobreza e sofrimento com punição pelo pecado (Os pobres são pobres porque devem ter feito coisas erradas e Deus os rejeita). E consideram a riqueza como fruto da bênção divina.

De fato, a cultura dos antigos patriarcas descritos na Bíblia continha esse elemento que a revelação divina, pouco a pouco, foi corrigindo até que os profetas afirmam o contrário sobre a classe rica de Jerusalém e Jesus sublinhou claramente a predileção divina pelos pobres e oprimidos da sociedade.

Um dos salmos com núcleo mais antigo da Bíblia é o Sl 82. Parece vir de um antigo hino cananeu que retrata uma reunião de deuses no panteão do céu. A cena é de um tribunal no céu. Quem preside é El, o deus supremo dos cananeus. E ali se levanta o Senhor (Javé), Deus da Justiça, e interpela os outros deuses presentes no tribunal dizendo: Vocês não valem nada e vão morrer porque não se comprometem com a justiça.

Essa cena do imaginário antigo que supunha a existência de diversos deuses foi transposta pelo povo de Israel para um tribunal no céu no qual o único Deus (IHWH) condena os juízes injustos ou descomprometidos com a justiça. Eis uma tradução adaptada do salmo:

> Em pleno conselho, o Senhor (IHWH) se levanta,
> No meio dos deuses, profere sentenças no meio dos deuses,
> Até quanto tempo, juízes iníquos,
> Ireis encobrir a maldade dos ímpios?
>
> Usai de justiça com o órfão e o fraco,
> Dai todo direito ao necessitado.
> Olhai pelo pobre que é tão sofredor,
> Livrando-o das mãos do cruel opressor.

Porém não entendem, não querem saber,
E as bases da terra estão a tremer.
"Sois deuses, porém, eu vou declarar:
Quais simples mortais ireis acabar".

Senhor, vem, levanta-te e julga essa terra,
Os povos são teus e a todos governas.

6 Revelações divinas na natureza e na história

No mundo antigo, todas as culturas religiosas eram teocráticas. Nelas, a dimensão social e política derivava do poder sagrado dos sacerdotes e xamãs. Hoje, alguns denominam religiões indígenas e afrodescendentes como "religiões da natureza". Nelas, o Divino se encontra no contato com a natureza, na contemplação amorosa dos elementos naturais. (Os autores que fazem esse tipo de classificação – um pouco forçada – contrapõem as religiões da natureza às que seriam chamadas "da história", já que creem que Deus se revela na história da humanidade, naquilo que no cristianismo se costumou chamar de "História Sagrada".)

No entanto, mesmo essas tradições (religiões da natureza) acabam tendo influência na história das sociedades. Por exemplo, no Brasil, o candomblé em suas diversas expressões (de acordo com as diferentes nações ou tradições) foi elemento importante na resistência dos escravos negros e nos seus movimentos pela libertação. Na África e em comunidades originárias, muitas vezes, o poder sagrado se torna político e vice-versa. Talvez por isso, em algumas tradições afro-brasileiras, a hierarquia é considerada algo divino. Há pessoas que podem ter dificuldade de inserção no candomblé ao descobrir que as comunidades se organizam de modo profundamente hierárquico, os mais velhos são venerados e a mãe ou pai de santo são considerados como um poder inquestionável e acima de tudo.

Em uma entrevista, quando perguntada sobre isso, a saudosa e querida Mãe Stella de Oxossi respondeu que tinha consciência de que diversos gestos e expressões dessa relação entre os filhos e filhas e a Mãe de santo vêm da antiga relação entre os/as escravos/as e a Sinhá dos engenhos. Isso não é bom e precisa mudar. No entanto, a relação espiritual vem da convicção de que a graça e o Axé divinos sempre nos vêm através da mediação de alguém e essa pessoa é instrumento do amor divino, materno ou paternal para nós.

Nos cultos e expressões das tradições afro e indígenas, a Terra, as águas e a natureza inteira são reverenciadas como sacramentos da presença e atuação divinas. Nessa experiência espiritual, a beleza da música, das danças, os movimentos do corpo e a ternura expressa por certa dimensão feminina presentes na mulher, mas também no homem, são riquezas próprias que essas tradições trazem a uma espiritualidade libertadora. É preciso valorizar isso e inclusive sempre partir dessa sabedoria ancestral.

Essa riqueza da contribuição das espiritualidades afrodescendentes e indígenas não exclui a experiência que vem das tradições próprias da fé abraâmica que gerou as três religiões do livro (judaísmo, cristianismo e o Islã). Essas tradições concordam com os cultos afro e indígenas de que Deus se revela na criação (isto é, na natureza), mas gostam de salientar principalmente sua ação na história da humanidade. Especificamente, insiste a Bíblia, Deus se revela como nosso Deus na luta de libertação dos hebreus, no meio da caminhada da libertação do povo oprimido. É ali, no meio da luta de libertação, que Deus faz sua aliança de intimidade e de compromisso de vida. O auge da mística se dá na caminhada libertadora. E para a fé cristã isso é paradigmático. Não ocorreu para ser somente com o Israel bíblico, mas nos diz algo importante e essencial sobre quem é o nosso Deus e como Ele quer ser encontrado e quer ser conhecido.

Essa compreensão de que Deus se revela na caminhada da libertação é central na fé judaica. O cristianismo herdou de profetas como Isaías, Miqueias e Amós a mensagem que proclamava: a salvação de Deus não pode ser reduzida a um povo, uma raça ou cultura. É universal. São Paulo e os autores do Novo Testamento procuram atualizar essa fé e dizer que toda a humanidade é herdeira da promessa divina da salvação. Mas, ao universalizar e ampliar o conceito da libertação a todos os níveis (não somente a libertação social e política, mas também cultural, religiosa, moral etc.), essa visão de libertação passou a se chamar mais de *salvação* e acabou sofrendo um processo de espiritualização.

Para o Islã e para todas as pessoas abertas ao Espírito, Muhamad é um profeta de Deus. Para nós, por alguns aspectos, ele parece um profeta bíblico. Através da mensagem do Anjo Gabriel e da revelação do livro sagrado (o Corão), ele fez uma profunda e genial releitura e adaptação da mensagem abraâmica às culturas árabes. Não a esvaziou através de uma leitura espiritualista como ocorreu com certo espiritualismo greco-romano, ainda hoje vigente e dominante em muitos círculos oficiais do cristianismo (tanto ocidental como oriental). Mas, os imãs e sábios que, depois de Maomé, codificaram as leis islâmicas, as inseriram no contexto dos povos de cultura árabe, com a sua língua considerada sagrada (o árabe) e com a comunidade religiosa do Islã. E isso, ao mesmo tempo que foi um movimento de encarnação cultural (social, político e religioso), acabou quase no sentido oposto ao que ocorria com o cristianismo, restringindo o religioso a uma construção cultural e política única. Por isso, tanto o Islã quanto o cristianismo deveriam, cada um do seu modo e sem renunciar ao seu próprio desenvolvimento espiritual, retomar suas raízes judaicas e bíblicas.

Quase todas as religiões falam em desenvolver a compaixão (*karuna* budista), a *misericórdia* (Islã) e o *amor* (*Agapé* judaico-cristão), como se fossem consequência do amor primeiro que é Deus. Talvez o que é próprio da espiritualidade judaico-cristã é que essa saída ao outro não é apenas uma espécie de consequência ética da mística, da espiritualidade, mas é o próprio cerne, o próprio coração da experiência de intimidade com Deus.

O teólogo cristão-hinduísta Raimon Panikkar, um dos que, no século XX, mais conseguiram fazer uma síntese espiritual entre cristianismo e hinduísmo, propunha o que ele chamava de "cosmoteandrismo" (a unidade entre cosmo, Deus e o ser humano).

A maioria das pessoas ainda tem dificuldade de integrar essa visão com a perspectiva bíblica de que Deus se revela na alteridade e especificamente no outro que é frágil, precário e oprimido. Não é apenas um outro individual, mas é um povo hebreu (*habiru*); hoje, nas palavras do Papa Francisco: "os que não têm terra, não têm teto, não têm trabalho".

Para concluir este capítulo

Apesar de que, nos séculos II e III, a Igreja tenha rejeitado a doutrina marcionista que opunha o Deus do Antigo Testamento (considerado por eles como mau e cruel) ao do Novo Testamento (tido como bom e amoroso), até os nossos dias, as Igrejas cristãs ainda mantêm alguma coisa dessa visão pouco integral de toda a revelação. Nos tempos patrísticos, a escola de Alexandria ensinou a ler a Bíblia e interpretar o primeiro testamento através da exegese alegórica e tipológica. Segundo essa escola, o valor do Antigo Testamento é apenas prefigurar e anunciar o Novo. Até hoje, a liturgia dominical usa textos do Antigo Testamento quase exclusivamente para aclarar melhor o sentido do Evangelho escolhido para aquela missa. O próprio fato de chamar a Bíblia hebraica (a Tenak) de "Antigo Testamento", ofende os irmãos judeus e é injusta, com textos que nós mesmos lemos como sendo palavra divina para nós hoje. Se, de fato, os textos do Pentateuco e dos profetas precisam de uma releitura crítica, todos os textos, até palavras de Jesus no Evangelho, também precisam.

Podemos dizer que, quando se afasta da tradição judaica, o cristianismo perde sua mordacidade, sua energia social e política subversiva. De forma meio simplista ou quase esquemática, podemos afirmar que, no primeiro testamento, Deus se revela como JUSTIÇA libertadora. No Novo Testamento, sem de modo algum ignorar ou deixar de lado essa dimensão da justiça, Paulo e os primeiros escritores cristãos ressaltam mais que Deus nos salva a todos de GRAÇA e que essa graça é dada sobre os bons e sobre os maus, sobre as pessoas justas, mas também sobre aquelas que são injustas (cf. Mt 5,45).

É bom lembrarmos que, quando o cristianismo evangélico na Alemanha quis resistir ao nazismo, o Pastor Dietrich Bonhoeffer escreveu em uma de suas cartas da prisão: "Atualmente, devemos ler muito mais o Antigo Testamento do que o Novo. Para compreendermos e acolhermos plenamente a graça divina (o Novo), devemos antes de tudo levar a sério a sua exigência de justiça (o Antigo). Quem passa imediatamente para o Novo Testamento sem primeiro passar pelo Antigo não me parece cristão" (BONHOEFFER, 2010, p. 203).

A maioria dos irmãos e irmãs que fazem parte da caminhada da libertação sente que a sua fé é essencialmente libertadora. Paulo diz que temos de passar de uma fé que não leva à justiça (ela existe) a uma fé que leva à justiça libertadora de Deus (Rm 1,16). Mas, quando olhamos nossos ambientes mesmo de pastorais sociais e de CEBs, podemos perceber que tanto leigos como padres e pastores mantêm e fortalecem essa convicção por sensibilidade e opção existencial mais do que por um aprofundamento bíblico e teológico. Geralmente o nosso discurso está correto porque é de acordo com a ética libertadora de Deus, mas nem sempre conseguimos fazer o que o autor da carta atribuída a Pedro propõe: "estar sempre prontos a prestar contas da esperança que há em nós" (1Pd 3,15).

Por isso, é importante retomar um aprofundamento bíblico que fazíamos na década de 1980 e depois se enfraqueceu. Para recuperar plenamente a dimensão libertadora da fé, precisamos revalorizar a intuição judaica e relê-la à luz do Evangelho de Jesus não para esvaziá-la do seu conteúdo social e político libertador, mas, ao contrário, para redescobrir ainda mais o seu potencial revolucionário que se faz sempre novo.

Na história bíblica, como na realidade do mundo atual, o povo parece privilegiar a dimensão religiosa da fé. (No Êxodo, o povo hebreu pediu ao faraó para ir ao deserto fazer uma festa para Deus – Ex 3.) No entanto, Deus revela que o projeto dele é outro: *é a libertação*.

Ao olhar, hoje, como se comportam as Igrejas, dá a impressão de que elas pensam que Deus quer o culto e a religião. E como é bom e generoso, condescende em se inserir no projeto do povo organizado (movimentos sociais) e dar ao caminho da fé uma dimensão social e política. Mas, a verdade é o inverso. É o caminho da libertação que tomou uma dimensão espiritual e mística. A aliança do Sinai ocorreu no meio do deserto e da luta da libertação e ocorreu não para substituí-la e sim para lhe dar um horizonte maior ainda: o horizonte da mística.

Até agora, consideramos como místicos/as pessoas que viveram na intimidade uma relação especial e íntima com o Mistério Divino, e isso não está errado. Mas, não conseguimos ver como místicos e pessoas da intimidade mais profunda com Deus os mártires latino-americanos e mesmo cristãos militantes que estão na linha de frente de pastorais sociais e de lutas como a dos índios, dos lavradores e dos sem-teto. Deveríamos aprender mística e espiritualidade com o testemunho de Oscar Romero, Josimo Tavares, Margarida Alves, irmã Dorothy e tantos outros irmãos e irmãs, mártires que deram a vida pela causa do reino e mártires que são testemunhas do projeto divino e ainda continuam a lutar no meio de nós.

Uma segunda observação é que, ao atribuir a Deus o projeto da libertação, Israel não abdica da sua responsabilidade histórica. Não deixa a luta como objeto de um milagre divino. Não sacraliza a luta. A luta é Deus que conduz e que faz, mas em nós e através de nós. Estamos habituados a nos centrar nos relatos do mar que se abriu, do maná que cai no deserto, da água que jorra da pedra. É claro que tudo isso faz parte da literatura teológica de Israel e não de relatos históricos. A história do Êxodo foi contada (mais de 500 anos depois) em um estilo épico que resume a vida de toda uma geração (40 anos) em meia dúzia de eventos maravilhosos e milagrosos de intervenção divina, (o mar aberto, o maná, as codornizes, a água etc.). No entanto, mesmo se os considerarmos como fatos históricos, se pensarmos em um tempo longo de caminhada e de luta (a Bíblia diz 40 anos), esses milagres não são os eventos mais frequentes. Não representam o cotidiano da luta e da caminhada. O cotidiano era a dureza, a experiência do deserto sem estradas e sem segurança, sem garantia de alimento e de água. Era principalmente a experiência de muitas derrotas no meio da luta que conduzia à vitória do povo de Deus.

Para ligar fé e vida, visão espiritual e realidade histórica é preciso ler por trás das palavras. E aí podemos perceber que a luta é muito mais nua e crua. É mais difícil e às vezes, sem horizonte. E aparentemente, a fé que pode até motivar a luta não parece acrescentar nada além. Segundo a Bíblia, no meio do deserto, no Sinai, o povo adorou o bezerro de ouro porque se cansou do silêncio de Deus e do aparente abandono em que eles se sentiam. O texto diz claramente: "Façamos um Deus que caminhe conosco, porque esse que Moisés nos fez seguir não se manifesta mais" (Ex 32).

Na caminhada e nas lutas do povo, esses silêncios de Deus que parecem ausência, principalmente quando vivemos derrotas que não esperávamos, nos espantam até hoje. Nos anos de 1980 gritávamos nas ruas: "O povo unido jamais será vencido". Mesmo depois de muitas derrotas, continuamos a crer na organização popular e na importância da união. No entanto, aprendemos que devemos falar de vitória com mais cuidado.

Quanto à presença divina, nem sempre é fácil discerni-la quando sofremos golpes políticos e nos sentimos impotentes diante da macropolítica. No entanto, a cruz de Jesus nos lembra que Deus está presente nas vitórias, como também nas derrotas ou aparentes derrotas que o povo vive.

༺༻

Para celebrar, cada ano, a Páscoa, em cada geração, as pessoas devem se considerar como tendo realmente saído do Egito. A redenção do Egito e a subsequente experiência da entrega da Torá estabelece a identidade do povo judeu como "servos de Deus", e não "servos de servos". Após deixarem o Egito, eles jamais poderiam estar sujeitos a qualquer tipo de servidão.

Um grande sábio, conhecido como o Maharal de Praga, explica exaustivamente como a liberdade adquirida pelo êxodo transformou a natureza essencial de nosso povo. Apesar das conquistas e escravidão impostas por outras nações, a natureza fundamental do povo judeu nunca mudou.

Com o Êxodo, adquirimos a natureza e qualidades de homens livres. Esta natureza é mantida apenas porque Deus está constantemente nos libertando do Egito. O milagre da redenção não é um evento do passado, mas um fato constante em nossas vidas (*O significado de Pessach* – site judaico [pt.chabad.org]).

༺༻

VI
A revolução judaica do cristianismo

Nos anos 50 do século I, foi no mundo de cultura grega que Paulo de Tarso fundou várias pequenas comunidades dentro das sinagogas. Eram grupos que, no início, continuavam membros da instituição judaica, mas seguiam com o mestre Jesus de Nazaré. Para esses grupos, Paulo começou a escrever cartas. As cartas paulinas são os primeiros escritos daquele conjunto de textos que os cristãos costumam chamar de "Novo Testamento". Ele não conta uma história independente do primeiro e nem pretende conter outra revelação, diferente da revelação judaica. É uma releitura da Bíblia judaica a partir das palavras e dos gestos proféticos de Jesus, assim como procura ajudar as pessoas a interpretarem a vida e a missão de Jesus à luz das escrituras antigas que é a Bíblia judaica.

1 A fundação das Igrejas

No mundo greco-romano do primeiro século de nossa era, o termo grego *Ekklesia* era uma palavra de conteúdo político. Nas cidades de cultura grega, significava a "assembleia dos cidadãos". Era uma espécie de conselho da municipalidade.

Ao passar pela Ásia Menor, pela Grécia e chegar até Roma, o Apóstolo Paulo conhecia esses conselhos das cidades gregas. No universo das sinagogas judaicas, ele fundou grupos de judeus discípulos de Jesus e consolidou um movimento que era ligado ao judaísmo da época como movimento profético e que se abria ao mundo greco-romano. A essas pequenas comunidades que fundou, Paulo chama de "Igrejas". Ele se inspira na expressão do Êxodo que chama a reunião do povo em redor do Monte Sinai: *Kahal IHWH, a assembleia de Deus*. E chama aquele dia da aliança, o *"dia da assembleia"* (Ex 19).

Atualmente, quando falamos em Igreja, pensamos logo em uma comunidade religiosa. Mas, no mundo de Paulo, esse termo soava mais como um grupo social e político, embora para a cultura judaica recordasse *a comunidade da aliança*. Era nas sinagogas que Paulo formava grupos de judeus, fiéis à sua religião, mas como discípulos de Jesus. Paulo fazia esses adeptos, principalmente, no meio dos *prosélitos (pagãos convertidos ao judaísmo)* e mais ainda dos chamados *tementes a Deus*, isto é, pessoas de outras procedências que simpatizavam e se aproximavam do judaísmo.

Paulo e sua equipe animavam e davam aos grupos judeus um sentido novo: ensinavam que aqueles grupos pobres eram *Igrejas*, isto é, assembleias de cidadãos (cidadãos do Reino de Deus). Assim, organizavam *Igrejas* nas periferias das cidades, integradas por homens e mulheres pobres, das quais a maioria não era de "cidadãos" de acordo com a lei vigente.

O que significa concretamente isso para o cristianismo?

1º) Ao chamar as comunidades de discípulos/as de Jesus de Igrejas, Paulo revela a vocação prioritariamente social e política dessas comunidades. Se elas são Igrejas, devem ser comunidades que funcionem como assembleias (conselhos de cidadania) e não apenas como comunidades cultuais.

2º) Paulo e sua equipe praticam e ensinam uma reviravolta dos valores éticos do Império: as pessoas cristãs pobres das comunidades que, no Império, não eram cidadãs e não tinham voz nem voto, agora "reinarão com o Cristo" (Rm 5,17); "julgarão anjos" (1Cor 6,3) e alcançarão o *senhorio*, isto é, participarão como nobres do Reino de Deus (1Cor 4,8). Como cidadãos/ãs novos/as, gozam de um alto posto (Fl 3,21). São livres (Gl 4,26). A carta aos efésios dirá que, se antes eram estrangeiros/as e sem direitos, agora são "concidadãos/ãs dos santos e membros da cidade de Deus" (Ef 2,6.19). "Se permanecermos firmes, reinaremos com Ele" (2Tm 2,12). É uma reviravolta política importante e inesperada.

"Em famoso estudo da sociologia das comunidades de Paulo, Wayne Meeks faz observar como as pequenas Igrejas se constituíam como verdadeira formação de células e redes que viriam a ser consideradas suspeitas ou até mesmo subversivas no mundo do seu tempo" (WRIGHT, 2009, p. 134).

As comunidades paulinas insistiam na iminência do Reino de Deus (*parusia* de Jesus) e na universalidade da salvação para toda a humanidade. Eram temas já comuns a alguns grupos judaicos da época, mas que a fé cristã pregada por Paulo veio radicalizar e acentuar. Isso não podia ser bem visto pelo Império, nem pela instituição religiosa judaica, a qual as comunidades paulinas estavam ligadas. Em suas cartas, Paulo deixa claro a vocação crítica e subversiva que a fé bíblica deve provocar. Aos irmãos e irmãs da comunidade de Corinto, ele escreve: "Vejam, irmãos e irmãs, a vocação de vocês. Entre vocês não há muitos poderosos nem nobres. Deus escolheu o que o mundo considera louco para confundir o que é visto como sábio. Deus escolheu os fracos para confundir os fortes" (1Cor 1,26-27). "Nenhum príncipe deste mundo conheceu a sabedoria de Deus. Se tivessem conhecido, não teriam crucificado o Senhor da Glória" (1Cor 2,8).

Paulo culpava o Império Romano pela crucifixão de Jesus e tirava disso as consequências sobre de que lado a comunidade de discípulos e discípulas de Jesus deveria se colocar.

2 A gravidez do universo e a Ecoteologia da Libertação

As cartas do Apóstolo Paulo e da equipe que o acompanhava foram, em geral, escritos de ocasião. Nos anos 50 do século I da era cristã, estando em Éfeso, Paulo recebe notícias da comunidade de Corinto que enfrentava alguns conflitos internos. Com seus companheiros, ele escreve a essa comunidade quatro cartas. Toma posição sobre os conflitos e responde a perguntas de pessoas da comunidade. Assim também as outras cartas são ocasionais e motivadas pelo que a comunidade em questão estava vivendo. A única carta mais expositiva e que vai além das respostas a perguntas concretas é a carta aos romanos. A pequena comunidade que está em Roma, Paulo não fundou (como foi o caso de tantas outras) e nem conhece pessoalmente. Na sua carta, embora sempre trate de assuntos controvertidos entre os irmãos, Paulo desenvolve o seu pensamento de forma mais profunda e nos deixa quase como o seu testamento teológico e espiritual.

O coração da carta aos romanos é o capítulo 8, centro da carta. Nele, Paulo estimula os irmãos a viver conduzidos/as pelo Espírito e explica a função do Espírito Santo na vida das pessoas e das comunidades. É nesse contexto que escreve um dos mais belos e profundos textos de toda a Bíblia: "Estou convencido de que as aflições do tempo atual não podem ser comparadas com a glória que nos será revelada, porque, com ardente expectativa, toda a criação espera a manifestação dos filhos e filhas de Deus. A criação ficou sujeita à vaidade, não por sua vontade, mas por causa daquele que a sujeitou. A esperança é que também as criaturas todas serão libertadas da escravidão da corrupção para a liberdade da glória dos filhos e filhas de Deus. Sabemos que toda criação geme e sofre em dores de parto até agora. E não somente ela, mas mesmo nós que temos as primícias do Espírito, gememos dentro de nós mesmos, esperando a adoção, isto é, a redenção do nosso corpo, porque é em esperança que fomos salvos. Ora, a esperança que se vê não é mais esperança. Como alguém vai esperar o que já vê? Se esperamos o que não vemos, é com paciência que o esperamos" (Rm 8,18-25).

Este texto apresenta algumas particularidades. Alguns exegetas o consideram um dos textos mais belos, mas mais obscuros ou complexos de Paulo. Primeiramente porque aborda a questão da escatologia, a esperança última da história. E isso é exigente, principalmente hoje que precisamos unir a fé e a percepção crítica da história. Outro ponto é que, no senso comum que temos, a criação ou como muitos dizem hoje a natureza não pode gemer, sofrer, esperar. Esses predicados que expressam sentimentos e afetos exigem a presença de um sujeito e para a cultura vigente só os seres humanos são capazes de ser sujeitos. Sofrimento, gemido e esperança não são sentimentos leves ou sem importância. No entanto, Paulo afirma que toda a criação, ou seja, o universo, sofre, geme e espera, como se fosse um sujeito dotado da capacidade existencial de sofrer, gemer e esperar.

De fato, antigos pais da Igreja, como Irineu de Lyon, davam ao universo certa dimensão de um organismo vivo e inteligente, o que atualmente é confirmado pelas pesquisas da Física Quântica e das ciências contemporâneas, desde Einstein e muitos cientistas atuais. De todo modo, o que Paulo afirma e, atualmente, a crise ecológica que vivemos confirma, é que o destino do universo está intimamente ligado ao destino da humanidade. Nesse texto, Paulo explica que toda a criação está incluída no projeto libertador de Deus. Em Gn 3,17-18, Deus diz que, por causa da desobediência de Adão e Eva, toda a terra é maldita. Essa maldição da terra faz a terra sofrer (não produzir mais espontaneamente os alimentos, mas produzir espinhos). A salvação trazida por Jesus no Espírito fará uma reversão dessa situação. A criação retomará a uma bondade fundamental, original. Isso aparece no versículo 20, bastante enigmático: "A criação anela, deseja, anseia ser libertada da escravidão da corrupção". Assim como uma mãe nas dores de parto deseja o nascimento do próprio filho (imagem usada no versículo 22), a terra espera a libertação da humanidade.

Nós temos já uma antecipação dessa esperança no fato de recebermos o Espírito (v. 23). O Espírito representa essa recomposição da unidade entre Deus, criação e humanidade. Uma palavra-chave que percorre todo o texto é gemido (em grego *stegnamos*) ou o verbo gemer (*stenazen*). Gemido da criação (v. 18-22), gemido dos crentes (v. 23-25) e gemido do Espírito (v. 26-27). Tudo faz parte de uma revelação – linguagem da apocalíptica judaica – apesar de que todo o universo que foi redimido pelo Espírito ainda sofre como uma paixão (*pathena*) e espera a revelação do projeto divino (v. 28-30). Paulo fala de primícias (*aparché*). Primícias é o termo usado para as ofertas no culto em Jerusalém. Agora as primícias não são oferecidas a Deus. É Deus que oferece a nós. Espírito como *caparra*.

Certamente a alegria de nossa fé é crer que o Espírito Divino está atuando hoje em nosso mundo. Mesmo se cremos que Ele se manifesta nas comunidades eclesiais e no processo de santificação de cada pessoa, Ele ou Ela nos chama para sermos testemunhas dessa sua ação no mundo e muito além daquilo que percebemos ou conseguimos compreender.

É essa consciência de uma comunidade única entre humanidade e criação (natureza) que faz com que nos sintamos parte do que a *Carta da Terra* chamava de "comunidade da vida". É essa pertença fundamental ao cosmos e essa comunhão ("cosmoteândrica", como chamava Raimon Panikkar) que nos faz viver uma Ecoteologia da Libertação.

Leonardo Boff e Marcos Arruda alertam para o fato de que, atualmente, o tipo de desenvolvimento técnico-industrial adotado implica uma sistemática agressão à natureza, um esgotamento de recursos não renováveis e uma grande degradação da qualidade de vida para todos os seres vivos. O efeito estufa, o envenenamento do solo e do ar e o buraco de ozônio podem produzir malefícios irreparáveis para a biosfera. A morte revela formas insuspeitadas de ecocídio (morte de ecossistemas), de biocídio (morte de espécies vivas) e geocídio (morte da Terra-Gaia). Essa forma de civilização é suicida e não pode ter futuro. Até agora, apesar da encíclica do Papa Francisco sobre a Ecologia integral (*Laudato si'*, 2015) e de documentos e declarações de pastores de várias Igrejas, o cristianismo e outras religiões ainda não se uniram na defesa da mãe Terra, da sacralidade do universo e na luta para superar esse sistema assassino da vida no planeta (ARRUDA & BOFF, 2001, p. 28).

3 O sentido subversivo do Evangelho

Hoje, o termo *Evangelho* tem uma conotação de doutrina ou algo religioso. Isso não era assim nas primeiras vezes em que esse termo foi usado. Na Bíblia grega, a palavra *Evangelho* aparece em alguns textos de Isaías (p. ex., Is 52,1). Ali, significa a notícia da libertação da Babilônia. *Ali, Evangelho é Boa Notícia de Libertação. Libertação social e política.*

A volta do povo à terra prometida será como um novo Êxodo (cf. Is 40ss.). Nos textos bíblicos posteriores ao cativeiro da Babilônia, esse termo começou a significar a boa notícia de que o reinado de Deus está chegando ao mundo (Is 52,7). O povo iria poder permanecer na terra e com liberdade. Vários salmos aclamam a Deus como rei que manifesta ao mundo o seu reino ao trazer a justiça e a libertação para todos (cf. Sl 47; 71; 96; 97; 98 e outros).

No Novo Testamento, Paulo é o primeiro a usar o termo "*Evangelho*", antes mesmo de que os textos que hoje conhecemos por evangelhos tenham sido escritos. E ao usar esse termo, Paulo lhe dá um sentido novo. Ele chama de *Evangelho*, um acontecimento novo: É sim o reinado divino, como tempo de justiça e libertação para todos, mas esse vem ao mundo, através de Jesus Cristo. Vem de graça e pelo amor divino, mas pede uma acolhida. Paulo anunciou isso aos chamados gentios, isto é, não judeus, inseridos na cultura helenista. A mensagem fundamental de Paulo é chamada de "meu Evangelho" (Rm 2,16; 1Cor 15,1).

Quando Paulo e sua equipe escreveram suas cartas, o termo *Evangelho* ainda tinha essa concepção de decreto de rei. Os imperadores de Roma publicavam decretos de anistia de dívidas, ou perdão de culpas. Esses decretos eram chamados de *evangelhos*. Por isso, eram vistos como salvadores e benfeitores da humanidade. Ao falar em "Evangelho de Deus" ou de Jesus Cristo, as comunidades paulinas se opõem ao Evangelho dos imperadores romanos e ousam uma linguagem subversiva. A verdadeira salvação não vem do poder e menos ainda do imperialismo, mas de um pobre judeu que viveu na periferia do império e morreu assassinado pelos poderosos do mundo (cf. 1Cor 2,8).

Ao afirmar que Jesus nos liberta da lei, do pecado e da morte, Paulo não explicita mais a libertação imediata das escravidões sociais, econômicas e políticas. E ele mesmo, com sua cultura de cidadão romano no século I, mesmo convertido a Jesus, ou as pessoas que escreveram em seu nome, em certas passagens de suas cartas, parecem menos radicais e mais tolerantes em relação à escravidão vigente e ao domínio do homem sobre a mulher (cf. 1Cor 7,21-22). Mesmo se, na carta aos gálatas, deixa claro que, em Cristo, escravos ou livres, somos todos iguais (Gl 3,27-28), na carta a Filêmon, Paulo manda de volta o escravo Onésimo ao seu dono Filêmon. Ao fazer isso, Paulo pede que Filêmon trate o escravo como irmão, mas, na realidade, não parece explicitar uma condenação à instituição oficial da escravidão. Nessa ótica, o que no primeiro testamento era a herança concreta de Deus se torna a herança espiritual. A terra prometida se torna o Reino de Deus. A libertação que na aliança do Sinai era concreta e visava a terra e a liberdade se torna em Paulo libertação da lei, do pecado e da morte (no sentido da ressurreição). Essa forma de interpretar os textos pode ser relida à luz de uma verdadeira Teologia da Libertação, e o Cebi, assim como vários comentadores atuais, tem feito isso. Provavelmente a mensagem de Paulo é mais libertadora e universal, mas a forma como a tradição posterior a interpretou acabou por espiritualizar o que era integral e, de certa forma, muitas vezes, levou a esvaziar a dimensão diretamente política-libertadora da primeira revelação. Portanto, é preciso reler Paulo sempre ligado à tradição judaica à qual Paulo pertenceu e dar aos textos um sentido mais amplo, ligando-os a todo o contexto bíblico e não querer interpretá-los isoladamente.

4 Evangelhos e antievangelhos

Os atuais evangelhos que constam no cânon do Novo Testamento foram escritos nas últimas décadas do século I, sendo que o quarto Evangelho pode até ter sido escrito nos primeiros anos do século II. Representam uma tentativa de libertação das escrituras judaicas, com uma literatura própria das comunidades cristãs. Os três primeiros evangelhos se concentram em apresentar o testemunho de Jesus sobre a vinda do *reinado divino* no mundo. Ele revela a vinda desse reinado ao curar doentes, expulsar o mal das pessoas e perdoar os pecados.

No momento em que os evangelhos foram escritos, as comunidades cristãs tinham rompido com o judaísmo, ou sido expulsas da sinagoga. Os/as cristãos/ãs de origem judaica carregavam no coração esse conflito e essa mágoa. Além disso, começavam a enfrentar problemas com o Império Romano, porque se constituíam como Igrejas (associações de cidadãos que se ajudavam uns aos outros). O Império Romano aceitava bem todas as religiões, mas proibia associações de trabalhadores e de gente pobre. Religião era permitida, mas Igreja (assembleia) era proibida pela lei Júlia (44 d.C.). Além disso, os judeus se negavam a praticar a adoração imperial e os cristãos, mesmo depois dos anos 80, quando se tornaram independentes do judaísmo, eram vistos pelas autoridades romanas como seita judaica. Por isso, sofriam as mesmas perseguições das quais os judeus eram vítimas. Por outro lado, também no plano interno, as comunidades tinham grupos que interpretavam a pessoa de Jesus e suas palavras em uma linha gnóstica (hoje diríamos que eram cristãos espiritualistas e interpretavam a fé cristã de modo esotérico). Outros grupos cristãos tinham uma interpretação mais social e ligada à tradição judaica mais antiga. Ambos os grupos faziam parte das Igrejas locais.

Os Evangelhos tentaram responder a essas questões tanto de um grupo como de outro, em um estilo próprio de "anúncio do reino" (conforme os Evangelhos chamados sinóticos – Mateus, Marcos e Lucas) e de "anúncio do Cristo como enviado do Pai para dar vida, ser luz e renovar o mundo" (conforme o Evangelho chamado de João). Evangelho significa propriamente o anúncio concreto de um projeto divino para o mundo no qual a pessoa e o testemunho de Jesus têm um papel importante e ao qual nós como discípulos devemos aderir e pôr em prática.

Gerd Theissen, exegeta alemão, explica: "O Evangelho de Jesus Cristo está em oposição aos Evangelhos (*evanggelia*) da ascensão dos imperadores flavianos ao poder romano (FLÁVIO JOSEFO. *Guerra*, 4, 618). Nesse sentido, é um contraevangelho. Também a respeito dos flavianos foram transmitidas profecias. Contam-se deles maravilhas que deveriam legitimar seu domínio. Também o Imperador Vespasiano foi declarado filho de Deus (i. é, de Amon). Diante de sua ascensão, o Evangelho de Marcos escreve um antievangelho. Narra o caminho de Jesus, rumo ao seu reinado. Narra as profecias do Batista que legitimavam Jesus e os muitos milagres que davam prova de seu poder. A mensagem de Marcos é: não são os imperadores de Roma (os flavianos Vespasiano, Tito e outros) que realizam as promessas, mas Jesus de Nazaré é quem as cumpre. A propaganda religiosa e política dos novos soberanos é, ao contrário, sinal escatológico, no qual os crentes são seduzidos pelos poderes hostis a Deus" (THEISSEN, 2009, p. 83).

Ao contrário dos Evangelhos imperiais, a boa-nova do reinado divino no mundo trazida por Jesus de Nazaré dizia respeito ao mundo todo e ia além da religião. Essa foi a novidade da pessoa, das ações e das palavras de Jesus que fez um movimento social e chamou discípulos para serem discípulos do reino, mas para viver e testemunhar essa vinda do reino teve de enfrentar a oposição do mundo político-romano e também do poder religioso judaico e mesmo de correntes do seu próprio movimento. No Novo Testamento, Jesus se apresenta como Caminho (para a vida plena) e revela que os êxodos e processos de libertação, tanto sociais como pessoais, precisam ser na direção de uma vida plena, vida em abundância (Jo 10,10).

Nos Evangelhos de Marcos, Mateus e Lucas, o centro da mensagem e da ação de Jesus é o testemunho do reinado divino, ou seja, do projeto que Deus tem para o mundo. Conforme Marcos, é a primeira palavra de Jesus: "O tempo se completou. O reino divino está chegando. Mudem de vida e creiam nessa boa notícia" (Mc 1,15). No Evangelho de Mateus, é a proclamação das bem-aventuranças, ou seja, das situações nas quais as pessoas são honradas e confirmadas por Deus. A primeira dessas bem-aventuranças é que o reino divino será dado às pessoas que se assumem como pobres (Mt 5,3ss.). No Evangelho de Lucas, a primeira palavra de Jesus é a leitura de Is 61 na sinagoga de Nazaré em um culto de sábado e Ele conclui a leitura afirmando: "Hoje essa Palavra [da libertação dos oprimidos] se cumpre". No Evangelho de João, esse anúncio e testemunho do Reino de Deus se traduz na afirmação: "Eu vim para que todos tenham vida e vida em abundância" (Jo 10,10).

Durante todo o Evangelho de Marcos, o evangelista chama a atenção para o fato de que os discípulos e apóstolos não compreendem o que Jesus propõe e a todo momento Jesus tem dificuldade mesmo com eles. Conforme Mateus, logo depois de ter dito a Pedro que o Pai havia revelado a ele (Pedro) a verdadeira identidade de Jesus (o Consagrado, o Messias, o Filho de Deus), Jesus teve de repreendê-lo severamente e até o chamou de satanás porque Pedro o tentava e o aconselhava a não assumir o caminho da cruz (cf. Mt 16,23).

5 A pessoa, a vida e a missão de Jesus

Com exceção de poucas alusões em dois autores do final do século I, tudo o que se sabe sobre Jesus de Nazaré vem do que sobre Ele foi escrito nos Evangelhos, entre os anos 70 e o final do século I. Esses textos foram redigidos para responder a problemas das comunidades cristãs daquele tempo. Assim, cada Evangelho apresenta Jesus com os traços que poderiam melhor ajudar às comunidades.

Esse fato de que cada comunidade e cada tempo acabam ressaltando de Jesus a imagem que melhor corresponde à sua necessidade faz com que não seja fácil reconstruir os traços originais do Jesus histórico.

Em um de seus livros, Juan Luis Segundo cita José Ramón Guerrero que escreveu: "Cada ser humano e cada geração há de experimentar, descobrir e redigir o seu próprio Evangelho sobre Jesus". "Existe um só Cristo, mas muitas cristologias. Ninguém tem a posse desse único Cristo. Cada um possui uma cristologia" (SEGUNDO, 1985, p. 195).

Nas últimas décadas, no mundo inteiro, surgiram trabalhos importantes e sérios sobre o que conseguimos saber sobre Jesus, em sua caminhada humana na Palestina do século I. Na América Latina, a Teologia da Libertação começou dando a maior importância à vida e à missão de Jesus para insistir no seguimento e na atualização da proposta de Jesus.

Na América Latina, uma nova forma de ler a Bíblia e especificamente os Evangelhos nos ajudou a descobrir mais e mais as estruturas políticas e econômicas por trás dos textos e relatos bíblicos, principalmente do contexto religioso, social e político no qual Jesus viveu.

Não se pode olhar o mundo de Jesus como se fosse o mundo moderno, no qual religião e política são dimensões diferentes e até separadas. No mundo de Jesus, tudo era ligado. Ao se apresentar como Cristo, o ungido do Pai, Jesus imediatamente proclama um ano de libertação social e política para os prisioneiros, marginalizados e doentes do povo (Lc 4,14ss.).

A missão de Jesus consistiu em curar os doentes, libertar as pessoas das energias negativas – que na época era considerado possessão diabólica – e confirmar o perdão de Deus para as pessoas tidas como pecadoras. Essa atividade permanente foi a sua forma de testemunhar que o reinado divino estava chegando ao mundo.

No começo dos anos de 1980, na Alemanha, o teólogo Walter Kasper afirmava: "Jesus não se anunciou a si mesmo, mas a Deus e seu reinado. [...] O centro da mensagem de Jesus e o verdadeiro conteúdo de sua existência é o reinado de Deus. [...] Em Jesus Cristo sua mensagem e sua pessoa se correspondem. [...] Ele compreende sua vida completamente como obediência ao Pai e como serviço aos homens. Deste modo, Ele, Jesus, em sua pessoa, passa a ser a forma de existência do reinado de amor de Deus" (KASPER, 1982, p. 62).

Já no século III em Alexandria, Orígenes, grande Pai da Igreja, falava de Jesus como autobasileia, isto é, o reinado de Deus em pessoa. Por essa razão, não se pode falar de Jesus sem falar do reinado de Deus, e nem se pode seguir a Jesus sem se entregar à causa do Reino.

Atualmente, entre os cristãos, há grande parte que vê em Jesus um líder espiritual como tinha sido antes dele, no mundo oriental, Buda, Confúcio e Lao Tsé e com a característica própria de que a tradição cristã o considera Filho de Deus, 2ª pessoa da Santíssima Trindade. Essa visão salienta de Jesus o seu caráter religioso, isto é, a sua relação íntima com o Pai e o fato de que, como atestam todos os Evangelhos, Jesus é a pessoa sobre a qual o Espírito Santo *desceu e nele permaneceu* (cf. Jo 1,32-33).

De fato, no mundo atual, cresce o número de cristãos ligados ao Pentecostalismo que veem em Jesus o Salvador e recebem dele o Espírito Santo em um Pentecostes novo e contínuo. Do mesmo modo, por todas as partes do mundo e também aqui na América Latina, parte dos cristãos procuram ver em Jesus a inspiração para o nosso compromisso de transformar este mundo. Isso significa que procuramos ver em Jesus o exemplo de profeta que anuncia e provoca a transformação social e política de todas as estruturas do mundo, assim como também a conversão pessoal de nossas vidas. É lamentável essa polarização como se as duas dimensões (a carismático-pentecostal e a profética transformadora) fossem excludentes ou separadas. Se queremos nos aproximar da verdade dos Evangelhos e do seu testemunho unânime é que Jesus uniu em sua pessoa e em sua missão essas duas dimensões: a relação íntima e afetuosa com o Pai que fazia dele uma pessoa de oração e de meditação contínua da Palavra de Deus e, ao mesmo tempo, essa dimensão mística ("O Espírito do Senhor veio sobre mim e me ungiu") o levou a "anunciar a boa notícia da libertação para os oprimidos, a cura aos doentes e a todos um ano de graça e libertação da parte de Deus" (Lc 4,16-21).

6 A dimensão social e política da missão de Jesus

Já ficou claro que, no mundo de Jesus, tudo era intimamente ligado e era impossível separar fé e política. Por outro lado, conforme os Evangelhos, se Jesus teve uma atuação política, foi como profeta consagrado a renovar a aliança de Deus com toda a humanidade.

Conforme os Evangelhos, principalmente o de Lucas, a acusação pela qual Jesus é condenado é de caráter político: "Os sacerdotes levaram Jesus a Pilatos e o acusaram: 'Achamos este homem fazendo subversão entre o nosso povo, proibindo-o de pagar os tributos a César e afirmando ser ele mesmo o Cristo; isto é, o Rei'" (Lc 23,1-2).

Além disso, os quatro Evangelhos que em tantas coisas se diferenciam entre si, concordam todos que Jesus foi condenado pelo poder religioso e também pelo governador romano. E os quatro Evangelhos afirmam que Pilatos colocou sobre a cruz de Jesus o motivo oficial de sua condenação: "Jesus de Nazaré, *Rei dos Judeus*" (Mc 15,26 e paralelos).

A pergunta importante é saber o que está por trás disso, ou seja: Como Jesus foi um subversivo político?

Reza Aslam é um cientista da religião, atualmente professor em uma universidade da Califórnia. O seu livro que mais fez sucesso no mundo é resultado de sua tese de pós-doutorado em Ciências da Religião e quer mostrar que o Jesus histórico foi um zelota, isto é, um homem engajado em um grupo subversivo que lutou contra o Império Romano para libertar Israel e estabelecer o que ele chamava de "reinado divino" (ASLAM, 2013).

Ele sabe que há certo consenso entre os estudiosos de que os zelotas só apareceram como grupo organizado na guerra contra os romanos a partir do ano 67 d.C., e que, portanto, no tempo da vida e da atividade de Jesus, esse grupo ainda não estava organizado politicamente. No entanto, a mística revolucionária do reino divino existia. O termo zelota vem daí. Trata-se do zelo do qual o Sl 69 diz: "o zelo de tua casa me devora", e o Evangelho o cita a respeito de Jesus (Jo 2,13ss.). Conforme esse livro, essa mística político-espiritual era comum nos meios proféticos e sapienciais do tempo de Jesus e Jesus teria vivido isso de forma pessoal.

É difícil concluir isso ou aquilo quando não há documentos claros sobre o assunto. Conforme os Evangelhos, Jesus não teria nutrido nenhum conflito direto com as autoridades romanas. Então, nesse sentido, não foi um militante político. Isso pode corresponder à verdade histórica de Jesus, mas pode também ser o modo como os autores evangélicos salvaguardaram as suas comunidades diante do poder romano, nos anos de 70 e 80, muito mais atento e presente ao mundo no qual as comunidades viviam. Juan Luis Segundo escreveu: "a denúncia que o Profeta Jesus faz em nome de Deus não tem como meta apenas o que os romanos fizeram da Palestina, mas a estrutura sociopolítica fechada mantida por uma teocracia que usa a religião a serviço do poder social dos sacerdotes e do poder político do império" (SEGUNDO, 1997, p. 174).

Conforme os Evangelhos, ao romper com a sinagoga e com o templo e claramente denunciar os seus dirigentes religiosos, Jesus está minando o poder (todo poder, religioso, social, político, econômico e cultural) atingindo-o no seu ponto central: sua legitimidade religiosa ou ainda mais: espiritual. Conforme o Evangelho de Lucas, em si mesmo, o poder vem do diabo (cf. Lc 4,6; 11,21-26). "Conforme os sinóticos, Jesus rejeitou o poder sobre os reinos deste mundo. Isso lhe foi oferecido, talvez, em uma experiência de tentação pessoal, que os Evangelhos interpretam como idolatricamente satânica. Mateus qualifica de satânicos o poder e a glória do mundo. O episódio das tentações de Jesus no deserto, principalmente, em Mateus e Lucas, ensina que utilizar o poder, com seus pressupostos de riqueza e prestígio, mesmo que seja para propagar o reinado de Deus, significa trair o projeto divino que pretende salvar o ser humano. O único e verdadeiro salvador é o que, no lugar de dominar a humanidade, dá a sua vida por ela (Mt 3,13-17). Por outro lado, na cena, satanás dá a entender que tem sob o seu domínio todos os impérios do mundo (Mt 4,1-11; Lc 4,1-13). Essa inquietante revelação mostra que o diabo controla todo o Império Romano e, portanto, todos os impérios do mundo" (cf. PICO, 2010, p. 451-452).

Isso é um olhar diferente do quarto Evangelho, segundo o qual Jesus teria dito a Pilatos: "Nenhum poder terias sobre mim se não tivesse sido dado do alto" (Jo 19,11). As perspectivas são diversas, mas não opostas. A Pilatos, a comunidade do discípulo amado afirma que nenhum poder é absoluto e todos dependem do poder divino. Diferentemente, a comunidade de Lucas afirma que o poder, como ocorre no mundo, é diabólico. Divide e serve a interesses que não são os do bem comum. Tudo isso significa um julgamento político que é fundamental. No entanto, esse poder tem sua concretização na dimensão religiosa ou espiritual. De fato, tanto no tempo de Jesus na Galileia pobre e longínqua de Roma como ainda hoje, em muitas cidades do interior de um país latino-americano, a opressão que pesa mais diretamente sobre o povo vem mais de sacerdotes e bispos que usam o poder em nome de Deus para legitimar a ordem vigente e o sistema social iníquo do que a política opressora de quem governa na capital.

Desde os anos de 1970, na América Latina e em todo o mundo, os estudos bíblicos mais abertos e ligados à prática das comunidades cristãs têm explicitado e valorizado sempre mais a união íntima que aparece nos Evangelhos entre Jesus, o Reino de Deus e os empobrecidos. Só se pode compreender Jesus a partir de sua missão junto aos mais pobres e essa é o testemunho do reinado divino que Ele, Jesus, veio trazer ao mundo. Jesus, o Reino de Deus e os pobres formam o núcleo da fé e do Evangelho.

Leonardo Boff conclui com razão: "Os cristãos não devem nunca esquecer que somos herdeiros/as da memória perigosa e libertadora de Jesus. Por causa de seu compromisso com o projeto do Pai e com os humilhados e perseguidos de seu tempo, foi um perseguido, feito prisioneiro político, foi torturado e condenado na cruz, o pior castigo político-religioso do seu tempo. Se ressuscitou, foi para, em nome do Deus da vida, animar a insurreição contra uma política social e partidária que penaliza o povo, especialmente os mais pobres, elimina os profetas e os pregadores de uma justiça maior. Ele reforça a todos que querem uma sociedade nova com uma relação libertadora para com a natureza, para com todos e para com Deus" (BOFF, 2009, p. 17).

Sobre a nossa fé em Jesus, aprendemos com a teologia mais atual a tentar colocar a nossa fé *em* Jesus dentro da fé *de* Jesus. Fé que Jesus tem em Deus e em seu projeto. O modo de crer de Jesus é o nosso modelo. Durante a história, a Igreja criou doutrinas sobre Jesus que podem nos afastar de como Jesus se via a si mesmo e como quer que nós o vejamos.

Sem dúvida nenhuma, o que Jesus fez de mais revolucionário politicamente e que até hoje Igrejas e mundo têm igualmente dificuldade de compreender e aceitar não foi nenhuma atividade diretamente subversiva no plano social ou político. O que Jesus fez de mais revolucionário e transformador foi nos transmitir uma nova forma de compreender quem é Deus e uma nova forma de nos relacionar com a Divindade.

Quem quiser descobrir o mais revolucionário em Jesus procure nos Evangelhos como Jesus falou do Pai de Amor e o que revelou sobre Ele. Na Bíblia, a revelação divina é evolutiva e tem várias etapas. No entanto, para nós, discípulos e discípulas de Jesus, ele é o ponto alto da revelação do Mistério (intimidade) de um Deus que é Amor e só pode amar.

Nos Evangelhos, muitas passagens revelam que Jesus, ao falar de Deus, usa o passivo divino, como era o costume dos judeus piedosos: os aflitos *serão consolados* no lugar de *Deus os consolará*, os famintos *serão saciados*, no lugar de *Deus os saciará* e assim por diante. No entanto, nas poucas vezes em que os Evangelhos o mostram falando diretamente com Deus, Jesus o chama de *Abba, paizinho*, expressão aramaica que, segundo testemunho de vários estudiosos, em sua época, as criancinhas usavam para dizer papai ou mesmo mãezinha. É uma expressão carinhosa que, de certa forma, rompe todos os esquemas religiosos, tanto os da lei – que para não pronunciar o nome divino, sempre se dizia *Adonai, Senhor* – como o das liturgias solenes que chamavam a Deus de predicados como *Eterno* e *Todo-poderoso*. Jesus ensina seus discípulos e discípulas a, com toda familiaridade, chamarem Deus de *Pai nosso*. E não se trata só de chamá-lo de forma nova e original que nenhum profeta antes tinha ousado. Ao revelar o projeto divino (o reino) e ao testemunhar como Deus se revela a Ele, Jesus, mostra-o absolutamente além do que, até então, se dizia dele. Antes a lei e os profetas revelaram Deus Misericordioso e cheio de compaixão com o seu povo, libertador dos oprimidos (Goel, isto é, resgatador do seu povo quando esse cai na escravidão). No entanto, a justiça divina se mostrava como punitiva quando necessária e, de alguma forma, Deus inspirava medo. Sua transcendência fazia com que seus critérios de justiça nem sempre coincidissem com os nossos, humanos (Is 55).

No começo da sua missão profética, ao ler o texto de Isaías 61 na sinagoga de Nazaré, propositalmente, Jesus lê do texto só "as palavras de graça" e deixa de lado as ameaças de vingança e justiça punitiva que o texto continha. Isso escandaliza e irrita os seus ouvintes na sinagoga que reagem e chegam ao ponto de pensar em matá-lo como blasfemo (Lc 4,22ss.).

No Sermão da Montanha, Jesus diz que "Deus faz nascer o sol igualmente sobre os bons e sobre os maus e faz chover sobre os justos e também os injustos" (Mt 5,45). Essa forma de falar em Deus nunca no mundo tinha sido proclamada e tem consequências imensas para a forma como as pessoas se relacionam com a Divindade.

Jesus revelou que Deus está radicalmente interessado na causa dos oprimidos, e quando Jesus, seu Filho, foi condenado à morte em uma cruz, Ele mesmo, Deus, se tornou, como afirmou Jungmann Moltmann, um *Deus crucificado*. Na prisão nazista de Blossenburg, o Pastor Dietrich Bonhoeffer vai afirmar: "Só um Deus sofredor poderia nos salvar". Foi isso que Jesus revelou: um Deus que sofre com seus filhos e manifesta o seu amor na Cruz de Jesus que, por essa energia amorosa do Espírito, se torna cruz vitoriosa. A ressurreição é o amor que vence a morte, mas na cruz e através da cruz, não como projeto divino (A cruz não é vontade de Deus) e sim como um amor que vai além da crueldade humana que se expressa na cruz. O Deus que no Êxodo se revelou na sarça ardente insistindo com Moisés para tirar o povo da escravidão (*Eu desci para fazer o povo subir*), desce mais ainda na cruz de Jesus e na cruz de cada mártir e sofredor/a como amor que é mais forte do que a morte.

Não sabemos sobre o lastro histórico da instituição da ceia de Jesus. Recebemos as palavras da instituição da ceia, através de Paulo (1Cor 11) e dos três Evangelhos sinóticos. O quarto Evangelho discute o significado disso tudo, seja nas palavras de Jesus sobre o pão da vida (Jo 6), seja ao contar que na última ceia Jesus lavou os pés de seus discípulos/as (Jo 13,1-15). O que podemos concluir é que Jesus, ao insistir na comunhão entre os que comem e ao se dar simbolicamente no pão e no vinho, quis reafirmar uma nova aliança. Não para substituir a primeira (do Sinai) que é sempre atual, mas para radicalizá-la mais ainda e universalizá-la. A Páscoa de Jesus radicaliza o Êxodo porque Ele não só representa Deus que liberta o povo, mas agora, nesse ato de libertação, dá-se a si mesmo pela libertação de todos. Não substitui Deus Pai (como muitos comentários deixam entender), mas o representa e se doa em nome dele como testemunha (mártir) da verdade do Reino de Deus ("Para isso nasci, para isso vim ao mundo: para dar testemunho da verdade e toda pessoa que é da verdade escuta a minha voz" – Jo 18,33).

No primeiro testamento, a ressurreição tem uma conotação social e política clara (ressurreição é uma nova insurreição; cf. Ez 37). Ressuscitar é como se insurgir e se libertar duas vezes. Poderíamos de forma meio fantástica imaginar um termo como *re-insurreição*, ou seja, uma insurreição nova e mais radical. Radical em que sentido?

É assim que Jesus une tudo. Faz a síntese entre a libertação histórica e o ser humano novo. Essa é a base e o corpo de uma espiritualidade histórica comunitária e pessoal, mergulhada na vida, temperada pela consciência libertadora e pela ação transformadora, tendo como fonte e raiz o Espírito Divino como amor que opera em nós a transformação do mundo.

Essa revelação que Jesus fez de um Deus assim é o que tem dado força de resistência e esperança a uma multidão de pessoas no mundo a tirar da cruz os oprimidos e crucificados do mundo atual.

7 O Espírito Santo e a tradição de Jesus

Esse é o título da obra póstuma que o Padre José Comblin, um dos maiores teólogos católicos do século XX, nos deixou. Ele pode nos ajudar a distinguir a tradição religiosa e a herança mais profunda de Jesus.

Desde o começo do século XX, teólogos como Karl Bart e outros tinham construído toda a sua obra a partir da contraposição entre *fé e religião*. Atualmente, se tornou comum distinguir (uma vez ou outra até há quem contraponha) *religião e espiritualidade*. Desde a época da teologia liberal do século XIX, alguns já afirmavam que "*Jesus pregou o Reino de Deus e o que nasceu foi a Igreja*".

O livro do Padre Comblin traz duas novidades: a primeira é que ele aprofundou essa reflexão a partir de uma teologia da libertação, construída a partir da opção pelos pobres. Em segundo lugar, ele constrói sua reflexão a partir da história concreta da Igreja, e não de uma teoria sobre religião e fé (como era frequente na discussão da primeira parte do século XX). Comblin analisa os passos dados pelas primeiras comunidades cristãs, vai percorrendo a história da Igreja e tira novas conclusões para voltarmos ao que ele chama de *tradição de Jesus* (outros chamam de "movimento de Jesus"). Vamos lembrar algumas afirmações do livro: "Jesus não fundou nenhuma instituição religiosa. Enviou os apóstolos, mas eles não tinham um ministério religioso. Deviam anunciar a chegada do Reino de Deus e do Messias"

(COMBLIN, 2012, p. 121). "No início, os discípulos conservavam a memória de Jesus e agradeciam a Deus que o tinha enviado ao meio deles. Mas, não adoraram Jesus, nem lhe prestaram cultos, como se fazem em todas as religiões. Estavam bem conscientes do caminho leigo e profano de Jesus. Jesus nunca pediu nem adoração nem homenagens. Pediu seguimento. [...] Paulo nunca alude a práticas religiosas, salvo para condenar o que se está infiltrando a partir do judaísmo e de outras religiões do império. Quer a fé sem aludir a uma religião (COMBLIN, 2012, p. 117). "[...] Ao se tornar religião, o cristianismo deixa de ser uma realidade que envolve a evolução do mundo inteiro e não somente a sua religião. O cristianismo agora é Evangelho ou religião? O que predomina: o Evangelho ou a religião? A religião consegue envolver todo o Evangelho? Um dia, um famoso jornalista francês, Charles Maurras, ateu, disse que felicitava a Igreja Católica porque ela tinha conseguido extirpar da Igreja o fermento perigoso do Evangelho. Há casos nos quais a gente pode se perguntar se de fato a religião não conseguiu eliminar o Evangelho" (COMBLIN, 2012, p. 118).

Na América Latina e em uma perspectiva de inserção da fé em todas as dimensões humanas (antropológicas) da vida, assumimos a religião como elemento não em si idolátrico ou negativo e sim, ao contrário, como algo positivo e humanizante. Na religião, tanto o cristianismo oficial como o catolicismo popular, as religiões afrodescendentes e outras são para a espiritualidade o que o corpo seria para a alma. No entanto, para isso, é preciso que a religião seja aceita como instrumento e não como finalidade em si mesma. Quando ela se absolutiza (necessária para a salvação), de fato cai no pecado da idolatria. No seu estudo, Comblin conclui: "Jesus não ensinou nenhuma doutrina. De acordo com as circunstâncias, explica o que faz, pronuncia um conselho de sabedoria, anuncia a novidade que é o Reino de Deus ou dá recomendações aos discípulos. Não propõe nenhuma doutrina sobre Deus, sobre Ele, sobre o Espírito Santo, sobre a Igreja, sobre o futuro do Reino de Deus. Mais tarde, a Igreja formou uma doutrina [...]" (COMBLIN, 2012, p. 147).

Pouco a pouco, a tradição da Igreja passou a interpretar os Evangelhos sempre a partir de um olhar religioso sobre Jesus, como se Ele tivesse fundado uma religião: o cristianismo. Ao fazer isso, de certa forma, passaram a interpretar de forma espiritualista as exigências de justiça e de estilo de vida que Jesus fez aos discípulos e propõe a quem o quiser seguir. As Igrejas cristãs aderiram de forma acrítica a impérios que as protegeram e delas se beneficiaram (as Igrejas os legitimaram) e sem perceber as contradições disso com o Evangelho que foi muito claro: "Deus derruba os poderosos de seus tronos e eleva os humildes" (Lc 1,52). A advertência de Jesus aos discípulos: "Os poderosos da terra dominam os súditos. Entre vocês não deve ser assim" (Mc 10,42-43).

Arturo Paoli, espiritualista italiano que viveu a maior parte de sua vida na América Latina, pregando sobre esse Evangelho, afirmou: "Aconteceu como se no lugar em que Jesus tivesse dito isso houvesse um forte eco e o eco fez com que eles escutassem a voz repetida de Jesus, mas só as últimas palavras: entre vocês, deve ser assim".

Até hoje, o desafio para a espiritualidade é não ceder à tentação de tomar uma postura espiritualista, seja individualista (intimista), seja comunitária, mas sempre pouco preocupada com a realidade do mundo e também não cair em uma compreensão da fé e do seguimento de Jesus, como se Ele fosse um líder de partido político de esquerda. Trata-se de ligar fé e política em uma espiritualidade sociopolítica libertadora e não de substituir uma dimensão pela outra. Afinal, como o bispo sul-africano Desmond Tutu afirmou: "Não há nada mais político do que dizer que a religião nada tem a ver com a política".

Já vimos que não podemos ou não devemos olhar a morte de Jesus como sacrificial. Na América Latina, insistimos que o Pai não queria a morte do filho e essa não teve caráter de oferecer ao Pai um sacrifício. Foi o martírio de um profeta como tantos que tivemos nesses últimos 50 anos no continente. A tradição da Igreja falava da "redenção" a partir da noção bíblica de resgate (o senhor que resgata ou compra um escravo e o torna livre).

No livro já citado, o Padre Comblin levanta a questão teológica da redenção: "A doutrina da redenção nasceu na Idade Média, com prelúdios na época anterior. O expoente máximo foi Santo Anselmo, no século XI, e que foi copiado por toda a teologia escolástica. Essa teoria apresenta Deus como vingativo. Ele foi ofendido pelo pecado e quer uma satisfação. Tem a mesma mentalidade dos senhores medievais. Não há perdão sem expiação, nem compensação, porque a honra de Deus foi ofendida. Como satisfação, exige a morte do seu Filho. Se um pai da terra exigisse a morte do seu filho para perdoar, todos achariam que é um monstro. Como uma morte pode dar satisfação a alguém? O Pai de Jesus foi revelado como o Pai que perdoa gratuitamente. A salvação é gratuita. O perdão é total, assim como deve ser total o perdão que os discípulos devem praticar. Assim consta no Pai-nosso. Não se diz: 'como nós perdoamos aos nossos ofensores, com a condição de recebermos uma reparação da nossa honra ferida'. Essa teoria anula toda a revelação feita em Jesus. Nos Evangelhos, Jesus anuncia a sua condenação à morte, mas nunca a apresenta como exigência do Pai para perdoar os pecados. O próprio Jesus nunca pediu uma compensação cada vez que ficou ofendido. Ele mesmo perdoa os pecados sem condição nenhuma..." (COMBLIN, 2012, p. 149-150).

É preciso tirar as consequências disso, tanto para com o modo de vivermos a fé como para o modo de compreendermos Deus e a nossa relação com Ele. Nas Igrejas, é preciso superar uma espiritualidade baseada em sacrifícios e na noção de penitências para o perdão dos pecados. Precisamos muito mais sublinhar que original é a bênção amorosa do Espírito e não o pecado. Também o modo de compreendermos e de celebrarmos a Ceia do Senhor muda radicalmente a partir dessa proposta nova (falaremos disso no próximo capítulo).

8 Apocalipses que desvelam os impérios

Desde os últimos séculos antes de nossa era, diante do recrudescimento da repressão aos movimentos de resistência, nas comunidades judaicas começaram a surgir escritos que se valiam de linguagem simbólica e de um novo modo de interpretar a história a partir da revelação divina. Esses escritos se chamaram "apocalípticos". Eram escritos para tirar o véu (apocalipse) que encobre a História. São escritos importantes que ligam a fé e a aliança de Deus à resistência contra os impérios. Na Bíblia, dessa época dos apocalipses judaicos, o Livro de Daniel (século II a.C.) e várias passagens de Ezequiel, alguns capítulos de Isaías (24; 25; 35), além de algumas outras páginas bíblicas. Fora dos escritos bíblicos, alguns escritos tinham esse estilo. No Novo Testamento, o próprio anúncio do reinado divino toma essa forma literária de resistência ao Império Romano e a uma religião que usa o sagrado para legitimar o poder. As comunidades cristãs usaram muito esse estilo apocalíptico para falar de Jesus e de sua mensagem. Entre os livros que as Igrejas reconheceram como inspirados está o chamado Apocalipse de Jesus Cristo, escrito pelo Profeta João, que a tradição cristã identificou com o evangelista do mesmo nome. Hoje, se compreende que deve ter sido um discípulo da mesma comunidade ou escola do Discípulo Amado, mas a redação do livro foi concluída já pelos anos 100 da nossa era.

De acordo com o texto, o Apocalipse foi escrito quando o profeta estava preso na Ilha de Patmos (atual Turquia) e decorre de uma visão do Cristo ressuscitado em um domingo. Contém sete pequenas mensagens às sete Igrejas da Ásia (Ap 2–3). Cada carta, escrita ao anjo de uma Igreja, é composta de um olhar sobre a realidade daquela comunidade, uma apreciação disso a partir da Palavra de Deus e uma exortação. À primeira Igreja

(Éfeso), comunidade fiel e bem-organizada, o profeta escreve, em nome de Jesus: *retome o seu primeiro amor*, apelo divino que vem dos antigos profetas (Jr 2,1-2; Os 2,16ss.) e significa um chamado para retomar a caminhada libertadora do Êxodo (Ap 2,5). Assim, a cada Igreja, há o apelo à fidelidade e à conversão. Depois, o livro se divide em duas partes: na primeira parte (Ap 4–11), a partir do trono divino, se tenta ler o que está acontecendo, de modo que se traga esperança e força para as comunidades cristãs perseguidas pelo Império. A segunda parte (Ap 12–22) revela a resistência das comunidades representada pela Mulher que vem do céu, vestida do sol e, entretanto, grávida e perseguida pelo dragão do império. A mulher foge para o deserto. É o apelo que o Cristo faz às Igrejas (voltar ao deserto – Ap 12). É preciso negar-se a adorar a fera que se traveste de Deus (Ap 13) e esse martírio (testemunho) das pessoas que seguem o Cordeiro (a nova Páscoa de Cristo) faz desencadear o julgamento do mundo (da Babilônia que representa o poder imperial, qualquer que ele seja). Então, Deus faz vir ao mundo a nova Jerusalém – uma nova comunidade de suas testemunhas que reconcilia a terra e o céu e é início de uma nova criação, na qual se realiza o casamento do céu (Deus) e da terra (humanidade e toda a criação).

Cada vez mais, descobrimos no Apocalipse uma linguagem de resistência a todo tipo de imperialismo e uma força para descolonizar a nossa fé.

Para concluir este capítulo

Ainda nos anos de 1970, Gustavo Gutiérrez escreveu: "Se a Igreja quiser ser fiel ao Deus de Jesus Cristo, deverá tomar consciência de si mesma a partir das bases, dos pobres deste mundo, das classes exploradas e das culturas marginalizadas. Deve descer aos infernos deste mundo e comungar com a miséria, a injustiça, as lutas e as esperanças dos condenados da terra, porque neles está o Reino dos Céus. No fundo, se trata de viver como Igreja, o que vive diariamente a maioria dos seus membros. Nascer, renascer como Igreja a partir daí, significa morrer hoje numa história de opressão e complicações. Nessa perspectiva eclesiológica, e retomando um tema central da Bíblia, Cristo é visto como o pobre, identificado com os oprimidos e despojados do mundo" (GUTIÉRREZ, 1977, p. 54).

Gustavo não afirmou isso somente para as Igrejas da América Latina. Ele escreveu isso como nota importante para os cristãos/ãs do mundo inteiro.

Em 2006, em Nairobi (Quênia), durante o Fórum Social Mundial, houve um fórum social sobre Teologia e Libertação. Ali os teólogos cristãos convidaram para falar um teólogo muçulmano. Ele veio e falou poucas palavras: "Gostaria de saber o que vocês fizeram com o cristianismo para que o sistema do mundo e o império o aceitem tão bem e de modo tão tranquilo? Como foi essa mudança? Como vocês conseguem fazer esse *milagre*?" Não ouvi de nenhum teólogo cristão uma resposta adequada a não ser a tentativa de compreender isso a partir da história e de como o movimento evangélico de Jesus se tornou uma religião institucional.

Na década de 1980, o Credo da Missa Campesina Nicaraguense canta:

> Creio em vós, companheiro,
> Cristo humano, Cristo operário,
> da morte vencedor.
> Com o sacrifício imenso geraste
> o homem novo para a libertação.
> Vós estais ressuscitando
> em cada braço que se ergue
> para defender o povo do domínio explorador;
> porque estais vivo no barraco, na fábrica, na escola,
> creio em tua luta sem trégua, creio em tua
> ressurreição.

VII
Outro jeito de ser Igreja é possível

Tradicionalmente, no Catecismo ou na Teologia, a tradição nos fazia repetir as chamadas características próprias da Igreja de Cristo: *una, santa, católica e apostólica*. Na América Latina, aprendemos com as comunidades de fé: para que uma Igreja possa afirmar que é de Jesus deve acima de tudo "se parecer com Jesus". Precisa ser uma Igreja jesuânica, ou, em outros termos, não apenas cristã, mas crística. Isso significa "ter os mesmos sentimentos que Ele teve" (Fl 2,5ss.) e "agir como Ele agiu" (1Jo 2,6).

Pela fé cristã, a Igreja surgiu como expressão e sacramento da ressurreição de Jesus. O fato da ressurreição se revela na comunidade dos discípulos e discípulas reunidos como testemunhas. Esse testemunho é de que Deus vence a morte e a miséria do mundo está condenada a desaparecer. A Igreja é, por essência, pascal e deve ser como ensaio de um mundo novo possível e necessário.

De fato, na Conferência de Medellín (1968), os bispos latino-americanos explicitaram: "Que se apresente no continente o rosto de uma Igreja pobre, servidora, missionária e pascal despojada dos meios de poder e comprometida no serviço à libertação de toda a humanidade e de cada pessoa humana por inteiro, ou seja, em todas as suas dimensões" (*Medellín* 5, 15).

Todas as Igrejas e cada uma por inteiro devem, como diz o Papa Francisco: *ser Igreja em saída*. No capítulo 4, já vimos como este modo da Igreja se compreender foi tomando corpo na América Latina, principalmente a partir da 2ª Conferência do Episcopado em Medellín. Neste capítulo, situado na 2ª parte de nossa reflexão (Discernir ou Julgar), queremos aprofundar por que deve ser assim e como a Igreja deve assumir essa sua vocação própria.

1 Uma Igreja servidora do reinado divino

O Concílio Vaticano II proclamou que a Igreja está a serviço do mundo e não como fim para si mesma (*Gaudium et Spes 44*). Esse serviço ao mundo decorre de sua missão de testemunhar o projeto divino (Reino de Deus) no mundo. Um dos pontos mais importantes da mudança que o Concílio trouxe para a Igreja e que na América Latina a conferência episcopal de Medellín explicitou foi esse fato da Igreja não existir em função de si mesma. Não pode ser autocentrada e sim tornar-se serviço desinteressado ao reinado divino. Pelo fato de que esse reino vem como subversão ao mundo estabelecido dos impérios do mundo e da opressão, ele só pode ser testemunhado na comunhão com os empobrecidos e como serviço à libertação de todos.

Na história, a Igreja surgiu como a continuidade da comunidade dos discípulos e discípulas de Jesus, suscitada pelo Espírito Santo. É na comunidade das testemunhas que o Cristo ressuscitado mostra suas chagas e se revela no rosto dos pequenos e sofredores deste mundo. É antes de tudo para esses deserdados e excluídos do mundo que se manifesta vindo entre nós o reinado divino.

Existe sempre uma tensão positiva, mas ao mesmo tempo exigente entre Igreja e reino. A Igreja nasceu e se desenvolveu para testemunhar o Reino de Deus presente no mundo como semente que já contém algo da árvore que deve nascer. Entretanto, a Igreja não é o reino e, às vezes, não parece cumprir essa missão de testemunhar o reino. Torna-se um fim em si mesma e aí o reino se torna uma instância crítica para criticá-la e exigir sua conversão. Comumente, tanto a teologia mais aberta como a mais tradicional aceita que o Reino de Deus é o absoluto e a Igreja é relativa. A diferença é que alguns tentam ligar a Igreja ao reino, como se o reino não existisse sem a Igreja e isso não podemos fazer, se não pecaríamos contra a universalidade do amor divino. O projeto divino no mundo tem a Igreja como sinal e sacramento, mas não está preso a ela.

O reino é o desígnio salvador de Deus para o mundo. Do seu modo e em parte, a Igreja sinaliza isso e deve colaborar para que esse reino venha. Ela faz isso, se constituindo como comunidade igualitária de irmãos e irmãs (em verdadeiro "discipulado de iguais", como com toda razão ensina a teologia feminista). Vive essa ansiosa espera de Deus e do seu reino que é graça e ninguém constrói, mas testemunha e como que, pela prece e pela ação de amor solidário, de certa forma apressa. Para isso, ela desenvolve seu ministério, serviço da palavra que mantém viva essa fé e essa esperança, serviço dos sacramentos, sinais antecipadores do reino e serviço da caridade, solidariedade efetiva que ela é chamada permanentemente a viver para que sua palavra e seus sacramentos sejam verdadeiros e sejam sinais de uma realidade concreta e não sinais que não sinalizam para algo concreto.

Sem dúvida, o estilo e a linguagem usados pela Igreja de base nos anos de 1980 tem elementos que não seriam mais adequados à realidade atual. Entretanto, isso não significa que a inserção e o compromisso com os mais pobres estejam desatualizados ou tenham, hoje, menos sentido ou importância.

2 Igreja é missão e missão evangelizadora

A base dessa concepção eclesial e desse modo de ser Igreja é a mística do Reino de Deus, ou seja, a convicção de que cada comunidade de fé é fermento e testemunha da vinda do reino que vem. Então, os cristãos são permanentemente chamados a viver para fora de si mesmos e da comunidade eclesial no testemunho do amor divino ao mundo e à humanidade.

Tradicionalmente, sempre se repetiu que a missão é anunciar o Evangelho. No decorrer da história, se compreendia como Evangelho o anúncio explícito da pessoa de Jesus para suscitar a fé. Muitas vezes, isso levou à confusão entre evangelizar e fazer proselitismo; ou seja, conquistar adeptos ou fiéis para a sua Igreja.

Se alguém seguiu desde o início essa reflexão sabe que o Evangelho de Jesus Cristo significa a boa notícia do Reino de Deus no mundo. Assim sendo, o Evangelho não é apenas uma doutrina religiosa. O objeto – tema central da evangelização é – o reino, ou seja, o projeto divino para este mundo. Por isso, *o objetivo da missão e da vida da Igreja não pode ser restrito à assistência religiosa, mas consiste no serviço à humanidade.*

É claro que a maioria das pessoas espera da Igreja que ela cumpra suas tarefas de assistência religiosa, realize os cultos que as pessoas querem frequentar e acompanhe os fiéis no plano espiritual. Isso é normal e a Igreja deve fazer. É como uma pedagogia para uma vida nova que faz parte dessa vinda do reino em nós e no mundo. Não devemos separar ou contrapor as duas dimensões. Entretanto, antes mesmo de se constituir como religião e de ter uma tarefa eminentemente religiosa, a Igreja é chamada por Deus a continuar no mundo o movimento profético de Jesus testemunhando o reino. Quando olhamos os trechos do Evangelho nos quais Jesus manda os discípulos dois a dois em missão, a recomendação que Ele faz é "curem os doentes, tirem o mal das pessoas [expulsem os demônios] e anunciem: o Reino de Deus está chegando!" (Mt 10; Lc 10).

Se olharmos bem esse modo de descrever a missão, não há nada aí que Jesus indica que seja especificamente religioso. A cura dos doentes e a libertação das pessoas oprimidas pelo mal são tarefas de terapeuta. Hoje as pastorais sociais (Pastoral da Saúde, Pastoral de Acompanhamento dos Migrantes, Pastoral com os Povos Indígenas, Pastoral da Terra – com os lavradores –, Pastoral de Acompanhamento dos Sofredores de Rua, Pastoral Operária, e assim por diante).

Todas essas dimensões da pastoral social são formas de testemunhar o reino divino e devem ter prioridade na vida e na ação da Igreja. O serviço social e político da pastoral aos lavradores e aos índios ou aos operários não é um suplemento da missão, nem apenas, como se entendia antes do Concílio, uma emergência (já que o governo não faz, somos obrigados a fazer), mas é uma exigência intrínseca e essencial da própria missão. Igreja é serviço. Isso fundamenta que a fé se expresse no âmbito social e político e que a teologia se interesse pelas grandes causas da humanidade. Nos anos de 1980, em um famoso congresso teológico em Montevidéu, Hugo Assman afirmou: "Se a situação histórica de dois terços da humanidade, com seus 30 milhões de mortos de fome e desnutrição, não se converte em ponto de partida de toda teologia cristã hoje, a teologia não poderá aplicar seus temas fundamentais à história concreta. Suas perguntas não serão perguntas reais. Por isso, é necessário salvar a teologia (e a fé) do seu cinismo. Porque, realmente, diante dos problemas do mundo de hoje, muitos escritos de teologia se reduzem a um exercício de cinismo" (ASSMAN & MO SUNG, 2009, p. 12).

3 Igreja é Igreja local na comunhão universal

O estatuto da Igreja local como sendo plenamente Igreja, sacramento e expressão da Igreja universal não fazia parte da compreensão eclesiológica, nem da maioria dos bispos e nem mesmo da maioria de teólogos e peritos conciliares que fizeram o Concílio Vaticano II. No entanto, por vários motivos, essa foi uma descoberta fundamental do Concílio. É pena que os padres conciliares não tenham conseguido tirar todas as conclusões e consequências dessa compreensão fundamental do que é ser Igreja.

Na Igreja Católica, até o Concílio imperava a concepção de que as dioceses eram como filiais da central da Igreja que está em Roma. E como afirmava o Padre Yves Congar, a concepção sobre a Igreja se resumia quase só à hierarquia. Havia mais uma *Hierarcologia* do que, propriamente, uma *Eclesiologia*.

Sem dúvida, os estudos bíblicos e o aprofundamento sobre as Igrejas do Novo Testamento foram fundamentais para que o Concílio pudesse retomar a compreensão de Igreja como Igreja local, em comunhão com todas as Igrejas do mundo para formar a Igreja universal.

Praticamente todos os estudiosos concordam que o uso mais antigo da palavra "Igreja" nos textos do Novo Testamento se refere a uma comunidade local e com todas as características de uma Igreja completa. Paulo escreve à Igreja de Deus que está em Corinto, em Tessalônica, em Filipos, e assim por diante. Somente mais tarde, nas cartas mais tardias que hoje se atribuem a discípulos de Paulo (Efésios e as cartas pastorais), aparece o termo como se referindo ao conjunto de todas as Igrejas.

Também os movimentos litúrgico e ecumênico, desenvolvidos já antes do Concílio, ajudaram muito a recuperar a dimensão eclesiológica da Igreja local. O maior contato com a Teologia Ortodoxa ajudou os nossos teólogos a redescobrir a centralidade da Eucaristia como elemento central da Igreja local (*A Igreja faz a Eucaristia e a Eucaristia faz a Igreja*). De tudo isso, resultou o fato de que era necessário compreender a Igreja universal a partir das Igrejas locais, cada uma delas sacramento da Igreja universal, assim como na Eucaristia cada pedacinho de pão consagrado significa e contém a presença real de Jesus, do mesmo jeito que um pão inteiro.

Durante o Concílio, o Padre Yves Congar e outros dominicanos propunham "que o Concílio elaborasse uma concepção eclesiológica que partisse da catolicidade, que se radicasse nas comunidades locais e, a partir delas, pensasse a Igreja universal como comunhão das Igrejas" (CONGAR, 1960, p. 17).

Em um belo artigo, o Padre Antônio José de Almeida mostra que no Concílio a Constituição *Lumen Gentium* consagra seis parágrafos ao tema da relação entre Igrejas locais e Igreja universal. É quando quer explicar a *catolicidade* que o Concílio defende a abertura à diversidade e que a unidade convive com a pluralidade. Existe uma catolicidade *ad extra* (povos e culturas) e uma catolicidade *ad intra* (as Igrejas particulares). "Por força desta catolicidade, cada parte contribui com os seus dons peculiares para as demais e para toda a Igreja, de modo que o todo e cada parte crescem por comunicação mútua e pelo esforço comum em ordem a alcançar a plenitude na unidade. / A Igreja não teria credibilidade perante o mundo se não fosse capaz de valorizar dentro de si própria a diversidade na unidade. Por isso, o povo de Deus contempla no seio da comunhão eclesial Igrejas particulares, gozando de tradições próprias, sem prejuízo do primado da cátedra de Pedro, que preside à comunhão universal da caridade, protege as diversidades legítimas e, ao mesmo tempo, vela para que as particularidades não só não prejudiquem a unidade, mas para ela contribuam mesmo positivamente" (*Lumem Gentium* 13-16).

O segundo texto a falar de Igreja particular (*Lumen Gentium* 23) está ligado ao tema do Colégio Episcopal (n. 18-23). Para o Concílio, a Igreja universal não podia ser uma realidade imediata, mas a comunhão das Igrejas locais, uma vez que a comunidade local é presença e manifestação plena – embora não total – da Igreja de Cristo. Depois de dizer que "cada bispo é o princípio e o fundamento visível da unidade na sua Igreja particular", *Lumen Gentium* 23 faz três afirmações sobre nosso tema: a) as Igrejas particulares são formadas "à imagem da Igreja universal", que, naturalmente, não é a Igreja de Roma nem uma abstração nem uma ideia platônica, mas a comunhão de todas as Igrejas particulares; b) "nas quais e a partir das quais resulta a Igreja católica una e única": toda a profunda realidade eclesial subsiste em cada Igreja particular (*in quibus* = nas quais), mas, ao mesmo tempo, cada Igreja particular leva a sua riqueza para a edificação da totalidade da Igreja, a qual tira a sua existência das Igrejas particulares (*ex quibus* = das quais); c) "cada bispo representa a sua Igreja, e todos, juntamente com o papa, representam toda a Igreja no vínculo da paz, do amor e da unidade". Seria a primeira vez, nos textos do Magistério, que encontramos esse tipo de declaração – comum, aliás, na Igreja antiga; é comum, pelo contrário, na teologia posterior, a insistência na "representação do alto", em que bispos e presbíteros agem *in persona Christi*, como seus lugares-tenentes, seus ícones, seus vigários!

Para o Vaticano II, na verdade, a Igreja universal não podia ser uma realidade imediata, mas a comunhão das Igrejas locais, uma vez que a Igreja local é presença real e manifestação plena – embora não total – da Igreja de Cristo. Além da celebração eucarística, o Concílio valoriza o instituto do presbitério e propõe que a Igreja se organize de forma cada vez mais sinodal (ALMEIDA, 2004, p. 21-29).

Infelizmente, essa compreensão da Igreja como sendo essencialmente local (cada comunidade) ou particular (as dioceses) talvez tenha sido o ponto no qual o Concílio Vaticano II foi menos obedecido. Praticamente, o Vaticano e a imensa maioria das dioceses simplesmente ignoraram ou nem tomaram conhecimento dessa doutrina.

A Cristandade não foi ou é apenas um modelo social e visível ainda presente no Estado do Vaticano e no estilo da Cúria Romana para administrar problemas e situações de Igrejas locais em todos os continentes. É também o jeito normal de como as dioceses e paróquias se organizam, como se o padre fosse um executivo da empresa que é a diocese e essa fosse um departamento filial da matriz de Roma, cujo chefe é o papa.

Mesmo as conferências latino-americanas (e, inclusive, Medellín, com sua abertura única e irrepetível), nenhuma delas conseguiu explicitar suficientemente essa doutrina da mais antiga e profunda tradicional da Igreja. Alguns dos nossos melhores teólogos desenvolveram essa eclesiologia da Igreja local. Víctor Codina insistia que essa visão de Igreja como Igreja local está intimamente ligada à compreensão de Igreja como serviço libertador (CODINA, 1993, p. 185-213).

Apesar disso, mesmo em alguns textos de teólogos e teólogas mais abertos e na forma de compreender da maioria dos católicos, a eclesiologia das Igrejas locais parece quase inexistente e o modo de falar da Igreja e de pensar a caminhada é a partir de uma organização internacional centralizada e sempre eurocêntrica. A partir do pontificado do Papa João Paulo II, a Congregação da Doutrina da Fé, presidida pelo Cardeal Ratzinger, fez de tudo para anular essa compreensão. O estatuto das Conferências episcopais expressa essa compreensão de Igreja. O estilo secreto e autoritário que continua a ocorrer na nomeação dos bispos em todo o mundo e muitos outros sinais revelam essa negação da Igreja local.

Nos tempos da ditadura brasileira, os militares descobriram que o melhor modo de evitar intermediações de humanidade em favor de presos e perseguidos políticos era nomear um general de Porto Alegre para ser comandante da Amazônia e o de Manaus ia ser comandante em Recife. O de Vitória passava a ser comandante em Cuiabá e o de Goiânia ia para Vitória. Assim ninguém conhecia ninguém e o regime se impunha mais implacável. Na Igreja Católica, esse modo de proceder ocorre até hoje na escolha de bispos. Acham sempre um jeito de nomear alguém do sul para dirigir a Igreja do norte e alguém do nordeste para ir ao centro-oeste. Igreja local não existe e não tem nenhuma importância. As dioceses são como um xadrez e os bispos são as peças a serem embaralhadas para o jogo funcionar.

A doutrina sobre a Eucaristia insiste que a celebração eucarística é onde a Igreja local se mostra como Igreja plena. No entanto, o Vaticano e os bispos cerceiam tanto a possibilidade de enculturação da Liturgia às diversas realidades locais que, ao contrário, a celebração eucarística normal nas paróquias e dioceses revelam uma Igreja absolutamente romana e que se nega a deixar o sotaque europeu e se expressar no estilo próprio de cada povo e região, como o Concílio Vaticano II havia proposto (cf. *Sacrossanctum Concilium*, 39-40).

Na Liturgia, o imenso recuo ocorreu a partir da década de 1990, quando os padres voltaram a celebrar com casula de tipo romana, cantar o Evangelho em português com a melodia do latim e dar todos os sinais de que não há a mínima preocupação em dar à celebração um rosto de Igreja local. Tudo é feito exatamente como em Roma ou em qualquer país europeu. Não há nenhuma compreensão teológica e espiritual do que seria uma Igreja local que vivesse eclesiologicamente o seu estatuto pleno de Igreja, em comunhão com as Igrejas de todo o mundo.

No campo ecumênico, em 1973, a Comissão Fé e Constituição, em Salamanca, desenvolveu a visão de uma "comunidade conciliar". Esta noção foi retomada pela Assembleia do Conselho Mundial de Igrejas em Nairobi: "A Igreja una deve ser vista como uma comunidade conciliar de Igrejas locais, elas mesmas autenticamente unidas. Nesta comunidade conciliar, cada Igreja local possui, em comunhão com as outras, a plenitude da catolicidade e dá testemunho da mesma fé apostólica. Ela reconhece que todas as outras Igrejas fazem parte da mesma Igreja de Cristo e que sua inspiração emana do mesmo Espírito" (COE, 1981, p. 15).

Mais tarde, ao preparar o Sínodo sobre a Ásia, na véspera do Jubileu do Ano 2000, a Federação das Conferências episcopais da Ásia fez um documento no qual se afirma: "A compreensão que a Igreja tem de si mesma é a de ser verdadeiramente uma Igreja local, incarnada em um povo, autóctone e inculturada. É o corpo do Cristo feito real e encarnado em um povo particular, no tempo e no espaço" (*Documento dos Bispos Asiáticos*, n. 1).

É preciso deixar claro: se não se trabalha esse estatuto teológico e espiritual próprio de cada Igreja local, fica difícil assumir "as alegrias e esperanças, tristezas e dores" das pessoas e comunidades como sendo as da Igreja. Se não há Igreja local, organizada como tal, pouco adiantará haver pastorais sociais inseridas. Elas funcionarão bem para os que já estão em seus quadros e poderão até fazer bom trabalho com o povo, mas nunca conseguirão envolver a Igreja local que está mais preocupada em ser escritório local de uma multinacional religiosa do que ser sacramento visível e eficaz da Igreja de Jesus Cristo aqui e agora.

4 Por uma vida e uma Igreja moldadas pela Eucaristia

Desde muito antigamente, a Igreja (assembleia) tem consciência de que ela se constitui como Igreja principalmente na Eucaristia. Os pais da Igreja afirmavam: "A Igreja faz [celebra] a Eucaristia e a Eucaristia faz [realiza como assembleia viva em ato] a Igreja".

De fato, até hoje, o lugar ou tempo no qual a Igreja se mostra como Igreja, mais do que em qualquer outro espaço e momento, é na celebração eucarística. Talvez, por causa disso, no decorrer dos séculos, uma Igreja que acabou criando uma espiritualidade na qual a Missa tem um valor em si mesma, no sentido de que "vale pelo fato de ser realizada" (no latim tomista se dizia: *ex opere operato*. Todos os Pais da Igreja, papas e teólogos concordam e afirmam que a Eucaristia tem uma dimensão social e, nesse sentido, política: é profecia de um mundo de partilha e comunhão. Pais da Igreja da América Latina, como Helder Camara, insistiam que "para receber o corpo sacramental de Jesus na Eucaristia é imprescindível acolher o seu corpo social nas pessoas dos pobres e marginalizados que estão ao redor de nós" (BARROS, 2016, p. 55-56).

Se nos primeiros tempos do cristianismo as Igrejas celebravam a Eucaristia e a faziam sempre continuar por uma refeição (ágape) no qual a comunidade partilhava alimentos com as pessoas mais pobres, isso durou pouco e muitos celebram se se recordar dessa origem. Se até há pouco tempo, no final do chamado Cânon Romano (antes do *Por Cristo, com Cristo e em Cristo*...), o celebrante abençoava frutas e alimentos a serem repartido com os mais pobres, isso desapareceu das novas preces eucarísticas. E atualmente, ao menos no Brasil, há até padres que são contra Campanhas da Fraternidade na Quaresma, principalmente aquelas que falam em *políticas públicas*, como foi a de 2019. Afinal, pensam eles, o que isso tem a ver com a Eucaristia?

Alguns autores ligados à Teologia da Libertação, especificamente para nós Hugo Assman e Jung Mo Sung, aprofundaram a relação entre a Eucaristia e a economia, como proposta de partilha e comunhão que não divide ou separa a administração da casa e da vida e o sacramento que disso se celebra na Igreja – a Eucaristia (cf. MO SUNG, 2007).

Se a Eucaristia revela e manifesta o rosto concreto da Igreja, uma Eucaristia celebrada de forma extremamente hierárquica, formal, autocentrada no celebrante e desligada da vida concreta do povo é sacramento de uma Igreja que é contrária à "Igreja em saída" que o Papa Francisco tem proposto e insistido tanto (*Evangelii Gaudium* 20). Mais ainda: a forma como celebramos a Eucaristia testemunha qual o Deus no qual cremos, o Deus Abba, Paizinho de Jesus, fonte de amor e ternura para toda a humanidade, ou o Deus todo-poderoso e distante dos filósofos gregos que às vezes aparece nas formulações do Missal Romano e no modo de conceber o culto que não poucas vezes vemos por aí...

No capítulo anterior, resumi o que o mestre Padre Comblin nos deixou como herança em seu livro póstumo sobre Jesus e a urgência de testemunharmos a missão salvífica de Jesus sem a linguagem medieval da redenção e do sacrifício. Isso acarreta mudança importante na forma de viver e de celebrar a Ceia de Jesus. De fato, é importante nos libertar da teologia sacrificial da Eucaristia e superar um verdadeiro *apartheid* eucarístico que ainda impera nas Igrejas: uma série de normas morais e disciplinares sobre quem pode e não pode participar da comunhão, quando Jesus nunca excluiu ninguém de suas refeições e na última ceia deu o pão ao próprio Judas. E justamente, ao optar cear com gente considerada de má vida, disse claramente: "Eu não vim chamar os justos e sim os pecadores" (Mc 2,17). Podemos compreender uma teologia que mantém a rigidez da exigência da unidade na fé para celebrar e comungar juntos. No entanto, aprendemos que a Eucaristia não é somente sacramento da unidade já estabelecida e completa, e sim também meio para aprofundá-la. Se é sacramento da unidade, só quem compreende a fé como crenças e como dogma (expressão teológica e cultural da fé) pode achar que entre movimentos católicos de extrema-direita como Opus Dei, Comunhão e Libertação ou Arautos do Evangelho e as Comunidades Eclesiais de Base existe uma unidade de fé maior ou mais visível do que a unidade que existe entre essas (CEBs) e muitas comunidades de Igrejas evangélicas solidárias com os pobres e que estão no testemunho do Reino de Deus no mundo.

Por mais que compreendamos a objetividade da fé sacramental, é difícil compreender que o Papa João Paulo II fosse extremamente rigoroso em não permitir a comunhão eucarística para irmãos e ministros evangélicos e não tenha tido nenhuma dificuldade de celebrar pessoalmente a Eucaristia no palácio do General Pinochet para o general e a sua família e lhe dar a comunhão, pelo fato de que o ditador do Chile e responsável por centenas de desaparecimentos de presos políticos teria sido um bom católico.

É preciso que a celebração da ceia de Jesus possa ser de novo sacramento real e nesse sentido exigente e coerente do amor divino universal. É muito provável que no final do século I as comunidades cristãs já tinham institucionalizado a ceia de Jesus como culto formal. Provavelmente, por isso, o quarto Evangelho ao se referir à hora de Jesus e ao lembrar como Ele se colocou à mesa com seus discípulos e discípulas não repetiu a instituição do sacramento e sim quis dar o seu significado ao contar o lava-pés (Jo 13,1-15).

O Papa Francisco tem afirmado continuamente que o clericalismo é um câncer. Se o tumor é canceroso, tem de se extrair o órgão. O papa só não explicitou que o clericalismo não é um abuso ou desvio ocasional do sistema e sim o próprio sistema que divide os cristãos em duas classes: clérigos e leigos, ordenados e não ordenados. Essa instituição que o Concílio Vaticano II não conseguiu transformar (*Lumen Gentium* 10) divide os cristãos em duas categorias e como se fosse instituição divina. Nessa realidade, não há perspectiva de gêneros (homem e mulher) que se completam e juntos dão o testemunho do Deus Amor.

O único remédio para a doença que atinge a Igreja é voltar ao Evangelho. Como dizia o Papa João XXIII, não se trata de retroceder no tempo e sim de "voltar às fontes", mas atualizando em um exercício permanente e profundo de *aggiornamento*, isto é, atualização da linguagem e do conteúdo da fé e do jeito de ser Igreja.

Na realidade, hoje, como nunca, a Igreja Católica e todas as Igrejas cristãs têm urgência em voltar ao Evangelho e reafirmar para si mesmas e para o mundo que, em uma comunidade de discípulos e discípulas de Jesus, só tem uma ordem: a dos batizados em Cristo. Dessa dependem e devem depender como serviços e funções todos os ministérios dos quais as comunidades precisam. E esses ministérios vão surgir e se desenvolver a partir das comunidades.

Acabar com a separação entre clero e leigos não significa que se desvalorize ou se desvirtue os ministérios. Toda Igreja é ministerial. Em seu seio, serviços como diaconia, presbiterato e episcopado serão sempre dons de Deus na comunidade e para a comunidade. Isso supõe retomar e inclusive reforçar mais a eclesiologia das Igrejas locais como Igrejas de direito pleno, com autonomia e em comunhão com todas as outras Igrejas locais e no caso da comunhão católico-romana, presidida pela Igreja de Roma. Essa é representada pelo papa e a sua diocese.

As Igrejas que, a cada dia, renascem nas bases, são sinais visíveis e atuais da presença e atuação do Espírito que nos faz escutar novamente a voz do Pai ou Mãe de Amor que continua afirmando: "Vejam que eu faço novas todas as coisas" (Ap 21,5).

ଔ
Testemunho de Dom Pedro Casaldáliga
(Escrito de 1978)

Na medida em que a Igreja é conhecida como Sacramento de Salvação, como Povo de Deus, ela é reconhecida tão *particular* quanto universal. Com o Vaticano II, comecei a descobrir, com muitos outros, *a boa-nova da Igreja particular*. De modo impreciso, ainda. Só mais tarde compreendi que *os sinais dos tempos* deviam se completar com *os sinais dos lugares*. [...]

Uma Igreja é, por natureza, tão católica, como local. [...] Cristo continua encarnando-se por Ela e com Ela no mundo concreto dos seres humanos de cada tempo, de cada lugar. Deus ama em singular e com eficácia. [...] Este reconhecimento da Igreja como *particular*, como *local*, tem suas exigências práticas na Pastoral, na Liturgia, no Direito e na vida...

Já apontei alguns reparos meus ao Sumo Pontífice e ao Vaticano e aos centralismos e colonialismo e outros poderes da Igreja. É desnecessário dizer que creio no papa como pedra visível da colegialidade apostólica [...], mas não creio no Vaticano como Estado, como poderio, como burocracia. Incomoda-me. Penso que atrapalha o passo da Igreja de Jesus. Desejo que se acabe. [...]

Sei que não posso pedir que se transformem, num dia, séculos pesados de História. Mas, creio na força do Espírito para fazer também *novas*, sem esperar a Parusia, também essas coisas. [...]

E uns e outros, teremos de nos acostumar a caminhar juntos, a pé, em nível de comunhão fraterna, sem tantos *acima* e *abaixo*, aceitando na prática a igualdade fundamental de todos os batizados, favorecendo, de fato, o exercício do pluralismo dentro da unidade da fé e agradecendo a Deus e aos homens o livre-jogo enriquecedor do diálogo eclesial e mundano.

[...] Repito que se declaro tudo isso com tanta paixão é porque me dói muito esta Igreja que muito amo (CASALDÁLIGA, 1978, p. 212-215).

VIII
A ventania divina nos redemoinhos da libertação[1]

(As experiências do Espírito na caminhada da América Latina e Caribe)

> *O vento sopra onde quer. Ouves o seu rumor, mas não sabes de onde vem, nem para onde vai. Assim acontece com quem nasce do Espírito.*
> Jo 3,7

Quem acompanha a história sabe que a caminhada de libertação, seja na América Latina, seja em outros continentes, passa por frequentes redemoinhos e tempestades. O que não parece tão claro é que o Espírito Divino não só se revela presente, como atua fortemente no coração desses redemoinhos e tempestades. Nos anos recentes, a realidade social e política latino-americana tem se deteriorado tanto que, muitas vezes, as comunidades e pessoas que são cristãs e participam de movimentos sociais se sentem como os discípulos que na tarde do domingo pascal voltavam de Jerusalém para Emaús decepcionados e tristes. E, diferentemente da narrativa do Evangelho (Lc 24,13ss.), no caminho de Emaús, nem sempre eles e elas conseguem reconhecer

---

1. Texto de uma conferência dada no 2º Congresso Continental de Teologia, promovido pela Ameríndia, em Belo Horizonte, 2015, e que foi atualizado e refeito especialmente para este livro.

a presença do Ressuscitado para fazê-los voltar à comunidade e à missão.

Mesmo assim, há muitos sinais do Espírito atuando nas bases e na realidade do mundo. É sempre arriscado e pode ser pretensioso afirmar que essa ou aquela experiência social ou mesmo eclesial é do Espírito Santo, em detrimento de outras. Como diz o Evangelho: "O vento sopra onde quer. Ouves o seu rumor, mas não sabes de onde vem, nem para onde vai" (Jo 3,7). Nesse contexto, pode parecer apologético afirmar que, no mundo inteiro, a inserção das Igrejas cristãs e das comunidades de fé nos processos sociais para transformar o mundo são frutos do Espírito. Não podemos sacralizar os movimentos sociais. É preciso respeitar o caráter laical e autônomo dos movimentos de libertação. No entanto, o Apóstolo Paulo afirmava que, onde houver liberdade e, portanto, caminhada libertadora, "aí estará o Espírito de Deus" (2Cor 3,17). Assim, podemos reconhecer uma atuação secreta ou clara, discreta ou evidente, do Espírito em toda caminhada revolucionária, seja de movimentos ligados à fé, seja de grupos que nada têm a ver com a fé e a espiritualidade. Dentro do terreno específico da caminhada de uma Igreja inserida no meio dos pobres (seja católica, evangélica, pentecostal ou ortodoxa), as experiências das comunidades engajadas nas lutas sociais e políticas e as teologias daí decorrentes (como as teologias da libertação, as teologias afro, indígena e feminista latino-americana) são epifanias do Espírito. A intenção aqui não é legitimar a prática das comunidades ou dos movimentos sociais e sim testemunhar a ação do Espírito e aprofundar as consequências disso nas Igrejas e no mundo. É preciso escutar "o que o Espírito diz hoje às Igrejas" e o que Ele pede de nós como testemunhas das maravilhas de Deus nos Pentecostes cotidianos que acontecem no meio de nós.

No livro publicado após sua partida, o próprio Comblin afirma: "Quase todos os meus livros foram escritos por encomenda. A única coisa que partiu de mim mesmo foi o que desejava deixar como Tratado do Espírito Santo, ou seja, uma pequena contribuição à Pneumatologia" (COMBLIN, 2012, p. 23).

Querer definir o Espírito, buscar a exatidão da fórmula correta, se procede, mas não é gerado, que função própria tem em Deus e com Deus, nos faria retomar as discussões da Igreja envolvida com o Império Romano nos primeiros concílios e nas polêmicas que se encerraram com as discussões a respeito do *Filioque* e à divisão dolorosa com as Igrejas do Oriente. Com o Padre Comblin, aprendemos mais a contemplar e testemunhar a ação do Espírito Santo nos movimentos populares e em ações para a transformação do mundo.

Hoje, na perspectiva de uma Teologia Pluralista da Libertação, procuramos nos colocar em uma perspectiva de adoração do Mistério. Preferimos uma teologia negativa, ou silenciosa, ou, como diziam os antigos, apofática. Essa é aquela que sabe que, em relação ao Espírito, tudo o que afirmamos é sempre incompleto. Podemos e devemos aprender com outras tradições culturais e religiosas. Como, em 1992, dizia o manifesto do 1º encontro continental da APD, Assembleia do Povo de Deus, em Quito: *"Deus é maior do que todas as imagens e falas sobre Deus"*. Dentro dessa compreensão e na linha do "ver, julgar e agir", antes mesmo de olhar a prática das comunidades, é importante clarear melhor o que podemos entender como ação do Espírito Santo e como compreender, à luz do Espírito, a caminhada de libertação.

1 A voz do Espírito nos movimentos de libertação

A teóloga Elizabeth Johnson afirma: "A experiência do Espírito se realiza na história e através da história do mundo. Ela pode ser positiva ou mesmo negativa, ordenada ou caótica, clara e fulgurante ou obscura e ambígua, ordinária ou extraordinária, social ou individual. [...] Onde estejamos aspirando algo inefavelmente a mais do que aquilo que aparece, mesmo que este mais seja mediatizado pela beleza e pela alegria, ou, ao contrário, em contraste com forças esmagadoras, ali já transpira a experiência do Espírito" (JOHNSON, 1995, p. 188).

Na América Latina e Caribe, nossa história recente está cheia de movimentos e grupos que lutam sob a bandeira da revolução. Mas é preciso ver também as iniciativas e grupos pequenos e menos pretensiosos. Ninguém de nós veria a ação do Espírito em guerras sagradas, de direita ou de esquerda. Talvez pudéssemos dizer que o sinal da ação do Espírito em qualquer movimento revolucionário está no esforço de criar uma maior humanização da vida. O Cardeal Walter Kasper afirma: "Sempre que brota algo de novo, ali há uma manifestação da atividade do Espírito" (KASPER, 1997, p. 227).

Como não ver o Espírito dando força às pessoas que até hoje procuram por parentes desaparecidos na repressão da ditadura do Chile e por movimentos como o das Mães e mesmo das Avós da Plaza de Mayo na Argentina?

Em todo o mundo, há pessoas e grupos que, de certo modo, têm acompanhado essa história. Alguns/as grupos italianos e europeus estiveram mais próximos dos movimentos indígenas de Chiapas, dos Andes e do Brasil. Outros/as estão ligados/as à caminhada da Via Campesina ou do MST. Alguns partilham comigo, nos últimos 15 anos, a esperança do novo bolivarianismo, que nasceu das comunidades de periferia e dos movimentos populares da Venezuela, assim como também na Bolívia e Equador, chame-se de bolivarianismo ou de revolução cidadã ou insurgência indígena, baseada no paradigma do *Bem-viver*.

2 As vozes do Espírito na resistência indígena e das comunidades afrodescendentes

Desde a Groenlândia até a Patagônia, um fenômeno comum às manifestações religiosas originais dos diversos povos indígenas do norte e do sul é o transe. A possessão e experiências do Espírito fazem parte do xamanismo e da pajelança. Mesmo condenadas e perseguidas pelo sistema colonial e pela Igreja, as religiões indígenas e afro conseguiram sobreviver e manter a identidade cultural das pessoas. No passado, em meio a todos os suplícios da escravidão, essas crenças e ritos deram força aos oprimidos para eles manterem a consciência de sua dignidade humana. Às vezes, chegaram até a suscitar elementos de uma ética de resistência e de libertação.

Atualmente, nas periferias das cidades latino-americanas, marcadas pela violência urbana e por fenômenos como o desemprego e o tráfico de drogas, muitas vezes, as comunidades das religiões afrodescendentes e seus ritos são os únicos fatores de humanização. Ajudam as pessoas a manterem a consciência de sua dignidade. Nelas, o Espírito toma as formas das manifestações dos diversos Orixás, Inquices ou Caboclos. Elas revelam o que Paulo chama de "frutos do Espírito" (cf. Rm 8,6; Gl 5,22; Ef 5,9).

Nas últimas décadas, na América Latina, uma das mais fortes expressões do Espírito Santo foi o desenvolvimento de uma pastoral indígena e afro que não só respeita, como valoriza espiritualmente as culturas e religiões originais. Não fazem isso apenas como método de diálogo ou abordagem pastoral e sim como caminho místico. Muitas pessoas que, com sinceridade e profundidade, se inserem nas comunidades religiosas de matriz africana e em grupos indígenas descobrem manifestações do Espírito Divino que, embora não saibam explicar, as conduzem para um caminho novo de integração e unidade.

Sem cair em concordismos artificiais nem comparações indevidas com a cosmovisão cristã, a Teologia Andina descobriu nas imagens e expressões de culto a Pacha-mama equivalentes ao culto cristão ao Espírito Santo. De fato, em sua História da Igreja na América Latina, Enrique Dussel aponta a *Pachamama* dos povos do Altiplano como imagem do Espírito Santo (DUSSEL, 1983, p. 153). Do mesmo modo, Leonardo Boff afirma: "A categoria central da religião Yorubá é o Axé. Ele é o equivalente ao *pneuma* grego, ao *spiritus* latino e ao *ruah* bíblico" (BOFF, 2013, p. 83).

Para quem acha estranho reconhecer o Espírito como energia ou ambiente vital, Leonardo ensina: "Nas camadas mais antigas da Bíblia, todas as forças, seja para a vida, seja para a morte, são chamadas de *ruah*. H. Caselles e Jean Gallot descobriram que, nas línguas semíticas, o sentido primitivo de *ruah* não era, como sempre se admitia, o vento, mas sim o espaço atmosférico entre o céu e a terra, calmo ou agitado. Depois, esse espaço se amplia e se transforma na ambiência vital, onde todos os seres vivos, animais e humanos vão haurir vida. A partir desse sentido originário, derivaram-se os outros sentidos. Seu significado primeiro, portanto, é cosmológico. Depois, assume uma expressão física e designa o vento. Em seguida assume uma dimensão antropológica que é a maneira como o ser humano se situa dentro da ambiência vital – suas disposições, seu espírito – no sentido moderno do termo. Num outro sentido, o espírito representa uma energia vital divina, como se afirma no Sl 104,4: 'Se Deus retira o espírito, todos os seres vivos expiram e voltam ao pó. Se Deus o envia, é uma nova criação que surge'"(Sl 104,29-30) (BOFF, 2013, p. 79-80).

Nas últimas décadas, a partir da ressurgência indígena em Chiapas e da articulação dos movimentos indígenas em todo o continente, a revalorização das religiões ancestrais suscitou a retomada e releitura de importantes elementos de resistência social e política. Assim, por exemplo, os povos andinos e outros redescobriram o paradigma do *bem-viver*, presente nas cosmovisões de vários povos indígenas de todo o continente e que hoje se tornou um programa continental proposto como objetivo do Estado no caminho da construção de um "novo bolivarianismo". Em todo esse caminho, podemos ver um sinal da iluminação do Espírito Mãe. Ele fez esses povos não apenas revalorizarem suas tradições religiosas antigas, mas retomarem uma vitalidade nova em um renovado protagonismo social e político.

3 O Espírito Santo, fonte de subversão social e política

Parece estranho ver o Espírito Divino como fonte de subversão. Quase sempre, os grupos cristãos que se dizem "do Espírito" parecem mais ordeiros e conservadores do que grupos e movimentos revolucionários que não falam em espírito. No começo do século XX, as comunidades pentecostais surgiram em meio às Igrejas evangélicas norte-americanas, como movimento de negros e pobres. Era uma subversão diante dos costumes das Igrejas estabelecidas, que não davam voz aos pobres, aos leigos e às mulheres. Nas décadas seguintes, muitos pentecostais continuaram no caminho da libertação, tanto no plano social e político, como no âmbito eclesial. Nos anos de 1960, quando o Pastor Martin Luther King e seus companheiros e companheiras consolidaram o movimento pelos direitos civis nos Estados Unidos, a maioria era de comunidades pentecostais. No entanto, no decorrer dos anos, muitas comunidades pentecostais cresceram e foram se ajustando ao modelo das Igrejas tradicionais. Mais tarde, no final dos anos de 1960, surgiu na Igreja Católica o Movimento Carismático. Esse valorizou os leigos, homens e mulheres. Nos cultos carismáticos, todos podem invocar o Espírito, impor as mãos e abençoar os irmãos. No entanto, raramente conseguem ir além das expressões de piedade pessoal. José Comblin explicava esse fenômeno pelo fato de que a maioria dos membros dos movimentos carismáticos católicos vinha de classes sociais abastadas. Mesmo sob o influxo do Espírito, continuam condicionados pela cultura da sua classe. E concluía: "A Renovação Carismática parece devoção particular de grupos específicos. Eles interpretam os dons do Espírito como experiência espiritual privada. Infelizmente, nem o povo cristão em geral, nem a maioria dos próprios carismáticos percebem o significado do acontecimento do Espírito para a marcha do mundo" (COMBLIN, 1978, p. 7-8).

O fato é que, na Igreja Ocidental, a teologia e a referência ao Espírito ficaram sempre muito atenuados. Isso mostra que, intuitivamente, as pessoas percebem: o Espírito Santo pode ser perigoso. Ainda no começo dos anos de 1970, no seu livro sobre o movimento carismático, o Cardeal Suennens, então arcebispo de Bruxelas, conta o seguinte: "Durante uma das sessões do Concílio, o Cardeal Ruffini fez uma intervenção na qual relegava ao passado os carismas e desaconselhava que o Concílio revalorizasse a ação do Espírito em carismas atuais. Ele tinha medo de que isso colocasse em risco a Igreja institucional. Fui obrigado a replicar-lhe demonstrando a necessidade da dimensão carismática e a importância do Espírito Santo na Igreja" (SUENENS, 1976, p. 37-38).

De fato, o Concílio Vaticano II significou mesmo um "*novo Pentecostes*", como pedia a Deus o Papa João XXIII. A partir do Concílio, no mundo inteiro, ocorreu um clima de renovação na Igreja Católica e nas Igrejas evangélicas e ortodoxas, membros do Conselho Mundial de Igrejas. Três anos depois do Concílio, a 4ª Assembleia geral do CMI em Upsala na Suécia tinha por tema geral a palavra do Apocalipse: "Faço novas todas as coisas" (Ap 21,5). No mundo e não apenas nas almas dos fiéis e na organização das Igrejas.

Apesar de que a renovação eclesial suscitada pelo Concílio Vaticano II foi uma experiência forte de manifestação do Espírito Santo no mundo todo, sem dúvida, na América Latina e Caribe, essa manifestação tomou expressões próprias. Só pode ter sido por obra do Espírito Santo, que o episcopado latino-americano, reunido na sua 2ª conferência geral, em Medellín (1968), tenha conseguido, além de aplicar o Concílio ao nosso continente, suscitar como afirmava Comblin: "o nascimento de uma Igreja latino-americana". O próprio tema da Conferência: "A Igreja na atual transformação da América Latina..." indicava uma Igreja que se sentia chamada a responder aos apelos urgentes da realidade. A Mensagem aos povos do continente afirmava:

"Nessa assembleia do episcopado latino-americano, renovou-se o mistério de Pentecostes. É o Espírito Santo que nos abriu a essa dinâmica do Reino de Deus, acontecendo quase palpavelmente no meio dos pequeninos e preferidos do Pai, numa vocação de Igreja-serviço que se vê voltada para o mundo e não para si mesma" (Introdução às conclusões de Medellín, n. 8).

Ali, o episcopado latino-americano assumiu as novas experiências da Igreja no meio dos movimentos populares e assim referendou o surgimento da Teologia da Libertação. De fato, em Medellín, os bispos propunham: "Que se apresente, cada vez mais nítido na América Latina, o rosto de uma Igreja autenticamente pobre, missionária e pascal, desligada de todo poder temporal e corajosamente comprometida com a libertação de cada ser humano e de toda humanidade" (*Medellín* 5, 15).

A partir dos anos de 1970, os encontros intereclesiais de CEBs começaram a apresentar as CEBs como "o jeito novo da Igreja ser", ou com o tempo, de forma mais modesta, "um jeito novo de ser Igreja". O rosto da Igreja no meio da caminhada de libertação surgiu a partir de baixo. Afirma o Padre Comblin: "a experiência cristã das comunidades que participam das aspirações e das lutas populares para a libertação dos povos é muito fortemente experiência do Espírito Santo" (COMBLIN, 1987, p. 9).

Para muitos, essa presença e atuação do Espírito é surpreendente, porque muitos desses grupos, uma vez ou outra, parecem menos institucionais. Algumas vezes têm sido vistos até como marginais à Igreja oficial, acusados de ser pouco espirituais. Até a caminhada da Igreja no meio dos pobres e a teologia daí decorrente já mereceram a suspeita de terem trocado Jesus Cristo pelos pobres.

4 Moções do Espírito nas comunidades da caminhada

Se, hoje, fôssemos rever para as nossas Igrejas locais as cartas do Apocalipse às Igrejas da Ásia, provavelmente, a carta que mais se adequaria à maioria delas seria a carta à Igreja de Éfeso (Ap 2,1-7). Ali, o Cristo manda dizer ao anjo da Igreja: "Conheço suas ações. Você se manteve fiel e observante, mas esqueceu o ardor ou a vitalidade do seu primeiro amor". E o pedido do Cristo é: "Retome o seu primeiro amor". Na Bíblia e nos profetas, o tempo do primeiro amor de Israel foi o Êxodo, a caminhada de libertação na qual Deus fez aliança e casou com o seu povo (cf. Jr 2,1-2; Os 2,16ss.). Para as Igrejas latino-americanas, voltar ao primeiro amor é retomar a inserção na caminhada libertadora de nossos povos, como projeto político de uma Igreja missionária e pascal, como pedia Medellín, ou "em saída", como diz o Papa Francisco, mas também como testemunha da ação do Espírito na caminhada libertadora de nossos povos, mesmo se essa caminhada é defeituosa e tem problemas a serem corrigidos. Sobre isso, o Padre Comblin afirmava: "O Espírito é a força que infunde as energias necessárias para a vida renovada, restaurada, e, no final, plenamente realizada" (COMBLIN, 1987, p. 163).

É esse olhar para fora e essa perspectiva de comunhão e solidariedade com os processos de transformação social e política que nos fazem reconhecer e valorizar os sinais do Espírito Santo em nossas comunidades. São tantos sinais que nem podemos enumerar. Aqui lembramos alguns que o Padre Comblin apontava e destacava:

1) A experiência de comunidade

Comblin explicava: "A sociedade latino-americana é uma sociedade desintegrada. A maioria dos habitantes das cidades fica alheia a qualquer associação. O desemprego, as condições de vida difíceis e o ambiente hostil das periferias urbanas dificulta muito qualquer projeto comunitário. O êxodo permanente de pessoas, troca de moradias, tudo isso torna difícil a experiência das comunidades. Por isso, conseguir firmar uma comunidade de vida e de convivência é um verdadeiro milagre. Só mesmo uma ação especial de Deus que acompanha o seu povo pode tornar isso possível. É uma experiência quase extática, ainda que vivida no dia a dia e com serenidade. A comunidade é experiência de partilha. Compartilha a palavra, compartilha bens, compartilha o agir social e político, consegue às vezes até levar adiante uma ação pública em conjunto. É uma manifestação forte do Espírito Santo" (COMBLIN, 1987, p. 47).

2) A luta pela vida como chão das comunidades e movimentos

"A luta pela vida é a questão mais abrangente e que exprime melhor a experiência das comunidades cristãs latino-americanas" (COMBLIN, 1987, p. 48). A luta pela vida tem uma dimensão básica de sobrevivência cotidiana. Cada vez mais as comunidades têm de assumir e enfrentar isso. Tem os aspectos do ganha-pão básico, a luta pela água no bairro, o problema do transporte, da segurança, saúde e outras questões fundamentais... Essas lutas de forma própria para cada contexto urbano ou rural. É uma caminhada que implica uma espiritualidade de resistência, uma mística de defesa e de cuidado com a Vida. Quem passa pelo sertão da Paraíba ou do Ceará no tempo de seca, pode se perguntar: Como é possível sobreviver e se manter aqui nesse lugar. Esse povo vive de quê? O Espírito faz com que, além das questões básicas, mesmo em meio a todas as carências, as comunidades sejam capazes de suscitar cultura, qualidade de relações, arte e beleza. Mesmo em bairros de periferia mais pobres e em assentamentos precários, as pessoas se mobilizam em Pontos de Cultura. Por todo o nosso continente ocorre o que, em outro contexto, escreveu Elizabeth Johnson: "Uma vez que o Espírito é o criador e o doador da vida, a própria vida em si, com todas as suas implicações, com sua riqueza, perigos, mistérios e alegrias, torna-se mediação básica da dialética da presença e da ausência do mistério divino. O mundo da história se torna sacramento da presença e da atividade divina" (JOHNSON, 1995, p. 187).

3) O protagonismo das mulheres na caminhada

Um elemento a ser ressaltado na experiência das comunidades é o ministério das mulheres. A imensa maioria das comunidades é coordenada por mulheres. E elas exercem não apenas um ministério diaconal na comunidade, mas, muitas vezes, sustentam a comunidade e a animam. Esse jeito próprio das mulheres se consagrarem à comunidade manifesta, mais do que outros elementos, o rosto feminino do Espírito Santo no meio de nós. A imagem viva do Espírito nas periferias é a imagem das muitas mulheres, mães não somente de família, mas de comunidades e grávidas das Igrejas de base. No seu livro sobre o Espírito Santo, o Padre Congar afirma: "Foram o judeu-cristianismo e o cristianismo siríaco que desenvolveram o caráter feminino do Espírito Santo".

Se ele vivesse na América Latina e fosse a certas reuniões de nossas comunidades, veria que outros podem ter desenvolvido o conceito, mas as nossas comunidades vivem a *experiência* do Espírito nas expressões femininas do cuidado pastoral que, ao menos em nossa cultura, as mulheres do povo têm nos revelado.

A experiência do protagonismo das mulheres nas comunidades ajuda a compreender quando o Padre Congar explica que, no antigo cristianismo sírio, alguns interpretavam a figura da mulher do Apocalipse como sendo o Espírito Santo (CONGAR, 1980, p. 206). Uma vez em Itacoatiara (nos tempos do Bispo Jorge Marskell), uma mulher de comunidade, ao ouvir esse texto, disse: "Isso que o Apocalipse diz sobre a Mulher vestida do sol parece com o que a gente diz sobre a Mãe do Rio". É o mesmo que os povos andinos dizem da Pachamama.

4) A mística de cuidado com a vida

Já em 1992, na Conferência da ONU sobre mudanças climáticas (Rio 92), a Conferência dos Povos advertia que, entre todos os animais em extinção, o mais ameaçado é o ser humano, especificamente, na América Latina e Caribe, as pessoas mais empobrecidas. Leonardo Boff nos ajudou a unir o grito da Terra e o grito dos pobres. Agora, o Papa Francisco oficializou essa visão, quando na *Laudato si'*, insiste na Ecologia integral. No entanto, na caminhada da libertação, isso já era claro na luta de Chico Mendes e dos seringueiros do Acre no final dos anos de 1980, já era o que fazia a irmã Dorothy Stang ao defender a vida dos lavradores e a proteção da floresta (nos anos de 1990), o que levou o bispo Dom Luiz Cappio e as comunidades ribeirinhas do Rio São Francisco a protestar contra a transposição que não cuidava de antes de tudo revitalizar o rio e que leva, hoje, Dom Erwin Krautler e as comunidades da Igreja do Xingu e Altamira a protestar contra a construção de hidroelétricas como a de Belo Monte.

No século IV, Basílio de Cesareia escrevia: "O Espírito gestava, abrigava a natureza das águas, igual a uma ave choca. Cobria os ovos com seu corpo e lhes dava força vital com o calor que de si brotava. O Espírito preparava a natureza das águas para produzir seres vivos" (*Hexameron*, 2. 6).

5) A forma de ler a Bíblia a partir da vida

O Padre Comblin afirma que poderia até, na ordem histórica, colocar essa questão da leitura bíblica das comunidades como primeiro sinal do Espírito: na maioria dos casos, as pessoas já entram na comunidade atraídos pela Palavra e em busca de uma palavra de Deus na Bíblia para a sua vida e a vida do povo de hoje. Nesse ponto, por toda a América Latina, se espalharam centros bíblicos e serviços que ajudam o povo a se reapropriar da fonte de água viva que é a Palavra e isso é ação do Espírito no meio de nós. No Brasil podemos nos orgulhar de ter começado isso com o trabalho pioneiro do Frei Carlos Mesters que sintetiza em si duas dimensões bíblicas do Espírito: a dimensão da profecia e a da sabedoria.

6) A oração que brota da vida e leva à vida

Muito ligada à escuta da Palavra do modo como as CEBs, as comunidades humanas de base, grupos de pastoral popular praticam, está esse modo próprio de orar. No Brasil, nas últimas décadas, o *Ofício Divino das Comunidades* tem ajudado as comunidades a ligar em suas celebrações a experiência de vida, a caminhada de libertação e o memorial da fé, a páscoa de Jesus e a experiência litúrgica das Igrejas cristãs. Sobre isso, vale a pena retomar o que Gustavo Gutiérrez afirma no livro *Beber em seu próprio poço*, quando diz que, em geral, as orações das comunidades expressam um clima de profunda comunhão, alegria e liberdade e, por isso, são verdadeiras experiências de manifestação do Espírito Santo (GUTIÉRREZ, 1983, p. 14).

7) A ação social e política pela transformação do mundo

Desde os tempos em que, na Igreja Católica, passamos a viver o que o Padre Libânio chamou de "volta à grande disciplina", as comunidades de base e mesmo alguns grupos de pastoral popular têm mudado muito e se tornado mais grupos internos da Igreja do que grupos de ação social.

Seja como for, apesar da tendência de paroquialização das CEBs, pelo próprio fato de existirem e resistirem, elas se constituem como um jeito novo de ser Igreja e de ser como útero onde nascem muitas lutas sociais e onde a fé se expressa em ação ou prática libertadora. Mesmo quando não chega no nível da política parlamentar ou representativa, se cria uma ação política de base. Pelo próprio fato de partilhar a vida, muitas comunidades e grupos começam a, de alguma forma, inserir os seus membros nas lutas por direitos humanos, associações de bairro e de trabalhadores. Na partilha dos fatos duros do cotidiano, as CEBs e grupos de base educam seus membros a viverem o que podemos chamar de "indignação ética ou profética" que cria uma consciência crítica maior e leva a uma mudança de atitude frente à vida.

Mesmo que isso se dê pouco a pouco, ou apenas em parte, à medida que as comunidades se voltam para uma ação que vai além de si mesmas, elas se voltam para uma ação do Espírito nelas e através delas. O Padre Comblin escreve: "Através delas, é o Espírito que age e se oferece em movimento" (COMBLIN, 1982, p. 15).

8) "Práxis do martírio na América Latina"

É comum falarmos dessa mística martirial em toda Igreja latino-americana. De fato, ela tem sido característica de nossa Igreja da caminhada e ela testemunha o que o Espírito tem feito no meio de nós.

O Padre Comblin esclarece: "O Novo Testamento distingue a vinda do Espírito e a plenitude do Reino de Deus. O Espírito Santo é dado para esse tempo de luta e perseguições, enquanto ainda não chega o reino final" (COMBLIN, 1987, p. 78).

O Credo de Niceia diz que é o Espírito que fala pelos profetas. Entre nós, Ele tem falado também pelos tantos irmãos e irmãs mártires do reino e da sua justiça. No Brasil e em vários países do continente, além dos/das mártires da luta pela terra, da luta dos índios pela sua libertação, da luta em defesa da natureza ou pelos direitos humanos, mártires que deram a vida explicitamente pela caminhada de libertação, as comunidades têm convivido diariamente com assassinatos de jovens nas periferias, com a questão terrível da droga e do tráfico que traz tanto sofrimento, riscos, violências... Mesmo se não podemos identificar todos os assassinatos e mortes com martírios, podemos sim dizer que muitos deles atingem as comunidades e as levam ao martírio não apenas dos jovens ou dos maridos que foram mortos, mas das mães e esposas, pais e filhos, irmãos e irmãs que têm de conviver com isso e manter a esperança e um projeto de vida.

Desde os primeiros tempos do cristianismo, a Igreja interpretou o relato midráxico da matança das crianças em Belém (Mt 2,16-18) como "martírio dos santos inocentes". Assim também, em nossa realidade, muitas das mortes com as quais nossas comunidades de periferia convivem cotidianamente ocorrem dentro da caminhada por outro projeto de vida. Essas pessoas e comunidades que convivem assim com sofrimentos indizíveis, com riscos cotidianos de vida e com a convivência quase permanente com a morte injusta e violenta de pessoas queridas, pelo fato de permanecerem nas comunidades e na luta por uma vida mais digna e mais justa, dão testemunho de um novo rosto de Deus. Não aquele Deus todo-poderoso e impassível, distante da nossa história e indiferente às nossas dores, mas um Deus solidário e sofredor. Como já nos anos de 1980 escrevia no Chile Ronaldo Muñoz: "Toda injustiça e opressão violenta ocorrem porque Deus não pode evitar. [...] Assumindo Ele mesmo, por amor, o mal e a injustiça ali onde mais doem, o Deus que se deixa crucificar com o Crucificado e os crucificados de hoje, é Ele quem nos interpela se estamos fazendo o máximo e o possível para transformar essa realidade. [...] Crer juntos com os sofredores e oprimidos no Deus de Jesus Cristo dá sentido e força para juntos viver e lutar" (MUÑOZ, 1988, p. 136-137).

Esse testemunho de fé na vida e em um Deus solidário e que sofre conosco a luta da vida faz as comunidades sofrerem pelo reino e nos revela que na caminhada das comunidades o martírio, mais do que uma forma de morrer, é uma forma de viver como testemunha do reino nos riscos do cotidiano. É testemunho do Espírito Santo que assume conosco as cruzes da nossa caminhada.

9) A prática do macroecumenismo de base

Sem dúvida, uma ação sempre surpreendente do Espírito é suscitar unidade em meio a um mundo que nos forma para a divisão e a concorrência. O Concílio Vaticano II afirmou que "o movimento ecumênico foi inspirado e é guiado pelo Espírito Santo" (*Unitatis Redintegratio* 1 e 4).

Nos nossos meios, em muitas comunidades eclesiais de base e nos grupos de pastoral social, encontramos a participação ecumênica de cristãos de Igrejas diferentes e mesmo o diálogo e a abertura a pessoas não cristãs, sejam de outras religiões, sejam não crentes que se ligam ao grupo e participam da mesma caminhada de libertação. É manifestação ecumênica do Espírito o assumir profundamente as manifestações culturais do Catolicismo popular e descobrir nelas as potencialidades sociais e libertadoras. Desde os anos de 1980 se espalharam por todo o Brasil as "romarias da Terra", as festas dos grandes santuários de peregrinação popular em perspectiva libertadora. E o acolhimento carinhoso que valoriza as expressões de cultura e religião afro e indígena.

Nesse caminho despojado e exigente do convívio, podemos compreender melhor o sentido profundo pelo qual a Teologia Ortodoxa considera o Espírito como precursor do Cristo e chega a dizer que a Pneumatologia é que deve ser a fonte da Cristologia.

De fato, a fé que une a todos não pode ser a fé em Jesus Cristo, expressa nas mesmas formulações dos concílios dos séculos IV e V e como até hoje faz a Igreja oficial que insiste em falar de "Cristo Rei" em um mundo no qual a Cristandade não tem mais sentido. Nesse sentido, firmes em vivermos a fé de Jesus Cristo (aquela que Jesus teve), e a partir da fé de Jesus, vivermos a fé nele, nos encontramos com os irmãos e irmãs de todos os outros caminhos religiosos na fé que nos é comum: a fé no Espírito Santo, mesmo adorado em diversos nomes e das mais diferentes formas.

Um dos eixos da espiritualidade e da teologia latino-americana é aprofundar como a missão nossa e de toda a Igreja deve ser na mesma linha e continuidade do movimento kenótico do Cristo. Esse projeto ou decisão de viver a missão de modo kenótico não é só de Jesus. É do próprio Pai e agora, no que nos importa aqui é também do Espírito Santo. "É justo falar de uma kenosis do Espírito que não se expressa como a de Jesus em fazer-se homem e pequeno, mas em assumir o mais íntimo da humanidade numa espécie de abaixamento ou vamos dizer de apagamento de amor que, sob certo ponto de vista, é mais radical que a kenosis de Cristo" (MARALDI, 2002, p. 220). Essa kenosis se realiza no dar ao ser humano um coração que ama e realizar nas criaturas o trabalho de parto de uma criação renovada.

O Espírito Santo, acolhido assim, abre as portas para, sem nenhum proselitismo, testemunharmos que somos discípulos/as de Jesus. Por isso, nas CEBs e nos movimentos populares, podemos experienciar o que Leonardo Boff afirmou: "O Espírito Santo foi a primeira pessoa divina a entrar em nossa história. [...] O mundo está grávido do Espírito, mesmo quando o espírito da iniquidade persevera na sua obra, hostil à vida e a tudo o que é sagrado e divino. Mas, o Espírito é invencível" (BOFF, 2013, p. 267).

5 Como ouvir o que o Espírito diz hoje às Igrejas

> *Saiamos, pois, ao encontro dele, fora do recinto sagrado, carregando nós as suas humilhações, pois não temos aqui cidade permanente, mas buscamos a futura...*
> Hb 13,13-14.

Na América Latina, temos aprendido a ir ao encontro de Jesus, *"fora do recinto sagrado"* e carregando as suas humilhações, atualizadas na subvida que ainda levam tantos de nossos irmãos e irmãs.

Aliás, a própria Igreja precisa, como pede o papa, ser "em saída", não por uma espécie de atividade externa, exercida além da sua sacralidade, mas como forma de ser Igreja, isto é, testemunho da ação do Espírito no mundo, em nossas lutas mais concretas.

Conseguirá o Espírito Santo quebrar os muros de fechamento e dureza, atrás dos quais muitos eclesiásticos, formados nos anos da "grande disciplina", resistem à escuta do que Deus pede, hoje, às Igrejas?

Conseguirão as Igrejas ajudar a humanidade a fazer a "conversão ecológica" que o papa propõe na *Laudato si'*?

São Paulo advertia aos cristãos de Tessalônica: "Cuidado! Não apaguem o Espírito. Não desprezem a profecia" (1Ts 5,19-20), e o autor da carta aos efésios aconselhava: "Não entristeçam o Espírito de Deus que marcou vocês para o dia da libertação" (Ef 4,30).

Certamente a alegria de nossa fé é crer que o Espírito Divino está atuando hoje em nosso mundo. Mesmo se cremos que Ele ou Ela se manifesta no recinto das Igrejas e no processo de santificação de cada pessoa, chama-nos como Igreja para sermos testemunhas dessa sua ação no mundo e muito além daquilo que percebemos ou conseguimos compreender.

A criação não foi somente um ato do começo do mundo, mas é contínua. Moltmann distingue a criação inicial da criação que continua na história. Afirma que a primeira criação foi sem muita fadiga. A segunda, a criação contínua é uma ação de Deus que contém tanto a ação de recriar quanto o seu sofrer, uma espécie de paixão do próprio Deus (apud MARALDI, 2002, p. 218).

A Criação e Redenção ou Libertação não são dois momentos ou duas dimensões separadas da ação divina, mas um só movimento de amor. É essa convicção que nos faz acreditar que nossas crises são como dores de parto de uma realidade nova. Na carta aos gálatas, Paulo afirma: "Nada importa ser ou não circuncidado", isto é, não é importante a lei religiosa. "O importante é ser nova criatura, fazer parte da nova criação" (Gl 5,15). Esse parto da nova criação em nós, no nosso interior e na realidade do mundo não é algo separado ou independente da evolução que cientistas como Humberto Maturana e Francisco Varela chamaram de *autopoiesis*, ou seja, um princípio de auto-organização e de processo cognitivo inerente a todo ser vivo, que é ao mesmo tempo interno a cada ser e o une por um estranho caminho de saber aos outros seres e, de certa forma, a todo o universo. É uma evolução cognitiva, mas não separada do caminho de amorização e esse é próprio do Espírito de Deus que atua como uma espécie de energia, de princípio de unidade ascendente, como o que, teologicamente, Pannemberg chama de "autotranscendência da vida" e Teilhard de Chardin denominava energia radial (apud MARALDI, 2002, p. 121). Isso faz V. Maraldi afirmar: "A obra do Espírito é fazer com que toda novidade que emerge no mundo coincida com a autogênese, essa criação permanente e de certa forma autônoma, mas solidária de cada criatura" (MARALDI, 2002, p. 213).

Nos anos de 1970 perguntaram ao Cardeal Suennens: *Por que você se mantém como uma pessoa de esperança?*

Ele respondeu:

> Porque creio que Deus é novo cada manhã,
> Creio que Ele cria o mundo neste exato momento
> e não em um passado nebuloso e esquecido.
> Isso me obriga a estar, a cada minuto, pronto para o encontro,
> Porque o inesperado é a regra da providência.
> Esse Deus inesperado nos salva
> E nos liberta de todo determinismo
> E desmente os prognósticos míopes de sociólogos.
> Esse Deus inesperado é um Deus que ama
> todos os seres humanos, seus filhos e filhas.

Essa é a fonte da minha esperança.
Sou um ser de esperança não por razões humanas ou por otimismo natural.
Mas, simplesmente, porque creio
que o Espírito Santo está em trabalho
na Igreja e no mundo, que se saiba disso ou não.
Podemos ser pessoas de esperança porque cremos
que o Espírito Santo é sempre e para sempre o Espírito Criador,
que dá a quem o acolhe, a cada manhã, uma liberdade nova.
E um abastecimento de alegria e confiança.
[...] "Esperar é um dever, não um luxo.
Esperar não é sonhar.
Ao contrário, é o meio de transformar um sonho em realidade.
Felizes as pessoas que ousam sonhar
E que estão dispostas a pagar o preço mais alto
para que o sonho se torne realidade e se torne carne
na vida das pessoas e do mundo (Pentecostes, 1974).

IX
Para uma espiritualidade sociopolítica libertadora[2]

> *Quando a alma, na medida em que pode, entra na partilha de seus bens, a Palavra a atrai de novo à participação de sua transcendente beleza por uma renúncia como se ela não tivesse ainda nenhuma parte nestes bens (então, nenhuma parte na verdade). Assim, por causa da transcendência dos bens que ela descobre na medida que ela progride, lhe parece sempre estar apenas no início do início de sua ascensão. É porque a Palavra lhe repete: "levanta-te" àquela que já está levantada. "Vem!" para aquela que já veio. Quem se levanta verdadeiramente é preciso sempre se levantar de novo. A quem corre para o Senhor nunca faltará um vasto espaço. Assim quem sobe não para nunca, indo de começo em começo, por começos que nunca terão fim.*
> GREGÓRIO DE NISSA [século IV]. Comentário ao Cântico dos Cânticos. In: *Patrologie Grecque*, t. 44, col. 876 C.

---

2. Texto escrito para encontros e assessorias, pedido por grupos ligados ao Movimento Fé e Política, também atualizado e adaptado para este livro.

Todas as pessoas comprometidas com a transformação do mundo, de um modo ou de outro, vivem elementos de uma espiritualidade humana e centrada na *mística da vida*. É importante reafirmar esse caráter simples, não elitista da espiritualidade cristã libertadora. Por essa abertura antropológica fundamental, em si mesma, ela já seria sociopolítica libertadora e pluralista, no sentido de aberta a outros caminhos espirituais.

A Teologia da Libertação sempre nos ensinou que não há duas histórias e nos ajudou a superar os dualismos nos quais fomos formados. Do mesmo modo, não podemos pensar que a espiritualidade seja um caminho diferente ou além da caminhada que fazemos cotidianamente para nos converter interiormente e para transformar o mundo. Essa identidade espiritual da caminhada transformadora precisa ser melhor compreendida para ser sempre mais aprofundada e explicitada em todas as suas potencialidades.

1 Breve introdução às espiritualidades contemporâneas

Espiritualidade não é um termo bíblico. No cristianismo, essa palavra entrou através de Gregório de Nissa (século IV). Servia para expressar *uma vida conduzida pelo Espírito de Deus*. No decorrer dos séculos, espiritualidade teve várias acepções, sendo que a mais comum era a de exercícios de devoção ou de uma escola concreta de oração, piedade e vida mística. Assim, se falava em espiritualidade beneditina, espiritualidade franciscana, espiritualidade carmelita e assim por diante, cada qual com suas particularidades. De certa forma, todas pretendiam colaborar para uma etapa mais alta e profunda que seria a *mística*, compreendida como os degraus mais altos da intimidade com o Divino.

De fato, o termo mística, como substantivo, provém do adjetivo grego *Mistikós*, derivado do verbo *Múein* que quer dizer: fechar os olhos e a boca. Desse mesmo verbo, vem o termo *Mistério* que implica iniciação secreta que só se abre com a pessoa correta. Ou seja, todo esse vocabulário revela que mística significa "intimidade de amor", ou, em outras palavras: *o segredo que está por trás de nosso ser mais profundo*. Se é assim, mística significa o segredo que nos move em tudo o que é mais profundo da vida. Impulsiona nossa forma de ser e de agir. Por isso, vários movimentos sociais chamam de *mística* a *motivação mais profunda de nossas ações*. E sempre começam suas atividades e encontros por um momento de "*mística*", ou seja, de motivação afetiva e existencial. Claro que nisso há o risco de ficar no aspecto apenas ideológico ou mental da questão. Mística é algo bem maior. É um segredo de amor. É o que fez com que a Irmã Dorothy Stang fosse capaz de dialogar amorosamente com o seu assassino antes deste lhe dar o tiro fatal...

Mas, se compreendemos mística como o segredo de amor que nos faz viver, a espiritualidade seria o caminho, o método, a escola que seguimos para conseguirmos viver isso do modo mais profundo e permanente possível.

Há mais de 50 anos, Paulo Freire escrevia: "O ser humano é um ser de relações e não só de contatos. Não apenas está no mundo, mas com o mundo. Estar com o mundo resulta de sua abertura à realidade, que o faz ser o ente de relações que é. [...] No jogo constante de suas respostas, no próprio ato de responder, a pessoa vai mudando a si mesma. [...]. Ademais, cada pessoa é humana e é capaz de transcender. A sua transcendência não é um dado apenas de sua qualidade "espiritual" [...]. A sua transcendência está também, para nós, na raiz de sua finitude. Na consciência que tem dessa finitude. Do ser inacabado que é e cuja plenitude se acha na ligação com seu Criador, ou, para os que não creem em Deus, na relação íntima e misteriosa com o mistério mais profundo que dá sentido à sua vida" (FREIRE, 1967, p. 39-40).

Esse tema da transcendência volta em uma conferência que, em 1995, Dom Helder Camara deu a professores e alunos da

Universidade Federal de Pernambuco: "Tenho a confiança de vos pedir a criação de uma cátedra dos *Transcendentes*, isto é, das riquezas espirituais, que ainda mais iluminarão a caminhada dos jovens..." (CAMARA, 1995, p. 58).

Com suas palavras, Dom Helder se referia ao que ele chamava de "três sedes sagradas", que, segundo ele, entre outras sedes, todas as pessoas vivem. E ele explicava:

1º) A sede de colocar sentido mais profundo ao que vivemos cotidianamente.

2º) A sede de dar um sentido transcendental à luta da vida.

3º) A sede de viver em cada relacionamento humano a experiência da nossa vocação para o amor solidário. Esse amor assume a *eroticidade* como algo positivo e humano, mas a plenifica com um amor de cuidado e generosidade gratuita que o grego antigo chama de *agapé*. No plano interpessoal nós a chamamos simplesmente de ternura, e no plano social de solidariedade.

Não seriam justamente essas as sedes humanas às quais uma espiritualidade libertadora deva responder?

Para compreendermos bem do que se trata, torna-se necessário distinguir *espiritualidade* de *espiritualismo* (que divide o material e o espiritual), *espiritualidade* de *legalismo* (espiritualidade não pode ficar presa à lei e ao moralismo). Ainda precisamos distinguir *espiritualidade* e *intimismo*. Sob certo aspecto, a tradição cristã enfatizou a *espiritualidade*, compreendida como o lado subjetivo da religião e isso se tornou a concepção comum. No entanto, para a fé cristã, a espiritualidade não se reduz à interioridade da pessoa, nem ao sentimento (Schleiermacher) ou à necessidade subjetiva (modernismo).

Finalmente, temos de deixar claro que a *espiritualidade* que nos interessa nada tem a ver com exercícios e dinâmicas feitas pelo Mercado para obter melhores resultados dos empregados e associados. Espiritualidade não pode se reduzir à autoajuda.

Por mais que possam ser válidos os recursos e elementos psicológicos de terapias na linha da autoajuda, esse caminho em si não poderia ser considerado como espiritualidade. A espiritualidade cristã nos ensina a entrar em nós mesmos não para ficar no aconchego dessa intimidade e sim para nos estimular a melhor sair de nós no caminho do amor solidário e do serviço libertador.

Para quem acredita em Deus, sem dúvida, a espiritualidade toma a dimensão de deixar-se conduzir pelo Espírito que habita em nós e se manifesta no mais íntimo de cada ser humano que assim se torna mais capaz de *amorosidade e solidariedade*. Não se trata de algo sobrenatural ou como se fosse além do humano. Para a compreensão libertadora da fé, é simplesmente o humano, o mais humano, no qual cremos profundamente que é a presença divina em nós, o princípio ou fator Espírito em nós.

Leonardo Boff sustenta: a *espiritualidade é uma dimensão antropológica, presente em todo ser humano* (cf. BOFF, 2003). Consiste no aprimoramento do diálogo interior de cada pessoa consigo mesma para acessar dentro de nós o que há de melhor em nós mesmos, os valores mais humanos que recebem, então, uma dimensão de transcendência, no sentido de que, mesmo no plano simples ou imanente de cada dia, apontam para algo mais amplo e que vai além de nós mesmos.

Leonardo e Marcos Arruda se perguntam se o que estamos vivendo atualmente seria o momento do surgimento de uma nova espiritualidade para o ser humano.

Para muitas pessoas, tocadas pela sede espiritual, o mais profundo de cada pessoa e do universo é habitado por Deus. É fundamental acolher essa necessidade mais profunda de interioridade, dialogar consigo mesmo e pôr-se à escuta da Palavra divina. Mais e mais se percebe em todo o mundo uma grande sede de espiritualidade, de encontro com o elo perdido que permite uma experiência de religação de todas as coisas e de todas as experiências, conferindo sentido para a vida, a verdade de todo caminho espiritual (ARRUDA & BOFF, 2001, p. 30).

Mariá Corbí define a espiritualidade como "qualidade humana profunda. [...] Essa experiência absoluta da realidade não é uma experiência transcendental, como o seria a experiência de uma realidade que ultrapassasse este mundo. Trata-se da experiência deste mesmo mundo, ao qual temos acesso com os nossos sentidos, com nossa mente e nossa ação, mas que é visto, compreendido e sentido como existindo e valendo com total independência com relação a nós e a qualquer relação com nós [sic] mesmos" (CORBÍ, 2010, p. 26). "Ela não soluciona nada, só cria pessoas capazes de criar explicações e de resolver problemas. A espiritualidade não é um sistema de crenças; não pode, pois, controlar nada... a espiritualidade é liberdade de toda forma e de toda fôrma... A experiência espiritual é liberdade completa, é o fim de qualquer submissão. O poder autêntico da espiritualidade vem de sua profundidade... Tudo nasce de dentro e se apoia na própria interioridade e na própria autonomia, mas a base da própria e total autonomia, da iniciativa, da criatividade e da liberdade radical é a experiência, em nós mesmos, da grande dimensão do existir" (CORBÍ, 2010, p. 169).

Ken Wilber, filósofo norte-americano, chama isso de "visão integral" ou de um "processo existencial que nos faz passar de um estádio *egoico*, formas egoicas de amar a modos de conviver e amar mais *etnocêntricos*, e finalmente a uma visão e postura amorosa de tipo *cosmocêntrico*" (WILBER, 2007, p. 33). Isso supõe e de certa forma depende do que alguns, como Danah Zohar, Francesco Torralba e outros chamam de "inteligência espiritual", a capacidade intelectual e existencial de inserir nossas atitudes e vivências em um contexto de significação e valor que lhes dá mais significado à vida e à realização humana. Há ainda quem a chama de "inteligência libertadora" no sentido de libertadora da criatividade humana e das potencialidades de uma convivência humana mais sadia e justa.

Para esse cientista social, vivemos um tempo de democracias criativas. Ele percebe a crise das sociedades tecnológicas, e vai numa linha próxima de Corbí. Ambos enxergam que o poder tecnológico e a crença nas máquinas estão conduzindo a uma grande doença da sociedade. E que a espiritualidade é o caminho capaz de nos tirar desse ciclo destruidor que, se continuar, acabará com a natureza, nós e todos os viventes. Para ele precisamos sair do automatismo que essa sociedade tem nos conduzido. É preciso criar a cultura da espécie que questiona: *Homo quaerens*[3].

De certa forma, essas diversas compreensões de espiritualidade humana se completam e são importantes, principalmente no contexto de uma sociedade que, como gosta de afirmar o Dalai Lama, cresceu e progrediu muito nos aspectos externos da técnica e das comunicações, mas não parece ter avançado do mesmo modo no plano da profundidade interior que a vocação da humanidade nesse mundo supõe e exige.

A espiritualidade ecumênica, vinda das antigas tradições da humanidade e, especificamente os caminhos espirituais, inspirados pela tradição judaico-cristã devem assumir essas compreensões contemporâneas e com elas dialogar. Podem mesmo inserir-se nos caminhos que essas percepções atuais abrem. No entanto, para elas sempre será importante lembrar a intuição já presente nas culturas indígenas e afrodescendentes, assim como na tradição bíblica que a abertura para a alteridade é o elemento fundamental da maturidade humana. Nessa perspectiva, a espiritualidade é pessoal e tem uma dimensão interior, mas é essencialmente comunitária. É na comunidade que o indivíduo se torna pessoa. E como pessoa vive a experiência do espírito, a

---

3. AGUSTÍ-CULLELL, J. *Cultivar la inteligencia liberadora*: una necesidad de las nuevas democracias creativas (19/02/2019 [Disponível em https://www.homoquaerens.info/es/2019/02/19/cultivar-la-inteligencia-liberadora-una-necesidad-de-las-nuevas-democracias-creativas/ – Acesso em 23/04/2019]).

capacidade de amar. A fé nos diz que "é graça divina" ser conduzidos/as pelo Espírito. Essa afirmação de modo algum nega ou diminui a importância da dimensão antropológica humana. Mas orienta no sentido de uma especificidade que é a dimensão social e política libertadora da espiritualidade.

Antes de entrar especificamente na dimensão social e libertadora da vivência espiritual, vale a pena aludir que nesse caminho, mesmo no cristianismo atual, há pessoas que, conforme a tradição antiga, continuam acreditando em Deus, compreendido como sendo alguém ou tendo uma dimensão pessoal – essas pessoas crentes se dizem teístas. Entretanto, há também, mesmo entre pessoas que creem e se identificam como cristãos, pessoas que não creem em Deus como alguém (pessoal). Na linha de antigas tradições orientais como o budismo, são ateístas (não ateus). Creem em Deus mais como uma dimensão divina presente nas pessoas e não como alguém subsistente em si mesmo. De todo modo, mesmo para essas pessoas e grupos, a espiritualidade é caminho de fé e de amor.

2 Desenvolver síntese espiritual na convivência plural

Cada época tem seus desafios próprios e não é possível responder se era mais fácil ou mais difícil viver a espiritualidade cristã em tempos, nos quais o cristianismo era a cultura vigente da sociedade ocidental. Evidentemente, a realidade atual é mais verdadeira e justa, no sentido do desligamento da Igreja com o poder social e político vigente, como ocorria nos tempos coloniais e de Cristandade. No entanto, é preciso aprofundar mais como viver essa convivência e o que dela aprender.

Na convivência plural das tradições que uma cidade reúne, há pessoas que temem o que chamam de risco do *relativismo* e da superficialidade. Claro que isso é possível e ocorre quando as pessoas optam por passear entre as diversas tradições sem se aprofundar em nenhuma. No entanto, podemos também aprender muito com essa experiência de convívio de tradições espirituais. Nesse diálogo e convivência, podemos aprender outras formas de "dizer Deus", de descobri-lo, senti-lo, vivê-lo, adorá-lo e celebrar sua presença.

Ninguém é dono/a de Deus. Nenhuma tradição é proprietária do divino e menos ainda assinou algum contrato de exclusividade com a Verdade. Se em outras épocas, cada religião era ligada a uma cultura e nela, de certa forma, era a dominante, agora tem de aceitar o fato de que na Índia há cristãos, muçulmanos e ateus. Nos países árabes, cada vez mais a diversidade religiosa é mais expressiva e nenhuma religião pode mais ser considerada a nacional ou a "dona do pedaço". Ao contrário, as pessoas se sentem cada vez mais livres, seja de não ter nenhuma, seja de se ligarem a duas e não optarem por nenhuma.

Para quem crê em uma divindade ou ao menos na sacralidade da Vida, a espiritualidade é fruto de um caminho de intimidade com o Espírito ou o Amor presente e atuante no universo. As formas de viver esse caminho se realizam através de grande diversidade. As experiências espirituais dependem das culturas que as pessoas vivem e nas quais se expressam.

Para isso, temos de desenvolver uma postura de humildade, de partilha simples e fraterna, ao mesmo tempo com a preocupação de nos mantermos no caminho comum da humanidade pobre que busca.

Essa abertura ao Pluralismo se constitui como uma espécie de maná que Deus envia aos pobres no deserto do mundo atual para alimentá-los. Abrir-se a essa realidade e descobrir nela o alimento divino para as nossas vidas é enriquecedor e libertador para todos. Afinal, o ser humano não vive só de pão (economia, pobreza, libertação), mas também de sonhos, de cultura, de identidade, de sentido da vida, de religião...

Assim é o Pluralismo cultural e religioso, vivido a partir do paradigma da libertação e do diálogo. Desafia o cristianismo a se desocidentalizar, o Islã a se tornar mais capaz de dialogar com a cultura dos países que o acolhem, e assim por diante. A própria compreensão de cada religião muda. Deve ser vivida a partir da experiência de contatos e pertenças múltiplas. É uma espiritualidade alimentada pelo diálogo assumido como caminho espiritual. O verdadeiro Pluralismo é vivido na disponibilidade ao outro e na possibilidade de viver uma espécie de globalização da solidariedade e como caminho espiritual, intuição contrária a qualquer fundamentalismo.

O refrão mais clássico de toda a espiritualidade bíblica e cristã que é buscar a Deus agora é a explicação para o diálogo espiritual e inter-religioso. Afirmar que "dialogar é viajar com o Espírito para descobrir de onde vem e para onde vai sua graça" supõe reconhecer o caráter de *incompletude* de toda religião e, no caso específico, da nossa.

"Conhecer o que Deus disse e continua a dizer de mil maneiras" supõe que, nas outras religiões, há uma revelação não só para quem segue aquele determinado caminho espiritual, mas mesmo para nós, cristãos, que precisaríamos conhecer estas mil maneiras de Deus falar conosco, como fala com a humanidade. Então, faz parte essencial de nossa fé esta peregrinação ao outro como forma de viver uma descoberta sempre mais profunda da intimidade divina e testemunhar "a certeza da universalidade da graça divina". Essa perspectiva em nada diminui a nossa relação com Jesus Cristo que é, para nós, cristãos, "o centro deste diálogo de Deus com a humanidade".

Não se trata de um *cristocentrismo* restritivo, como se o diálogo só tivesse sentido se fosse a partir do reconhecimento do Cristo, mas pode ser compreendido no sentido de referência central. De fato, a experiência histórica de Jesus de Nazaré é o maior testemunho de que Deus sempre se apresenta a nós através do outro e é no outro que devemos buscá-lo. A Teologia do Diálogo, como toda a Teologia da Libertação não é uma teologia temática. É sim um modo de ler a Bíblia, de reinterpretar os tratados da Teologia clássica e de compreender de forma nova a natureza e a missão da Igreja hoje.

3 Espiritualidade cristã, morada interior, saída para o Amor

Vamos tentar elencar alguns elementos que constituem o modo de viver a espiritualidade cristã, principalmente na realidade plural da cidade:

1) A experiência da liberdade pessoal

Mais do que na cultura rural, a cidade moderna permite a diversidade nos estilos de vida, a liberdade de cada pessoa ser o que é e como é, teoricamente, sem ser condenada ou marginalizada. Essa liberdade interior é fundamental e é o núcleo da fé cristã. Paulo escreveu aos gálatas: "Foi para que sejamos livres que Cristo nos libertou" (Gl 5,1; cf. 5,13). E aos coríntios: "Onde estiver o Espírito do Senhor, aí há liberdade" (2Cor 3,17).

Esse processo pelo qual cada pessoa aprende a ser livre exige de cada um/uma o discernimento e a capacidade de escolher o seu modo de viver e de buscar sua autorrealização em meio aos processos sociais por mais igualdade, justiça e fraternidade. Por isso, esse caminho pessoal de liberdade, está sempre ligado a um processo de construção de maior interioridade e, ao mesmo tempo, de capacidade de viver comunitariamente.

2) O desafio dos grupos e comunidades urbanos

Exatamente por oferecer muitas possibilidades de atividades e ocupações, a cidade é naturalmente dispersiva e pode levar a pessoa a viver por si só e para si só. Sob certo ponto de vista, é mais fácil organizar uma comunidade no campo do que na cidade. Principalmente nos contextos de pobreza em que as pessoas se movem em busca do ganha-pão, nem sempre é fácil conseguir tempos e espaços de encontros. Por outro lado, na estruturação de uma vida saudável e minimamente humanizada, é fundamental sentir-se pertencendo a um grupo. Talvez essa seja uma das causas de tantos sucessos das Igrejas pentecostais nas periferias urbanas. Elas oferecem às pessoas espaços de relações humanizadas e de pertença comunitária. Nos anos de 1970 e 1980, de norte a sul do Brasil, foi (e em alguns lugares ainda é) a experiência da Igreja Católica com as *comunidades eclesiais de base* e depois a experiência das Igrejas evangélicas com "a Igreja em células", ou como se denomina em algumas denominações "A Igreja em pequenos grupos".

Essa vocação cristã para viver em comunhão é um desafio importante da espiritualidade nas cidades. De um lado, assumir a diáspora da cidade contemporânea. Não podemos mais viver em comunidade, como nos tempos dos conventos e das congregações e confrarias medievais. A própria dispersão dos tempos atuais deve ser assumida. No entanto, ao mesmo tempo, é preciso privilegiar momentos e espaços de comunhão e de solidariedade entre nós. Sem isso, como alimentar uma espiritualidade cristã que seja viva e eficaz?

Na Igreja Católica, a 5ª Conferência Geral dos Bispos Latino-americanos em Aparecida (2007) propôs transformar as paróquias cada vez mais em "comunidades de comunidades" (*Documento de Aparecida* 5.2.2). Ali os bispos afirmaram: "A renovação das paróquias exige a reformulação de suas estruturas, para que seja uma rede de comunidades e grupos, capazes de se articular conseguindo que seus membros se sintam realmente discípulos e missionários de Jesus Cristo em comunhão" (*Documento de Aparecida* 172)[4].

Apesar de algumas boas iniciativas e experiências de renovação das paróquias, não parece que essa proposta tenha conse-

---

4. CONSELHO EPISCOPAL LATINO-AMERICANO. *Documento de Aparecida*. Brasília/São Paulo: CNBB/Paulus, 2008, p. 87.

guido adesão na maioria das dioceses, seja pelo acomodamento dos padres e organizadores nas estruturas tradicionais de sempre, seja porque, de fato, a concepção de paróquia surgiu na Europa rural da Idade Média e não é fácil transpor seu estilo para o mundo urbano dos nossos dias. É difícil continuar com a noção de *paróquia territorial* (que vai de tal rua a tal rua da cidade) em uma realidade na qual qualquer pessoa pode tomar um carro, ônibus ou metrô e, em pouco tempo, atravessar a cidade e participar da comunidade que melhor lhe agrada e não daquela mais próxima de onde mora. Talvez a espiritualidade nas cidades nos ensina que as comunidades precisam ser organizadas a partir de baixo e de relações horizontais e não a partir do planejamento burocrático de uma cúria diocesana.

A realidade complexa das nossas Igrejas faz com que nos censos mais recentes tem crescido o número das pessoas que se dizem cristãs sem pertença institucional. Um ou outro chega a afirmar: Assim como existem lavradores *sem terra*, habitantes da cidade *sem teto*, trabalhadores sem trabalho, aumentam a cada dia, os cristãos *sem Igreja*... Muitos desses "desigrejados" não o são porque não queiram ser das comunidades instituídas e sim porque não conseguem se sentir bem nessas estruturas. Apesar de a Conferência de Aparecida pedir que as paróquias se renovassem para exercer o ministério da acolhida, isso exigiria uma renovação muito maior do que apenas colocar pessoas na porta dos templos para receber as pessoas que chegam e lhes oferecer um folheto litúrgico.

Como no cristianismo primitivo, floresceram comunidades pequenas e em estilos muito diversos, atualmente, nas cidades, se torna urgente que grupos de reflexão bíblica, de convivência comunitária ou que se encontram como grupos de fé e política sejam reconhecidos como grupos de Igreja e se sintam com o direito de exercer a fé – através da partilha de vida, da solidariedade fraterna e com direito a realizarem o louvor de Deus e a memória viva e renovada de Jesus (o ágape comunitário). A partir dessa partilha comunitária, poderão melhor exercer uma missão comunitária.

3) A construção da interioridade não individualista

A interioridade é cada vez mais necessária em uma cidade que prima pela agitação dispersiva. Se a vocação comunitária é essencial, para que ela seja profunda deve se alicerçar na construção de uma interioridade adulta e profunda. A interioridade nada tem a ver com o individualismo que a ideologia capitalista apregoa, nem com o intimismo de certos grupos devocionais que pensam a fé como uma relação íntima entre Deus e eu, eu e Deus. A interioridade não é isso. É como o terreno cultivado e adubado no mais profundo do ser pessoal para que a fé se desenvolva comunitária e social. Quanto mais engajado no social e político eu sou, mais tenho de garantir essa interioridade dentro de mim mesmo/a.

Sem capacidade de silêncio e de diálogo consigo mesmo, ninguém consegue viver um caminho espiritual profundo. Os monges antigos falavam em "habitar consigo mesmos". Em todas as tradições, há métodos que podem ser de grande ajuda para as pessoas aprofundarem esse caminho de interioridade e reencontrarem a unidade interior necessária ao encontro com Deus.

Provavelmente todos que leem essas páginas ou escutarem essas palavras acharão bonita e oportuna essa proposta. No entanto, muitas vezes as pessoas que concordam que isso é importante nunca aceitam estabelecer um método que possibilite se viver isso. E sem um método adequado não dá para garantir isso. A interioridade baseada na construção de certa unidade interior (unificação do coração) não é algo que se faça espontaneamente e só porque se quer. Tem a dimensão fundamental de graça divina à qual precisamos estar abertos, mas, ao mesmo tempo, tem necessidade de instrumentos que nos ajudem a caminhar nesse processo.

A pessoa não pode dizer que isso é importante, mas nunca encontrar um momento diário para dialogar consigo mesmo, para ficar em silêncio e à noite rever os trabalhos e relacionamentos que viveu naquele dia, seja pela manhã, preparar-se interiormente para os desafios que deverá enfrentar. Durante décadas e décadas, Dom Helder Camara levava uma vida muito atarefada, a cada dia, fazia mil coisas, mas sempre reservava as madrugadas (acordava diariamente às três da manhã) para uma vigília de oração que partia dos textos bíblicos propostos pela liturgia para aquele dia e se concluía com a preparação das coisas mais importantes que ele deveria fazer naquele dia. Depois de orar, ele costumava, a cada madrugada, escrever uma circular para o seu grupo de auxiliares.

Ninguém precisa copiar esse modelo ou fazer a mesma coisa. Cada qual faça de acordo com suas possibilidades e necessidades. No entanto, há algumas coisas a se rever.

Em um encontro de juventude, todos receberam uma ficha com as seguintes perguntas:

1) Quantos minutos do dia, sem que esteja dormindo, você passa sem depender do zap, do telegram e de outras redes sociais?

2) Você já se perguntou o quanto lhe custa interiormente certa dependência dessa invasão constante da comunicação virtual que não permite o diálogo consigo mesmo?

Uma coisa é a comunicação afetuosa e necessária que essas redes sociais criaram e é boa. Outra é o ruído permanente de mil notícias por minuto e a banalidade de relacionamentos superficiais que só servem para impedir o parar, o ficar consigo mesmo e o poder diariamente refazer as forças interiores em um diálogo consigo mesmo.

Antigamente, nas Igrejas, considerava-se essencial a prática do que se chamava "direção espiritual". Cada pessoa tinha um padre que recebia suas confissões e a orientava espiritualmente.

Era um irmão mais velho com o qual a pessoa podia se abrir e ao qual podia se confiar totalmente. Esse costume praticamente acabou. No entanto, muita gente na luta de cada dia sente a necessidade de ter alguém, irmão ou irmã na fé, que possa servir de apoio e de conselheiro/a espiritual em um modo de relacionamento mais horizontal, mas que permita se realizar o que a fé bíblica sempre nos ensinou: Deus fala a mim através de você e a você através de mim.

Todos esses cuidados têm em vista o que Paulo ou um de seus discípulos escreveu aos efésios: "Essa obra do ministério é para a construção em nós do corpo de Cristo e é para que cheguemos juntos à unidade da fé e ao conhecimento do Filho de Deus, ao estado de adultos, à estatura do Cristo em sua plenitude, isto é, a maturidade espiritual e humana" (Ef 4,12-13).

No século II, Irineu, pastor da Igreja de Lyon, ensinava: "Como você poderá divinizar-se se ainda nem se tornou humano? Antes de tudo, garanta a condição de ser humano e, assim, poderá participar da glória divina".

4) O tesouro da oração

Antigamente, quando se falava em espiritualidade, se falava em oração. E há tempos, o pessoal mais conservador acusa os grupos da caminhada e da Teologia da Libertação de serem mais políticos do que espirituais. É como se os grupos comprometidos com as lutas do povo não rezassem ou orassem menos do que os grupos tradicionais.

Quem conhece mais de dentro a caminhada das comunidades sabe que essa acusação não é justa. Pode-se dizer que os/as irmãos/ãs das pastorais populares e as Comunidades Eclesiais de Base têm forma de orar diferente daquelas que conhecíamos no Catolicismo Popular e também das que são comuns nos grupos carismáticos. No entanto, as celebrações das CEBs e dos grupos de base são, em geral, muito abertas à oração. A preocupação é de que a oração seja ligada à vida e à realidade.

Orar é expressar com a boca (do latim: *os, oris, orar*), com os lábios, o amor que se vive e lateja no coração, pois como lembrou Jesus: "a boca fala daquilo do qual o coração está cheio" (Lc 6,45b). Por isso, orar é algo vital. Ninguém precisa de explicação sobre o que é ou como fazer, assim como ninguém faz curso para namorar ou aprofundar uma amizade. A diferença é que, na tradição judaico-cristã e islamita, a oração se dirige a Alguém (Deus) que a gente não vê e não pode dialogar do mesmo modo que fazemos com outras pessoas. Por isso, a oração precisa de um método e uma ambientação. É preciso evitar que, ao querer encontrar-se com o Mistério mais profundo que chamamos Deus, nos encontremos apenas conosco mesmos. Na antiguidade, uma das expressões para definir o ídolo era o espelho. A pessoa pensa estar diante de Deus e, de fato, a imagem é de si mesma. Para orar, precisamos sim nos encontrar profundamente conosco, mas essa entrada em nós mesmos é para nos dispor ao encontro mais profundo e amoroso com as outras pessoas na comunhão com todo o universo, mergulhados em Deus e com Deus.

Na tradição cristã há diversos métodos de oração. Cada jeito de orar revela para nós a compreensão que temos de Deus. Se acreditamos que Deus é Amor e vive em nós como seu templo privilegiado, a oração não pode ser como se tivéssemos em uma audiência com um rei ou príncipe do mundo.

No Evangelho, Jesus ensina: "quando orarem, não façam como os hipócritas que gostam de orar nas sinagogas e nas esquinas das praças, em posição de serem vistos pelos outros [...] Tu, porém, quando orares, entra no teu quarto, fecha a tua porta e ora ao teu Pai que vê no escondido e o teu Pai que vê no escondido te dará a recompensa. Quando vocês orarem, não usem de muitas palavras, como fazem os pagãos. Eles pensam que são ouvidos por força de muitas palavras. Não sejam como eles, pois o Pai de vocês sabe do que vocês precisam, antes de que vocês peçam" (Mt 6,5-8).

Baseados nessa preocupação evangélica da simplicidade, desde tempos antigos, vários grupos cristianizaram a milenar tradição oriental do mantra. É uma palavra ou som que o mestre hindu dava ao discípulo/a para que ele/a repetisse até dominar a dispersão mental e alcançar a quietude. Assim nasceram métodos de meditação cristã e de oração interior. Séculos mais tarde, místicos compunham a *Filocalia*, verdadeiro tratado sobre as experiências de oração e meditação de vários irmãos e irmãs que aprofundaram esse caminho. No Oriente cristão, as pessoas amam muito "a oração de Jesus", repetição contínua do nome de Jesus, muitas vezes, cadenciada pelo ritmo da respiração. No século XIX, um autor anônimo escreveu *Relatos do peregrino russo*, que popularizou essa prática da oração de Jesus.

A tradição católica ocidental se caracterizou por certa tendência intelectualizante e por privilegiar a oração oral (aliás o próprio termo oração vem de *os, oris: boca*). No entanto, é preciso sempre evitar o que Jesus criticava dos fariseus, ao citar o Profeta Isaías: "Esse povo me honra com os lábios, mas o seu coração está longe de mim" (Mt 15,8). Por isso, os cristãos orientais sempre privilegiaram *a oração do coração*.

Para ajudar os círculos bíblicos, as Comunidades Eclesiais de Base e as pastorais sociais, assim como os grupinhos de religiosas e religiosos inseridos a ligar sua prática social e política com uma base espiritual sólida e ancorada na tradição antiga das Igrejas, na década de 1980 Carlos Mesters organizou e prefaciou uma coleção chamada "Oração dos Pobres" (Ed. Paulinas). Nessa coleção encontramos tesouros espirituais como *A nuvem do não saber*, obra clássica de um autor anônimo da Inglaterra do século XV, e o livrinho simples *A invocação do nome de Jesus*. De fato, esses livros foram muito divulgados nas comunidades e nas bases sociais, assim como a leitura orante da Bíblia popularizada no projeto "Tua Palavra é Vida" na América Latina, pensada pelo Clar (Confederação Latino-americana dos/das Religiosos/as) que, por causa desse projeto, sofreu intervenção do Vaticano (1990) e o projeto foi assumido no Brasil pela CNBB.

Esse cuidado com um bom método de meditação e oração do coração é fundamental e atual para todos. Não se trata de nenhuma concessão a um intimismo pouco evangélico que se fechasse em uma relação privada do tipo *eu e Deus, Deus e eu* em uma cultura espiritual capitalista.

5) A capacidade espiritual de se maravilhar

Em uma realidade na qual os "efeitos especiais" do mundo digital saltam das telas do Cinema e dos computadores para quase conviver conosco no mundo real, não é fácil manter a postura que, para muitas tradições antigas era a base do caminho espiritual: a capacidade de se maravilhar. Atualmente, a oferta de coisas novas e diferentes é tão grande e tão rapidamente consumida e já se passa para outra sensação que não é fácil deter-se diante de cada coisa, contemplar e se admirar amorosamente diante da manifestação divina presente em cada elemento da natureza, como nas conquistas humanas da ciência e da vida. Não é fácil. No entanto, é necessário, imprescindível.

Afonso Murad afirma: "Do ponto de vista individual, um dos segredos do 'viver bem' consiste em manter a capacidade de surpreender-se com 'o pequeno', desfrutar o cotidiano que já temos e lutar contra os mecanismos de 'acostumar-se' com os aspectos belos que já recebemos e cultivamos. Uma transmutação: ir além da felicidade como ter, para a felicidade como ser e atuar" (MURAD, 2019, p. 133).

Temos de cuidar de desenvolver a espiritualidade no plano da interioridade, mas sempre nos lembrando que, na Bíblia, o primeiro elemento do que podemos chamar de espiritualidade é a capacidade interior de se admirar e mesmo se espantar com o mundo. Os livros sapienciais dizem claramente: "O temor de

Deus [espanto e admiração diante do que Deus faz] é o princípio da sabedoria, isto é, do saborear a vida" (Sl 111,10; Pr 1,7; 9,10).

No século XX, o Rabino Abraham Heschel, um dos mais importantes espiritualistas do judaísmo contemporâneo, explicava: "A consciência normal é um estado de estupor, em que estão reduzidas a sensibilidade para o que é totalmente real e a receptividade aos estímulos do espírito. Os místicos, que sabem envolver o ser humano em uma história secreta do cosmos, esforçam-se para continuamente despertar do entorpecimento e da apatia e, assim, recuperar o estado de vigília para as suas almas encantadas"[5].

Hoje, esse mergulho em Deus, através do Espírito de Jesus, nos é oferecido para nos restituir a capacidade disso que, em seus livros, o rabino Heschel chama de "assombro radical" e ensina que é a base fundamental para uma profunda atitude espiritual e para nos unir a todas as pessoas que no mundo inteiro buscam a Deus e o reconhecem presente na sacralidade da vida e no apelo ao amor. Na América Latina, esse caminho espiritual do maravilhamento com a vida, com a natureza e com a experiência da música, do tambor, da fumaça e mesmo de bebidas como a ayahauska, o santo daime, o chá de yakoana dos Yanomami... tudo isso pode nos conduzir a um êxtase de amor que só funciona se no coração morar o amor e uma aliança fundamental com a Vida.

São processos interiores ou espirituais como caminhos de fé e de amorização. Cada pessoa faz do seu modo. O importante é que a nossa reflexão se coloque em um caminho de abertura do coração e de busca de compreensão do que muitas pessoas vivem para se manterem fiéis a si mesmas e à sua busca pessoal. Nas comunidades tradicionais de nossos povos originários e das comunidades afrodescendentes, essa experiência espiritual

---

5. HESCHEL, A. *Deus em busca do Homem*. São Paulo: Paulinas, 1975, p. 78.

é ao mesmo tempo muito pessoal (o êxtase é individual) e, ao mesmo tempo, comunitária (sem comunidade, não há culto e não há caminho para o maravilhamento), ou, como chamam os fiéis do Santo Daime, para a *miração*.

No cristianismo primitivo, a espiritualidade era vivida e compreendida de forma mais comunitária do que individual. Em Inácio de Antioquia, a vida espiritual se realiza na Igreja, nas assembleias litúrgicas e na Eucaristia. Escritos, como a Didaké, o Pastor de Hermas e outros espelham a vida espiritual vivida nas comunidades. Ainda no século IV, a carta a Diogneto mostra a ação dos cristãos como comunidade atuante na sociedade e afirma: "os cristãos são a alma do mundo" (cap. 3).

4 Por que "espiritualidade sociopolítica libertadora"

Para quem seguiu até aqui a reflexão proposta e desenvolvida nessas páginas essa questão é quase desnecessária de tão óbvia. No entanto, o que parece óbvio ou repetitivo para alguns não o é para outros e nem tem sido tão claro na vida e na ação das Igrejas cristãs.

Toda e qualquer religião tem sua prova de fogo na Ética, enquanto atenção ao ser humano concreto. Mestre Eckhart, o maior mestre da Mística na Idade Média Ocidental, escreveu: "Se alguém estivesse em um êxtase como São Paulo e soubesse que um enfermo precisava que lhe levassem um prato de sopa, eu considero mais importante que esta pessoa, por amor, abandone o seu êxtase e vá servir ao necessitado".

Na América Latina, pastores cristãos como Dom Helder Camara no Brasil, Dom Leónidas Proaño no Equador e Dom Sergio Mendes Arceo, no México, todos expressaram o seu sofrimento ao pensar que a nossa Igreja, oficialmente e através da maioria dos seus membros, foi conivente com a conquista violenta que os europeus fizeram no continente e com a escravidão e a violência cometida contra os povos indígenas e negros. Apesar de alguns missionários santos terem defendido os índios e negros, a Igreja como Igreja se comportou de forma omissa ou conivente.

É terrível constatar que, nos países ditos cristãos, durante todos esses séculos, a escravidão e a guerra não foram acidentes ou equívocos cometidos apesar do cristianismo. Infelizmente, foram consequências quase naturais da espiritualidade e da teologia daquele modelo de Cristandade; modelo do qual, infelizmente, a nossa Igreja ainda não se libertou completamente.

Ainda existem uma teologia e espiritualidade com suas expressões de piedade que, apesar do seu estilo espiritualista e aparente piedade, continuam excludentes e fechadas ao diferente. Esse jeito de viver a fé e de realizar a missão da Igreja é tão forte que, no próprio ambiente nosso, muitas vezes, nos ambientes do clero e dos grupos cristãos, quem faz sessões de orações poderosas, organiza marchas por Cristo, fala em "derrubar pela fé as muralhas de Jericó" e enchem as Igrejas com adorações e novenas, não tem abertura interior nem para acolher as próprias iniciativas da CNBB como *Campanha da Fraternidade* e, mais ainda, *Grito dos Excluídos*. É como se quando os movimentos sociais se aproximassem e participassem das iniciativas que foram criadas e são mantidas pela própria Igreja, esses padres, seminaristas e fiéis de grupos carismáticos se afastassem.

Assim, as pessoas que se preocupam mais com a realidade social e política parecem menos espirituais do que os grupos ditos *carismáticos*. O problema maior dessa questão não está apenas na diferença de compreensão da fé entre os que a interpretam de forma individualista e meramente religiosa e os que a ligam intrinsecamente ao projeto de transformação social. O que está por trás disso é a compreensão de Deus que cada uma dessas posições reflete: um Deus Amor que como dizia Dom Oscar Romero tem sua glória quando vê o pobre ser libertado e ter sua dignidade reconhecida ou um Deus narcisista que está apenas interessado em que as pessoas o adorem e o sigam apenas no aspecto religioso.

Já no final dos anos de 1970, Dom Oscar Romero advertia: "É fácil ser portador da Palavra e não incomodar a ninguém. Basta ficar no espiritual e não se engajar na História. Dizem palavras que poderiam ser ditas, não importa onde e quando, porque não são propriamente de parte alguma" (apud VILAN, 2006, p. 41).

Quando meditamos a Bíblia, descobrimos que, a partir do Êxodo, Deus se revela ao povo como Libertador. O seu projeto é libertar quem é escravo. Esse projeto se revela como iniciativa divina, mesmo quando o povo escravo ou oprimido não se interessa por isso e nem quer ser libertado. De tal forma, ser livre é vocação humana e corresponde à natureza que Deus criou, que Ele não se conforma e não aceita quando as pessoas se resignam a ser escravas. De fato, em todas as religiões do mundo e mesmo no cristianismo, muitas vezes aparece essa contradição: As pessoas procuram a religião para adorar e cultuar Deus e Deus procura o povo não para ser adorado e sim para libertar o povo. Por isso, embora a espiritualidade de todas as religiões possa desenvolver e aprimorar caminhos para a intimidade com Deus na oração, na meditação e no silêncio interior, de alguma forma, todas intuem que o projeto divino é de libertação da pessoa e da sociedade. "Deus não se encontra entrando em si mesmo, mas saindo de si. Deus não está no 'eu', mas no 'tu'. A pessoa humana é semelhante a Deus na unidade do corpo e alma, do interno e do externo, do espírito e dos cinco sentidos, de pessoa e comunidade" (J. Moltmann).

Isso significa que alguém que queira encontrar o Deus bíblico e entrar na sua intimidade sabe que sempre poderá reconhecê-lo presente e atuante na caminhada libertadora dos oprimidos do mundo. A tradição das Igrejas valorizou outras formas de espiritualidade e nos ensinou outros caminhos. Cada tradição religiosa tem seu jeito próprio de compreender isso e de viver essa vocação. No cristianismo latino-americano, desde a década de 1970, chamamos esse caminho de espiritualidade libertadora.

Já vimos como nas culturas tradicionais e também na tradição bíblica a dimensão social e o compromisso que decorre dessa pertença antecede ao plano individual. No paradigma do Bem-viver indígena, agora proposto a toda sociedade humana, o bem comum passa na frente do bem individual. A própria tradição bíblica nunca separa o apelo à conversão pessoal da necessidade de transformação social. Conforme a palavra de Jesus no Evangelho, "não é quem diz Senhor, Senhor que entra no reinado divino, mas quem faz a vontade do Pai que está nos céus" (Mt 7,24ss.).

Assim, podemos testemunhar: Deus se deixa ver e quase apalpar no meio dos pequeninos desse mundo. O Padre Ignacio Ellacuría, mártir jesuíta em San Salvador (novembro de 1989), afirmava: "Com Monsenhor Romero, Deus passou em El Salvador". Compreendemos o que ele quis dizer com isso: o jeito de viver de Monsenhor Romero, com os pobres e a serviço dos mais pobres, revelou a presença e atuação de Deus no mundo. Como afirmou o Apóstolo Pedro na casa do centurião Cornélio: "Deus ungiu a Jesus de Nazaré que passou pelo mundo fazendo o bem e curando os oprimidos" (At 10,38).

Assim, podemos afirmar: estamos vivendo a espiritualidade libertadora se, como pobres, nos inserimos na realidade dos mais pobres e essa experiência de inserção é uma experiência espiritual que nos faz crer, perceber os sinais e testemunhar a presença e a atuação do Espírito.

No Evangelho, quando os discípulos voltaram da missão, Jesus exclamou: "Pai, eu te agradeço porque escondeste os teus segredos aos sábios e entendidos do mundo e os revelaste aos simples e pequeninos" (Lc 10,21; Mt 11,25).

A vontade do Pai, revelada por Jesus, é a cura dos doentes, a liberdade dos prisioneiros e a libertação de todos os oprimidos.

São esses os sinais que Jesus manda que João Batista reconheça como sinais da sua vinda como Messias e da salvação que Deus traz ao mundo.

Atualmente, um sinal de que vivemos a espiritualidade libertadora é quando, ao nos inserir no meio do povo oprimido, quando estamos junto com índios, negros e pessoas lutando por seus direitos coletivos, cremos e percebemos quase palpável em nós e no meio de nós a presença divina. Isso não nos leva na direção de êxtases e experiências sensíveis da fé, mas de uma dilatação da capacidade de amar até nos fazer descobrir que, através de nós, Deus revela aos pequeninos o seu amor de predileção e cuidado maternal.

Aquino Júnior afirma e confirma: "O compromisso com os pobres e marginalizados está no centro da espiritualidade cristã, constitui o núcleo da vida espiritual cristã. Mais do que uma questão social, econômica, política, moral, ética, humanitária etc. (a opção pelos pobres) é uma questão estritamente espiritual, que, em última análise, diz respeito, positiva (fé) ou negativamente (pecado), à nossa relação com Deus (AQUINO JÚNIOR, 2019, p. 194).

O deslocamento da Igreja para o mundo dos pobres e o compromisso pela transformação do mundo, vivido junto com os mais explorados e na solidariedade a eles (e elas), é lugar teológico privilegiado para a teologia e para a espiritualidade.

5 A noite escura da fé e da política

O Padre Comblin se perguntava: "Como falar de Deus Pai em um mundo de excluídos?" Gustavo Gutiérrez se preocupava em interrogar: "Onde dormiram os pobres?" (cf. GUTIÉRREZ, 1998). Ele expressou essa questão dolorosa ao nos interpelar: "Como dizer aos pobres que Deus ama, quando sua vida de marginalização e esquecimento parece negar essa afirmação? De que maneira falar de um Deus que se revela como amor em uma realidade marcada pela pobreza e pela opressão? Como anunciar o Deus da vida a pessoas que sofrem uma morte prematura e injusta? Como reconhecer o dom gratuito de seu amor e de sua justiça a partir do sofrimento do inocente? Com que linguagem dizer aos que não são considerados pessoas que eles são filhas e filhos de Deus?" (GUTIÉRREZ, 1992, p. 189).

Atualmente, com toda razão, as feministas rejeitam uma imagem de Deus patriarcal e, portanto, opressor. Irmãos e irmãs de todo o mundo contemplam Deus na brisa do vento (como Elias), no silêncio da tarde, mas não se impondo como uma espécie de general em uma batalha.

"A noite escura da fé" é expressão clássica da mística de São João da Cruz para explicar que os místicos caminham no escuro e a fé não conta com clareza nem certeza especial. Só a confiança na palavra e a decisão de manter-se firme e fiel ao projeto. Essa mesma expressão da *"noite escura"* pode ser usada para a caminhada da libertação. Não apenas porque Deus é mistério e diante desse Absoluto só nos resta calar e caminhar "no escuro da fé", mas porque as injustiças do mundo e o mistério do mal, em si mesmo, contradizem a presença de um Deus Amor e Bondade.

Ao defrontar-se com essa suprema maldade do mundo, estando para ser condenado à morte, diante de Pilatos, quando esse lhe perguntou:

– Então [é assim, impotente e derrotado] que tu és rei?

Jesus respondeu: " Para isso nasci e para isso vim ao mundo: para dar testemunho da Verdade. E toda pessoa que é da verdade, escuta a minha voz" (Jo 18,33).

Jesus veio para testemunhar de que o projeto divino, o Reino de Deus, é verdade. Deus não é caloteiro no sentido de prometer e não cumprir. E mais: toda pessoa que é dessa verdade do reino, escuta (compreende, acolhe, adere) isso que Jesus diz como chamado para que testemunhemos em um mundo contrário que o reinado divino é verdadeiro e vai transformar isso tudo.

Em 1998, no Recife, Dom Helder Camara tinha 89 anos e recebeu em sua casa para um diálogo outro profeta ancião: o Abbé Pierre, padre francês que fundou os *Trapeiros de Emaús*, um dos primeiros trabalhos sociais e pastorais do mundo com sofredores de rua. Os dois conversaram na salinha atrás da Igreja das Fronteiras, onde o Dom Helder residia. No final, um jornalista os entrevistou:

– Vocês estão perto dos 90 anos e dedicaram toda a vida aos pobres. E a gente olha o mundo no qual os pobres são cada vez mais excluídos. Como vocês olham o que fizeram? Consideram que fracassaram ou conseguiram alguma coisa? Qual o resultado de toda a luta de vocês?

Dom Helder respondeu pelos dois: – Não compete a nós quantificar o que conseguimos ou não. Deus nos mandou fazer isso e fizemos. A única coisa que podemos afirmar é que iremos até o fim, e até o último suspiro de vida que tivermos daremos a vida por isso no qual acreditamos e que é a missão que Deus nos confiou.

Essa confiança da fé em tempos difíceis como o nosso exige fé e esperança. No auge da ditadura militar brasileira, em tempos de muita censura literária e musical, o jovem Chico Buarque de Holanda cantava:

> Quem vê, assim, parado distante,
> Parece até que nem sei dançar.
> Tou me guardando pra quando o Carnaval chegar.

Esse tipo de caminho é o oposto de uma espiritualidade triunfalista que se excede em sinais de que está tudo muito bem, como se a parusia tivesse chegado. Nós celebramos a Páscoa e proclamamos a ressurreição, com o corpo ferido pelas chagas e molhado do sangue da Cruz.

Os salmos de lamentação cantavam: *Até quando, Senhor, vais ficar calado? Por que parece que dormes?* (Sl 44; 74; 79).

Diante dessas questões (Por que Deus permite tanta atrocidade?), podemos afirmar que nosso Deus não é o todo-poderoso pregado pelos filósofos e sim o Deus que no Êxodo desceu para estar junto do povo escravo e na Cruz esteve em Jesus mesmo quando esse se sentia abandonado. No entanto, a opção espiritual mais profunda e tradicional da fé é praticar a teologia e espiritualidade negativa, ou silenciosa, ou que se chama também de *apofática*, isto é, aquela que, por saber a impossibilidade de explicar o Mistério, evita falar de Deus. O próprio Êxodo começa a revelação divina no Sinai afirmando: "Não pronunciarás em vão o nome do Senhor" (Ex 20,7).

Na Idade Média, ensinava o místico e teólogo Mestre Eckhart: "Tudo o que você faz e pensa sobre Deus, é mais você do que Ele. Se absolutiza isso, você blasfema porque o que realmente Ele é, nem todos os mestres de Paris conseguem dizer. Se eu tivesse um Deus que pudesse ser compreendido por mim, não gostaria nunca de reconhecê-lo como meu Deus. Por isso, cale-se e não especule sobre Ele. Não lhe ponha roupas de atributos e propriedades, mas aceite-o 'sem ser propriedade sua', como um ser superior a tudo e como um Não Ser superior a tudo" (apud PFEIFFER, 1962, p. 183).

Isso nos pede muito cuidado e atenção para não atribuir a Deus o que não sabemos ou não podemos afirmar com certeza. Em uma perspectiva crítica e libertadora, a Teologia deve assumir esse caráter de teologia negativa por se negar a referenciar as imagens de Deus que são usadas pela instituição que identifica Deus e seus símbolos com Poder e dominação. Portanto, nada de "Deus todo-poderoso". Nada de referenciar "o se Deus quiser" ou "graças a Deus" quando se vive em uma realidade que é totalmente contrária ao projeto de um Deus Amor. É preciso negar o *Deus acima de tudo* dos políticos que o usam para oprimir e dominar.

Um jovem disse a Dom Pedro Casaldáliga:

– Bispo, eu sou ateu.

Pedro respondeu: – De qual Deus, você é ateu? Dependendo de qual seja, eu também sou.

É preciso dizer Não a qualquer tentativa de usar Deus como propriedade nossa. É preciso respeitar o seu silêncio e a sua liberdade. De acordo com os relatos bíblicos, no deserto, o que mais tentou a comunidade dos hebreus foi o silêncio de Deus, a ausência de sinais de sua presença.

Na nossa reflexão bíblica, nos nossos ambientes de Igreja, nos deparamos a todo momento com as expressões "Deus disse, Deus quis, Deus quer..." Evidentemente, sabemos que essa forma de falar expressa o que os profetas bíblicos e Jesus ou Paulo disseram. Aceitamos isso como linguagem de um tempo, mas devemos nos precaver de nos servir desse tipo de expressões para sacralizar nossas convicções como sendo de Deus, nossos preconceitos morais como vindos diretamente de Jesus ou de Deus, nosso patriarcalismo como se fosse vontade divina. Devemos ser capazes de reler os textos bíblicos de forma que nos libertemos desses erros que tanto mal fazem ao mundo atual.

Na sua prisão em Glossenburg, esperando a morte, o Pastor Dietrich Bonhoeffer escreveu: "Não podemos ser honestos sem reconhecer que devemos viver no mundo *etsi Deus non daretur* (como se Deus não existisse). O próprio Deus nos obriga a este reconhecimento: Deus nos dá a conhecer que devemos nos tornar adultos e viver no mundo como pessoas que enfrentam a vida sem Deus. O Deus que está conosco é o Deus que nos abandona (Mc 15,34). O Deus que nos faz viver no mundo sem a hipótese de trabalho é o Deus diante do qual estamos permanentemente. Diante de Deus e com Deus, vivemos sem Deus. Deus nos deixa ser caçados fora do mundo e na cruz. Deus é impotente e fraco no mundo e realmente só assim Ele está conosco e nos ajuda. É absolutamente evidente em Mt 8,17 que Cristo não nos ajuda pela força de sua onipotência, mas através de sua fraqueza e do seu sofrimento. [...] A Bíblia envia o ser humano à impotência e ao sofrimento de Deus. Só um Deus sofredor pode nos ajudar" (Carta a Eberhard Bethge. Tegel, 16 de julho de 1944; cf. BONHOEFFER, 1998, p. 440).

Esse princípio: "Devemos viver com Deus e em Deus, mas como se Deus não existisse" foi concebido por um teólogo jurista do século XVII (Grotius). Bonhoeffer o atualizou como modo de viver a espiritualidade social e política em um mundo secular. Isso tem duas consequências ou expressões:

1º) A inserção na caminhada social e política tem suas mediações próprias, seus instrumentos de análise e suas decisões quanto a estratégias e métodos. As lutas sociais são processos históricos e seguem critérios sociais e políticos que precisam ser analisados e compreendidos a partir das ciências políticas, e não da fé ou de alguma compreensão religiosa.

Devemos respeitar isso como compromisso de fé, mas sem abdicar dos instrumentos e mediações sociais e políticas necessárias. As lutas sociais têm uma dimensão sagrada. Essa sacralidade não vem de crenças ou de ritos religiosos e sim do amor solidário e da dignidade inerente a toda Política que, de fato, sirva ao bem comum. Também nas lutas sociais é sagrada a generosidade das pessoas que nelas se inserem e se consagram. Nessa caminhada, há uma ecumenicidade latente que, às vezes, pode ser importante que se torne clara e explícita.

2º) Para alimentar a fé e a espiritualidade dos/as militantes que se identificam como cristãos/cristãs é preciso encontrar outra forma de celebrar e de curtir a fé que não pode ser a mesma liturgia pensada e vivida em outros tempos e em contextos nos quais a fé não se ligava com os acontecimentos libertadores.

A celebração anual da Páscoa pode ser ocasião de retomar a memória da fé, a alegria da nossa esperança e assim intensificar a pertença comunitária e a comunhão. Para nós, cristãos brasileiros desses tempos de sofrimento político e de perdas tão profundas no plano das conquistas dos direitos dos pobres e de crise na democracia, isso pode ser muito importante. Poderia ser, inclusive, uma forma de apoiarmos a partir das bases e de nossa experiência a proposta de renovação da Igreja do Papa Francisco.

6 Como viver uma espiritualidade libertadora

O que distingue um projeto espiritual libertador de um projeto fundamentalista não pode ser o objetivo porque todas as pessoas que lutam, seja em que frente for, creem estar lutando por um objetivo digno, correto e até libertador. Também não basta o objetivo do projeto ser bom. Um caminho errado não levará a um fim correto. Também não é o teor explicitamente espiritual que distingue o projeto libertador de um fundamentalista. Em muitos casos, tanto em um tipo de caminho como em outro, há uma busca espiritual tão forte que as pessoas assumem até a mística do martírio.

Qual é, então, o elemento que distingue os dois projetos? A única distinção é o fato de que o local de onde se parte e se vive a fé é a comunhão com os oprimidos (e a compreensão dos pobres e marginalizados deve ser muito ampla incluindo as categorias que vivem discriminações de gênero, de raça e outras). Além dessa postura fundamental que já vimos (é lugar teológico e espiritual básico) é preciso tomar o diálogo como princípio norteador do caminho.

Quando o homem rico pergunta como entrar na vida eterna, Jesus responde: observe os mandamentos. O homem pergunta: quais? Jesus lhe responde citando não os mandamentos que dizem respeito diretamente a Deus, mas os mandamentos que dizem respeito à nossa relação com o outro, com o próximo (cf. Mt 19,18-19; Mc 10,19; Lc 18,20).

Essa é a espiritualidade de Jesus. É o que no século IV afirmava Teodoro de Mopsuéstia que o Papa Paulo VI citou na sua alocução na conclusão do Concílio Vaticano II: "Para encontrar a Deus, é preciso encontrar o ser humano". Com esse discurso, o Papa Paulo VI procurava responder às críticas e acusações, feitas por alguns, de que o Concílio ter-se-ia ocupado muito pouco das "verdades divinas", ou até mesmo que teria sido "irreligioso ou antievangélico", que se teria deixado "influenciar pela cultura contemporânea, exclusivamente voltada para o ser humano". Paulo VI tomou posição e mostrou que "no rosto de todos os seres humanos, especialmente quando marcados pelas lágrimas e pela dor, brilha a face de Cristo [...] e que na face de Cristo se deve reconhecer o rosto do Pai celeste. Por isso, podemos e devemos dizer que 'é preciso conhecer o ser humano para conhecer a Deus'" (AQUINO JÚNIOR, 2019, p. 36-37).

O projeto fundamentalista pode ser até aberto ao social e à solidariedade. No final do século XIX, os pais do fundamentalismo protestante norte-americano desenvolveram nas grandes cidades dos Estados Unidos o que chamaram de "Evangelho social", uma tentativa de humanizar o capitalismo, lutar contra o trabalho infantil e socorrer os mais pobres em nome do Evangelho (cf. ARMSTRONG, 2001, p. 198).

Entretanto, eles não aceitavam a colaboração nem de evangélicos liberais que, mesmo apoiando totalmente o projeto dos conservadores, pensavam em abri-lo a outros. O projeto fundamentalista, por sua natureza, é defensivo. Exclui os outros. Enquanto isso, o projeto de transformação social ou "caminhada da libertação integral" é sempre obra de amor, portanto, ação divina.

A espiritualidade libertadora nos faz testemunhas de que o processo altermundialista que envolve não só o social e econômico, mas a dimensão pessoal, cultural, comunitária e religiosa, é caminho de intimidade com Deus. Contém um método de conversão pessoal, de contemplação da Ternura Divina, ali presente e atuante e vai ao mais profundo do ser, onde todo ser humano é chamado a viver o encontro íntimo e profundo com o mistério. A espiritualidade libertadora supõe tempo de intimidade com o Mistério Divino presente em nós e nos outros. É uma espiritualidade de oração e de meditação da Palavra de Deus, não porque Deus precise de nossa adulação ou nosso louvor, mas porque nós precisamos nos exercitar a viver a luta social e as nossas relações na consciência permanente de sua presença e de sua inspiração em nós.

Cada um de nós tem ainda em si mesmo como zonas escuras, regiões sombrias do ser que existem como se a luz do Evangelho não tivesse ainda penetrado ali. É preciso iluminá-las com a luz do amor e possibilitar que o Espírito chegue a essas regiões mais impenetráveis do nosso ser. É por isso que irmãos e irmãs inseridos nas lutas sociais ficam felizes quando descobrem o tesouro da *Oração de Jesus*, repetição contínua do nome de Jesus ou de uma invocação como "Jesus, Filho de Deus, salvador, tem pena de mim, pecador", prática espiritual tão querida da tradição oriental e que no nosso meio brasileiro ganhou vez e voz quando nos anos de 1980 as Paulinas publicaram *Relatos de um peregrino russo,* obra anônima de um místico ortodoxo do século XIX, traduzida e publicada no Brasil na coleção "Oração dos Pobres", prefaciada e orientada por Carlos Mesters e muito divulgada nas Comunidades Eclesiais de Base e nos meios de pastorais sociais.

Ninguém precisou de orientação ou curso sobre como namorar. Não é necessário dar a ninguém regras de como viver a intimidade com Deus. Apenas lembrar que é bom ter um método e que esse pode e deve ser adaptado e adequado ao jeito de ser e de viver de cada um/uma.

Desde que, no Brasil, o Centro de Estudos Bíblicos (Cebi) começou o seu trabalho nas comunidades e nas diversas regiões do país (1979), ao devolver aos pobres a possibilidade de ler e de ligar a Bíblia com a sua vida concreta, um dos mais maravilhosos frutos desse trabalho tem sido ver despertar no povo das comunidades o gosto pela oração dos salmos. Várias versões cantadas em ritmos e com letras brasileiras dos salmos (lembremos versões de Reginaldo Veloso, Jocy Rodrigues, Geraldo Leite, Zé

Vicente, Frei Domingos dos Santos e muitos outros) foram reunidas no livro do *Ofício divino das comunidades* (Ed. Paulus). É uma tentativa de unir a oração litúrgica vinda da tradição das Igrejas antigas com uma leitura mais atualizada da Bíblia e, principalmente, a caminhada social e política das comunidades. Tem sido um bom instrumento de oração e de comunhão nesse caminho da espiritualidade libertadora.

Muitos companheiros/as revelam que gostam dos salmos bíblicos mas sentem a dificuldade com uma linguagem ainda muito patriarcal, excludente (ora ao Deus de Israel) e às vezes polêmica e mesmo violenta. Para esses irmãos e irmãs, no livro *Diálogos com o Amor* (Orar os salmos no hoje do mundo) trabalhei cem salmos em linguagem atual, ecumênica, feminista e em diálogo com outras culturas (BARROS, 2019).

Outro elemento importante para a espiritualidade libertadora, talvez o mais delicado e exigente, seja a nossa relação com a Eucaristia. Infelizmente, a Eucaristia, o mais precioso e maravilhoso tesouro de nossa fé e de nossa vida espiritual, ainda se encontra como que aprisionada e envolta em uma estrutura formal e rígida das rubricas litúrgicas que nem sempre permite as pessoas de sensibilidade atual se deliciarem com o mistério de intimidade que ela contém e se alimentarem com a força espiritual que dela decorre. Como sonhamos com o dia em que a ceia de Jesus possa novamente se tornar um alimento dominical das comunidades e das pessoas que vivem a fé e possa como nos primeiros séculos ser celebrada de forma mais comunitária e partilhada e mais ligada com a vida e as lutas cotidianas como sacramento da partilha e do amor de Jesus levado até o extremo. "Tendo amado os seus que estavam no mundo, amou-os até o fim, até onde o amor pode ir" (Jo 13,1). Nesse momento, o que é importante é reafirmar a importância central da Eucaristia para a fé e pedir que nos esforcemos para que o seu modo de celebrar vá além do clericalismo, supere o formalismo de um culto todo estabelecido em regras romanas e se torne alimento e força para a nossa fé. Faz parte dessa espiritualidade libertadora não desistir da eucaristia pelo fato de que ela se tornou distante da realidade cotidiana de nossas lutas e não deixá-la nas mãos dos que não ligam fé com a vida.

É preciso e urgente que o Sacramento da Comunhão seja de fato sacramento, isto é, sinal e instrumento de partilha e doação. Nunca seja celebrado como se o sacramento bastasse e não remetesse a uma realidade que é vivida na luta pela libertação do povo.

Na Alemanha nazista, Dietrich Bonhoeffer afirmava: "O Cristo que está em mim, está em mim para você e está em você para mim. O Cristo que está em mim, para mim é fraco e é forte para você. O Cristo que está em você, para você mesmo é fraco e é forte para mim". Essa é a experiência espiritual que vivemos na relação com os pequenos e na solidariedade aos oprimidos. É essa percepção do Cristo que está no outro, no diferente que nos abre profundamente ao diálogo. É preciso tomar o diálogo como elemento básico do caminho espiritual e teológico a ser percorrido. Um diálogo que, como pedia Raimon Panikkar, vai além do *logos*. Não é só racional. Vai ao coração.

Esse diálogo espiritual tem duas dimensões: a primeira mais íntima e interpessoal que é a responsabilidade espiritual que assumimos uns com os outros. Se aceitamos esse caminho de "espiritualidade libertadora" temos de exigir de nós (cada um/a consigo mesmo/a) uma cada vez maior capacidade de autocrítica e de aceitar ser corrigido/a por um/a companheiro/a, cada vez que isso for necessário. Do mesmo modo, assumir o compromisso de tal responsabilidade pelo irmão e irmã que possamos sempre velar por ele/a e assim ajudá-lo/la a se manter firme no caminho e alimentado por essa mística de amor divino em nós.

Essa autocrítica e crítica ao outro/a não parte de uma visão pessimista ou rígida sobre nós mesmos e sobre os outros. Ao contrário, procuramos nos ver como Deus nos vê, com seu olhar de amor e de misericórdia. No diálogo com o outro irmão e irmã, a primeira preocupação é confirmar que Deus o ama e está velando por ele/a. Só assim é que, com esse cuidado, nos permitimos pedir uma mudança de atitude ou de caminho. Assim vamos nos convertendo e ajudando o outro/a outra no caminho da conversão permanente.

A segunda dimensão desse diálogo espiritual que Raimon Panikkar chama de diálogo dialogal é levar esse espírito de diálogo para dentro das próprias lutas de partido político e de organizações sociais. Não é fácil quando o cenário é de uma arena de luta. Mesmo entre companheiros, ainda há muita competição, muita luta de poder e tentativa de vencer a outra tendência. No entanto, essa contribuição espiritual pode ser determinante para a unidade na caminhada libertadora. É isso que possibilita um elemento fundamental da espiritualidade libertadora. Ela traz aos projetos sociais e políticos transformadores (aos movimentos sociais e partidos de esquerda) o cuidado e o compromisso de não se deixar dominar pela intransigência, pela poeira de ódio e violência que as durezas da caminhada depositam em nós. Jon Sobrino tem razão ao afirmar: "Toda violência, mesmo a que pode chegar a ser legítima, tem um potencial desumanizante. A violência desata uma lógica interna que termina destruindo mesmo quem a exerce. [...] Mesmo se, como última reação de defesa e para impedir um mal pior, a violência possa ser compreensível, como regra geral e método de vida e de ação, é preciso não ceder e rejeitar qualquer ato, gesto, palavra que abra a porta à violência, seja física, seja psicológica, seja simbólica. Só quando aderimos à utopia da paz e começamos a vivê-la cotidianamente no nosso modo de ser e de viver estamos do lado de Jesus e vivendo como discípulos e discípulas dele" (cf. SOBRINO, 1992, p. 316).

Nessa caminhada, a espiritualidade libertadora é alimentada pela comunhão com os empobrecidos (contra a pobreza injusta) e pela militância persistente e teimosa pela transformação do mundo.

Monsenhor Romero insistia em que os cristãos deveriam lutar para devolver dignidade à Política. Isso supõe busca de competência e extremo cuidado em se exigir de si mesmo e dos outros a Ética em todos os níveis da inserção social e da militância política.

Se acreditamos que a ressurreição de Jesus é princípio e critério para uma nova organização do mundo, o trabalho social e político deve sempre testemunhar certa teimosia que não desiste e ser vivida na alegria de quem jamais perde a esperança.

Como realizar isso ou como viver desde já este caminho de compromisso espiritual com o socialismo novo? Em todas as tradições espirituais, para vivermos esta utopia que já está em processo de realização, somos chamados.

1) A um trabalho sério de conversão pessoal que não se dará se nos isolarmos. Isso supõe de cada pessoa uma disposição e até educação para uma permanente autocrítica, assim como estar abertos à crítica capaz de nos levar a uma mudança de caminho.

2) Precisamos descobrir uma capacidade nova de conviver e de constituir comunidades de vida. Isso é sempre um desafio, mas faz parte do processo espiritual de construção de um caminho novo e revolucionário, seja que se chame ainda de Socialismo renovado, seja que se prefira considerar dentro do paradigma do Bem-viver proposto pelos povos indígenas para toda a humanidade.

3) Não construiremos um mundo sustentável e verdadeiramente democrático se não assumirmos como ascese de vida a sobriedade socioeconômica e mesmo certa atitude de renúncia e pobreza com relação à forma de lidar com os recursos naturais e os bens da terra.

4) Um caminho de amorização supõe que demos interiormente tempo e espaço para esta ação divina em nós. Mesmo se é na solidariedade e na comunhão com o povo que encontraremos sempre o Espírito Divino, o ouviremos mais

profundamente no silêncio interior, na abertura do espírito à meditação e, para os que ousam aceitar esse caminho, na oração amorosa e intimidade com este Alguém que se manifesta em nós e nos impulsiona para sairmos de nós ao encontro dos outros e da vida para torná-la mais vida.

༺

Poema de um padre profeta

Quero saber, sim, se Cristo ainda é acreditado.
Preciso saber se Jesus, de fato, ressuscitou.
Ou, ao menos, se a Igreja, alguma vez, acreditou
Que Ele tenha mesmo ressuscitado.
Por que, então, ela se tornou potência?
Por que não percorre mais as estradas
Como um raio de sol
A proclamar que, de fato, Jesus ressuscitou?
Por que não se liberta da razão
E não renuncia às riquezas,
Pela única riqueza da alegria?
Por que não põe fogo nas catedrais
E não abraça cada pessoa pelas estradas
Quem quer que seja, só para lhe dizer
Ele verdadeiramente ressuscitou.
Minha Igreja amada e infiel,
Minha amargura de cada domingo,
Igreja que eu gostaria de ver enlouquecida de alegria,
Porque, de fato, Ele realmente ressuscitou (TUROLDO, apud CAMPEDELLI, 2009, p. 192).

༺

X
Agenda para os dias atuais

As três partes nas quais está organizado este livro não são e não podem ser iguais. A primeira que tentava apresentar a história e a realidade servia como ponto de partida para a reflexão. A segunda parte que estamos concluindo agora é, de fato, o centro da reflexão e, portanto, a parte mais importante. Resta uma terceira tarefa, na qual a proposta é apenas delinear ou apontar modestamente algumas pistas para uma Teologia da Libertação que parta da realidade atual.

No decorrer dos capítulos deste livro, aqui e ali, já despontaram alguns elementos que vocês perceberam: são desafios atuais da Teologia da Libertação.

Certamente, o desafio maior é que a Teologia da Libertação sempre parte de uma leitura crítica da realidade. Ora, atualmente, compreender e ser capaz de interpretar corretamente a realidade do mundo ou mesmo de um país ou cidade é muito mais difícil e complexo do que era há 40 anos, quando começamos a falar em teologias da libertação.

A realidade política mudou. A configuração dos pobres e do tipo de pobreza que vivem também mudou. Isso faz com que as lutas populares e as organizações de base também mudem. A caminhada da libertação sempre existe e é cada vez mais necessária, mas não aparece tão claramente no cenário do mundo e das regiões como acontecia nos anos de 1970 e 1980.

Como podemos, então, a partir dessa realidade, elaborar uma teologia da libertação? Desde os anos de 1980, a Teologia que antes falava dos pobres apenas ou principalmente em sua concepção social e política de oprimidos passou a conviver com os conceitos de gênero (masculino e feminino), de raça, de identidade sexual etc. E assim, surgiram teologias da libertação feministas, negras e indígenas, *gays*, *queers* e outras como a Ecoteologia, a teologia do cosmos, teologia animal e assim por diante. Vamos aqui elencar alguns pontos de partida dessa nova agenda teológica.

1 A pluralidade das teologias da libertação

Se antes, esse ponto já era claro. Desde os primeiros anos, houve diversas teologias da Libertação, agora essa diversidade toma fisionomias novas. O mundo dos pobres é, cada vez mais diversificado e plural. Nele, o pluralismo cultural e religioso faz parte integrante dos processos de libertação. Assim, não dá mais para se afirmar o que até algumas décadas alguns ainda diziam: Em si, o importante seria o fato de ser oprimido. Se o grupo é jovem, ou é negro, ou é índio ou *gay*, pouco importaria. A partir dos anos de 1990, as próprias lutas específicas de cada setor ou categoria revelaram que não era a mesma coisa. A identidade cultural ou de gênero se tornou tão importante como ponto de resistência que dá aos processos de libertação rostos e elementos próprios de cada grupo e de cada setor.

No meio dessa imensa diversidade, é preciso sublinhar que esses caminhos de libertação têm natureza autônoma e laical. Isso já era assim antes. Para dar um exemplo concreto: as organizações de trabalhadores e a sua caminhada de libertação sempre foram autônomas e laicais. O que é novo agora é que as teologias que decorrem dessas experiências também precisam ser cuidadosas em respeitar essa laicidade. Elas precisam ser reflexão a partir da fé e do projeto divino, mas sem precisar batizar religiosamente o processo social, nem valorizá-lo porque é cristão, católico ou evangélico.

Há quase 20 anos, a Associação Ecumênica de Teólogos/as do Terceiro Mundo (Asett) tomou como projeto teológico o aprofundamento de uma Teologia Pluralista e Mundial da Libertação. Assim surgiu uma coleção, elaborada coletivamente sob a responsabilidade da Comissão Latino-americana da Asett e organizada em cinco volumes, publicados em vários idiomas (VIGIL; TOMITA & BARROS, 2002).

É verdade que essa coleção teve a função de provocar a reflexão e indicar pistas mas não pôde aprofundar uma Teologia Planetária Trans-religiosa. Também pode-se dizer que, embora essa coleção tenha reunido bons teólogos do continente e de todo o mundo, de fato, essa intuição de fundo e essa orientação pluralista estava e ainda parece estar muito longe das perspectivas da maioria das pessoas e grupos que fazem pastoral de base mesmo em uma linha libertadora. Também não parece ter mudado concretamente alguma coisa fundamental nas reflexões dos próprios grupos que fazem teologias da libertação.

Até aqui, as teologias feministas parecem as que mais foram além das reflexões do cristianismo tradicional. A crítica ao Patriarcalismo toca nas próprias formas de se falar em Deus e em Jesus (*Kyrios*, Senhor). É bom repetir: ainda há uma distância de anos-luz entre essas reflexões e sensibilidades e a realidade vigente na maioria das comunidades e mesmo no seio das pastorais sociais. No entanto, o intuito dessa afirmação não é o de diminuir a importância do avanço dessas novas teologias, mas de indicar uma tarefa importante a realizar: fazer com que essas intuições teológicas e espirituais comecem a circular ao menos entre os/as agentes de pastoral ligados à base. Existem as bases dos movimentos sociais que, é claro, são mais abertas e é mais fácil essa penetração e existem as bases das paróquias e comunidades eclesiais, católicas ou evangélicas. Em geral, essas dependem mais dos ministros e pastores que as coordenam e, por isso, em geral, não são tão abertas a essas teologias mais novas e críticas. No entanto, o risco de não chegar até as bases é aquele já apontado na primeira parte do livro: a de fazermos teologia *sobre* libertação, mas não teologia *da* libertação; ou seja, produzida a partir das experiências concretas de libertação nas bases sociais do mundo e também das Igrejas.

Também as teologias índias e negras foram pensadas como teologias cristãs e a preocupação central era como traduzir a fé em categorias adequadas às culturas negras e indígenas. Sem dúvida, tanto as teologias negras quanto as indígenas têm se aberto e sabido dialogar com as religiões ancestrais (seja as tradições indígenas, seja as religiões afrodescendentes). No entanto, ainda é incipiente e quase inexistente um diálogo fecundo e inserção dessas teologias especificamente cristãs com setores e pessoas que tentam uma leitura libertadora das tradições do candomblé, da umbanda ou do xamanismo. E essa inserção não pode ser apenas no que diz respeito às lutas sociais pela terra, pelo direito à diversidade cultural e religiosa, mas tem de também ser diálogo espiritual e teológico que toca nos pontos essenciais da própria fé.

Libertação tem como eixo a liberdade pessoal. Por razões históricas e humanas, em toda a América Latina, o cristianismo se inseriu nas culturas autóctones e afrodescendentes, suscitando um sincretismo que, na história e até os nossos dias, toma várias formas. Em geral, os eclesiásticos tradicionais condenam o que chamam de *"dupla pertença"*. Também autoridades de religiões afrodescendentes como o candomblé tentaram condenar o Sincretismo de confusão. No entanto, muitas pessoas vivem a fé cristã como membros de uma ou outra dessas tradições e não sentem nenhum dualismo ou oposição entre elas.

Desde antes do Concílio Vaticano II, monges beneditinos europeus como Henri le Saux, Bede Griffis, Cornelius Tollens e outros se inseriram em tradições hinduístas e viveram uma profunda espiritualidade que integrava as duas tradições em uma síntese humana e teologal. No Brasil, dos anos de 1970, François de l'Espinay, padre francês e teólogo, ligado à Teologia da Libertação, se inseriu no candomblé e, como padre, aceitou ser Ogã de Xangô na comunidade da Mãe Olga de Alaketo. Sobre isso, escreveu diversos artigos contando sua experiência espiritual e dizendo o muito que aprendia com o candomblé em sua forma de viver a fé cristã (cf. artigos publicados na *REB* em 1984 e 1985).

Por que se negaria ao povo simples e aos fiéis algo que até monges e padres viveram em profundidade? Uma verdadeira e atual teologia da libertação tem de aprender a lidar com isso, ajudando as pessoas a viverem uma fé comunitária e libertária em uma e em outra tradição que de fato não se contradizem nem se excluem, desde que o modo de cada uma se colocar no mundo seja aberta, acolhedora e, como propõe o Papa Francisco "em saída".

2 A libertação dos nossos corpos dentro do projeto maior

> *Tu conseguirás observar a Torá [a lei divina] se ela se fixar nos 248 órgãos do teu corpo. Se ela não penetra em todo o teu corpo, logo a esquecerás.*
> Dito de um rabino, mestre da Torá.

Quando Richard Shaull, Ruben Alves, Hugo Assman, Gustavo Gutiérrez, Leonardo Boff, Jon Sobrino e outros iniciaram o que veio a se chamar teologias da libertação, talvez nem pudessem suspeitar que desafios e temas viriam a ter de ser tratados a partir do paradigma da caminhada das comunidades e movimentos sociais e do projeto divino da libertação.

Não há dúvida de que, entre vários outros temas e questões que, naquela época, não puderam ser desenvolvidos, uma questão central e absolutamente necessária é tudo o que diz respeito à corporeidade e especificamente à dimensão afetivo-sexual. Até há pouco tempo, as Igrejas tratavam esse tema no tratado da Moral e como assunto ligado ao que é ou não é pecado.

Há algumas décadas, esses temas foram provocados pelas teologias feministas e atualmente também pelas teologias *gays* e *queers*. Na América Latina, o Centro de Estudos Bíblicos (Cebi) e outros organismos responsáveis pela leitura bíblica nas comunidades e movimentos têm exaustivamente trabalhado o tema da corporeidade e das relações de gênero na Bíblia. Isso tem provocado um clima novo e bom para o diálogo, a aceitação das diferenças pessoais e do apoio mútuo entre os irmãos e irmãs que têm participado desses diálogos. Mas, do mesmo modo que falávamos do Pluralismo e do Feminismo, esse assunto também não tem ainda conseguido suficiente inserção e liberdade de diálogo nos movimentos e comunidades das bases. Talvez a diferença é que sobre esse assunto específico (das liberdades sexuais, diferenças de gênero etc.), a própria sociedade tem exigido mudanças (direitos civis nas constituições e leis de cada país) e isso tem obrigado as Igrejas a se abrirem mais a essas discussões.

Para quem procura viver um caminho espiritual, em qualquer que seja a tradição religiosa, integrar a sexualidade no seu projeto de vida é elemento indispensável. Somente alguém que consegue assumir e integrar a sua afetividade e sexualidade aos outros aspectos do crescimento pessoal consegue realizar um verdadeiro diálogo consigo mesmo e uma abertura profunda às outras pessoas.

O tantrismo é uma doutrina criada no século VII, na Índia. Em sânscrito, *Tantra* significa *teia*, *rede*. Trata-se de um conjunto de práticas que preparam o corpo e a mente do ser humano para aumentar o conhecimento de si mesmo e da realidade ao seu redor. O tantrismo foi incorporado tanto pelas tradições hinduístas como por algumas escolas do budismo. Tem tantas linhas e orientações que fica difícil resumi-lo. Em geral, os que seguem o tantrismo ligam a energia da sexualidade feminina à deusa *Shakti*. Ela é a energia ativa e símbolo da matéria. *Shiva* é o princípio masculino. Para o tantrismo, esse princípio masculino (*Shiva*) é passivo, portanto, menos importante e representa o espírito. Então, o mais importante é o corpo e é sempre representado pela dimensão feminina. Portanto, mesmo no mundo antigo, o tantrismo representou uma corrente antipatriarcal e de certa forma feminista. A ioga tântrica e os exercícios de meditação visam despertar e desenvolver a energia da *Kundaline*, serpente divina, energia sexual que diviniza o homem e a mulher. A união de Shakti e Shiva se dá no ato sexual e isso é o *Samadhi*, uma espécie de êxtase místico que prolonga o prazer e une as pessoas a Deus. O tantrismo ensina que o orgasmo não é o mais importante do ato sexual e não deve ser procurado por si mesmo. O prazer místico vai além do gozo meramente genital. Tem de envolver todo o corpo e o espírito e isso, em geral, se consegue pelo prolongamento do ato sexual, das carícias, do estar juntos mesmo tranquilamente. Quando ocorrem, dizem os adeptos dessa corrente, o orgasmo pode durar horas e horas.

Quem quiser aprofundar o conhecimento da tradição tântrica, em português a editora Tharpa (São Paulo) tem vários livros escritos pelo mestre tântrico Gesche Keisang Gyatso, como: *Solos e caminhos tântricos* e também *Mahamudra Tantra: Uma introdução à meditação tântrica*. Também vale a pena ler o livro do guru Osho, *Tantra, espiritualidade e sexo* (São Paulo: Madras, 1970).

Para traduzir para nós, cristãos latino-americanos, essa cultura, já nos anos de 1970, afirmava Leonardo Boff: "Kundalini é o símbolo da energia cósmica que se revela também no sexo. É o primeiro chacra, o da sexualidade genital. Mas, a genitalidade é só o primeiro chacra. A expressão do amor tem a sua dimensão genital, mas não pode se restringir a isso. Deve passar pelos sete chacras do corpo até chegar ao sentimento interior, à expressão da infinitude, da iluminação que capta a dimensão cósmica do amor. Quem faz a ativação desses sete chacras tem uma experiência da totalidade da libido humana" (BETTO & BOFF, 2010, p. 259).

Há quem se pergunte por que, quase sempre, a maioria das Igrejas cristãs tomou posições rígidas com relação ao corpo e à sexualidade. Evidentemente, muito dessa sensibilidade se pode explicar pela inserção da fé em culturas influenciadas por filosofias que desprezam o corpo ou a matéria como más ou suspeitas. (Isso ocorreu na vulgarização do neoplatonismo e também do estoicismo.) No entanto, há também uma herança da própria Bíblia que precisamos compreender.

Para a antiga cultura semita, o ser humano é carne (*basar*) e faz parte de toda a natureza. Para o povo bíblico não existe divisão entre inteligência e sensibilidade, entre alma e corpo. "O *corpo* é a totalidade da pessoa na sua dimensão de relação intersubjetiva, ou seja, de relação com as demais pessoas. A *alma* é a totalidade da pessoa na sua dimensão de vitalidade e na sua capacidade de promover a vida. O *espírito* é a totalidade da pessoa na sua dimensão de relação com o divino, na sua ação de deixar-se conduzir pelo divino. De modo que se pode afirmar que, em cada uma dessas dimensões, está sempre presente, de maneira inseparável, a pessoa na sua inteireza, na sua totalidade. A concepção bíblica de unidade da pessoa (corpo, alma e espírito – no hebraico: *basar, nefesh, ruah* e no grego, *soma, psyché e pneuma*; cf. 1Ts 5,23) não nos permite separá-la em 'pedaços', como se uma dimensão não estivesse presente na outra, em determinados momentos ou em determinadas situações". Da mesma maneira, "o prazer e o gozo, inclusive quando brotam da relação sexual, não podem ser vistos como consequência do pecado original, mas como ato profundamente humano, querido por Deus, e que contribui para a plena realização humana" (LISBOA et al., 2014, p. 35).

O povo bíblico viveu em meio a povos que praticavam cultos para a fecundidade da terra e os ligavam à fertilidade da mulher. Para as culturas cananeias, em meio às quais surgiu e se desenvolveu o Israel antigo, note-se que a sociedade era patriarcal. A mulher era propriedade do pai e, a partir do casamento, pertencia ao marido. Toda a vida sexual estava orientada para se manter, proteger e fortalecer esse tipo de laço social. O que favorecia a propriedade e a estabilidade do clã era legitimado. O que pudesse não favorecer essas instituições clânicas era tabu e devia ser condenado.

Por causa disso, a Bíblia recomenda a relação sexual entre o homem e a mulher (cf. Pr 5,18-20; Ecl 9,9). Permite a poligamia para o homem, já que era uma sociedade patriarcal, mas proíbe a poliandria (a mulher ter muitos homens) e condena o incesto, a relação com animais e mesmo a masturbação e as práticas homossexuais (cf. Ex 22,18; Lv 18,23; Dt 22,5). O sentido dessas proibições não é em si de moral sexual. O contexto cultural e a preocupação real é a de proteger o clã e garantir a posteridade da família e da raça.

A Bíblia assume os costumes culturais do seu tempo e até os coloca como vontade divina. Alguns dos antigos costumes cananeus foram assumidos e vividos como se fossem normais. No Gênesis, por exemplo, algumas vezes, aparece como forma de juramento o colocar a mão "debaixo da coxa do outro", portanto, no órgão sexual (cf., p. ex., Gn 24,2; 47,29). Devia ser uma forma de jurar dos cananeus, ligada aos cultos de fertilidade, nos quais a sexualidade ocupava um lugar importante. Isso não nega que, em relação a seus vizinhos, Israel procedeu a uma verdadeira desmitização e dessacralização da sexualidade humana, da fecundidade e da sexualidade divina. O casamento se torna não mais um rito divino, mas uma realidade deste mundo terrestre.

Esse processo vai no sentido de uma verdadeira integração ao conjunto da vida. Nem manter o sexo como rito divinizado que se torna tabu e nem banalizá-lo como objeto do comércio ou de relações nas quais as pessoas se sentem usadas. Uma teologia da libertação tem de repensar essa dimensão da corporeidade e da sexualidade como importante nesse processo de humanização. Qualquer que seja a orientação sexual da pessoa, o importante é humanizar a relação e que a dignidade humana possa ser vivida na direção do amor que tem várias formas, etapas e ritos diversificados que merecem respeito e cuidado.

Na Bíblia, o Cântico dos Cânticos é um livro que sempre foi considerado sagrado, embora nele não apareça nenhuma vez o nome divino. Apenas fala do amor entre um homem e uma mulher e valoriza o erotismo e a busca do amor, por si mesmo. Não toca em casamento e em nenhuma regra moral. É um hino ao Amor. E isso em si, como afirmava no tempo de Jesus o Rabino Akibá: *o mais sagrado de todos os livros sagrados*.

Em um campo de concentração nazista na Alemanha de 1939, Etty Hillesun, jovem judia de 28 anos, escrevia em seu diário: "Amassei o meu corpo como se amassa um pão e o distribuí a homens que há muito estavam famintos de amor. Por que não?"

Em seu livro *Utopia da sexualidade*, Luiz Gonzaga Teixeira afirma: "A essência da minha pessoa é a falta do outro. É preciso que toda a cultura humana, todo o universo e o nosso corpo se organizem como meios ou pontes para chegar ao outro. A verdadeira proposta deste livro, nessa perspectiva, é o desafio de levar a caridade para o sexo" (TEIXEIRA, 2015, p. 28).

Para Gonzaga Teixeira, isso não significa "fazer sexo por caridade". O que ele propõe é humanizar o mais possível as relações afetivas e sexuais como relações do que chamamos de "amor solidário", e não apenas de paixões que satisfaçam nossas carências. Independentemente de concordarmos com tudo o que esse livro afirma, o fato é que ele propõe incluir a sexualidade em um projeto que chama de "utopia" e que diz respeito a um mundo novo possível.

Tentar relacionar desejo sexual e caridade pode parecer estranho. A luxúria, ou o que se chama vulgarmente *tesão*, era uma palavra que, em geral, as gerações mais velhas não podiam usar. No entanto, Matthew Fox, teólogo contemporâneo, afirma: "Sem luxúria, nenhum de nós estaria aqui. Foi a luxúria de nossos pais que nos trouxe a este mundo. Então, a luxúria é sagrada e santa. É o desejo místico e sagrado de se tornar um só com o outro" (FOX, 2001, p. 184).

As Igrejas cristãs têm com a humanidade uma dívida moral por terem sido responsáveis ou ao menos coniventes com o patriarcalismo e com muitos sofrimentos e angústias das pessoas, oprimidas por sentimentos de culpa e por consciência do pecado em tudo o que diz respeito à sexualidade. Atualmente, na sociedade secularizada e independente do controle religioso, se discutem pautas que ministros e grupos cristãos podem discordar. Só devem ter o cuidado ético de não usar o nome de Deus como projeção de seus preconceitos moralistas e nem de se fechar ao diálogo com quem pensa diferente. O diálogo não significa ceder ou ter de concordar com o outro, mas respeitá-lo e tentar aprender alguma coisa do que ele pensa e afirma, mesmo que se continue pensando como antes.

Uma mais justa relação de gêneros e uma postura que favoreça a libertação de angústias que as pessoas sentiam nesse campo da moral sexual devem ser preocupações das Teologias contextuais ligadas à Teologia da Libertação. É preciso assumir o compromisso de um aprofundamento que permita avançar no diálogo principalmente com a juventude e sem perder o rumo de uma proposta espiritual e teológica claramente evangélica (cf. BARROS, 2015, p. 15).

3 Para Teologias ecofeministas e descolonizadoras

Em muitos momentos dessa reflexão, temos conversado sobre a imensa contribuição das irmãs teólogas aos processos da caminhada de libertação das comunidades e das categorias de trabalhadores/as de base.

Desde algumas décadas, nas grandes tradições religiosas, mulheres inseridas no caminho da fé têm teologias que denunciam o Patriarcalismo e propõem novas e mais justas relações de gênero.

No cristianismo, em todos os continentes, ao menos desde os anos de 1970, na Europa e na América do Norte, muitas teólogas têm elaborado uma teologia que rompe com a linguagem patriarcal e propõe "o discipulado de iguais" (cf. JOHNSON, 1995). Na América Latina, durante algum tempo, as teólogas preferiram tomar como proposta não em si o feminismo, mas "uma teologia a partir da perspectiva das mulheres" (cf. TAMEZ, 1989). Sem deixar de lado a reflexão sobre justiça de gênero, elas insistiam na mudança da própria linguagem sobre Deus (sempre visto como masculino) e as consequências dessa mudança necessária para a própria fé e a espiritualidade. Elas assumem a perspectiva de gênero e o empoderamento das mulheres, mas principalmente em meio às lutas sociais e à caminhada da libertação. Foi nesse caminho que, desde a década de 1980, as teólogas latino-americanas assumiram a denúncia de suas irmãs do Norte que já afirmavam: os sofrimentos e opressões sofridos pelas mulheres no mundo estão muito ligados aos sofrimentos e opressões sofridos pela Terra e pela natureza. Daí veio o que passou a se chamar de *Ecofeminismo*. É um processo que une muitos movimentos sociais e filosofias que unem a causa do feminismo com a ecologia. Comumente se acredita que quem usou por primeiro esse termo foi a escritora francesa Françoise d'Eaubonne em seu livro *Le feminisme ou la mort* (1974). Na América Latina, teólogas cristãs o assumiram e o trabalharam a partir da realidade concreta do continente e do nosso modo de fazer teologia.

Não seria justo nem honesto que a Teologia da Libertação pretendesse se apropriar ou carimbar como se lhe pertencessem caminhos ou intuições que nascem e se desenvolvem de modo autônomo e criativo. De todo modo, sem dúvida, as teologias feministas latino-americanas podem ser consideradas não apenas como parte do grande processo libertador, mas mesmo como elementos fundamentais que integram esse caminho. De fato, as lutas contra as desigualdades sociais e econômicas se estendem também à exigência de mais justas relações de gênero. Assim, as teologias feministas sentiram-se chamadas a abrir o caminho para outras considerações sobre a diversidade de orientações sexuais.

No Brasil, a teóloga que mais desenvolveu a relação entre feminismo e ecologia foi Ivone Gebara em seu livro *Teologia ecofeminista* (1997). Ali, ela relê as intuições fundamentais do ecofeminismo a partir da realidade brasileira. É a partir da convivência com as mulheres pobres de periferia de Camaragibe, onde então ela morava (cidade pobre da região metropolitana do Recife), que ela incorpora temas quentes como a corporeidade, a sexualidade e concretamente os direitos reprodutivos, assunto que lhe vale muitas tensões e mesmo sofrimentos com a instituição católica. Algumas teólogas evangélicas, por terem estruturas eclesiásticas mais leves ou menos centralizadas, conseguiram desenvolver mais essa reflexão crítica e libertadora. No Brasil, lembramos nomes como Vanda Deifelt, Marga Stroher, Nancy Cardoso, Silvia Regina de Lima Silva e outras. Fora do Brasil, podemos citar a saudosa teóloga metodista argentina Marcela Althauss-Reid, que se tornou Diretora do Mestrado na Universidade Metodista de Edimburgo, na Escócia, onde se inseriu para ensinar Teologia da Libertação, mais tarde, engajada na teologia *gay* e *queer*.

Nessa perspectiva, é importante salientar a coragem profética de várias dessas irmãs de não apenas contestar as hierarquias eclesiásticas e a tradição patriarcal das Igrejas, mas mesmo o que ainda havia e há de elementos contraditórios nos escritos e posturas nossas, ou seja, de companheiros da Teologia da Libertação. Em várias entrevistas, Marcela Althauss-Reid emitiu críticas profundas ao que ela considerava o paradigma ainda conservador e patriarcal da Teologia da Libertação. Entre nós no Brasil, quem parece ter mais desenvolvido isso em seus escritos foi Ivone Gebara. Ela considera que o ecofeminismo se insere na práxis da libertação, compreendida não apenas como compromisso com os empobrecidos no plano social e político, mas também vítimas das discriminações raciais, do patriarcalismo e da destruição da Terra, poluição do ar e das águas. Tudo é uma luta só e precisamos compreender que a defesa dos oprimidos deve se situar no interior da defesa da mãe Terra e da natureza (GEBARA, 2002, p. 10).

Apesar de situar claramente sua teologia na práxis e no processo de reflexão das teologias da libertação, Ivone denuncia que, em seus escritos mais clássicos e conhecidos, a Teologia da Libertação não chegou a modificar o modelo fundamental do pensamento tradicional ocidental (patriarcal e essencialista). Ela afirma: "A Teologia da Libertação parece sobrepor à epistemologia antiga e medieval uma epistemologia moderna e mecanicista em que, à primeira vista, parecem harmonizar-se conceitos como luta de classes, sociedade sem classes, Reino de Deus. Mas não introduz uma nova abordagem: apenas se acrescentam aspectos da epistemologia da modernidade numa perspectiva teológica de libertação integral dos pobres da América Latina. Por exemplo, a reinterpretação de Jesus de Nazaré não chega a criticar a dogmática tradicional. Não faz a desconstrução do dogma cristológico, mas o relê à luz da opção pelos pobres e da luta pela justiça. Trata-se de uma tentativa de harmonizar dois universos epistemológicos sem a eliminação ou modificação de nenhum deles. A questão é saber qual prevalece com mais intensidade no discurso teológico" (GEBARA, 1997, p. 53).

Trata-se de uma crítica de alguém que pede ainda mais radicalidade na coerência da crítica ao sistema religioso que domina o cristianismo e propõe uma revisão dos paradigmas a partir dos quais se constrói a Teologia da Libertação. De fato, ao menos nos primeiros tempos, eram paradigmas ainda patriarcais e, sem dúvida, eurocêntricos. De fato, muito dessa teologia ainda alimenta os textos oficiais e mesmo alguns subsídios das bases.

Basta olhar a história e se descobrirá que o apoio à colonização e a escravidão dos negros e dos índios não decorreu do pecado de alguns filhos da Igreja e sim do tipo de teologia vigente, estruturalmente monarquista em sua hierarquia, tranquilamente assentada sobre bases pouco amorosas e que ainda persiste em muitos dos seus elementos na Teologia oficial e não foi em si contestada mesmo pela Teologia da Libertação.

O próprio exemplo dado por Ivone no texto (quando ela alude a uma Cristologia que não revê seus pressupostos tradicionais, mas os adapta simplesmente à opção pelos pobres) aponta na direção da elaboração mais criativa e subversiva de uma teologia que, por ser verdadeiramente ecofeminista, possa ser, de fato, pluralista e servir à libertação das mulheres e dos homens, vítimas deste sistema.

Também podemos afirmar que, mesmo a Teologia da Libertação, ao menos até o começo deste século não explicitava suficientemente uma libertação do paradigma antropocêntrico para uma visão mais holística e centrada na Vida. Nesse campo, a contribuição de Leonardo Boff e de vários outros irmãos e irmãs tem sido fundamental e pode servir de continuidade à proposta inicial de Ivone Gebara.

De fato, em nossos países, a teologia atual tem se debruçado sobre o paradigma da decolonialidade. Em agosto de 2016, o Fórum Mundial de Teologia e Libertação (FMTL) praticamente dedicou as sessões que realizou em Montreal à Teologia decolonial. Ali se distinguiu o pós-colonialismo da descolonização e do conceito novo de decolonialidade. Ao suprimir o s do descolonial, se revela o propósito não apenas de desfazer o colonialismo, ou de superar o momento colonial pelo pós-colonial e sim de provocar um posicionamento contínuo de transgredir e insurgir. O decolonial (do inglês *decoloniality*) implica um movimento teológico de luta contínua. Esse foi também o tema escolhido para o encontro anual da Sociedade de Teologia e Ciências da Religião (Soter) em julho de 2019.

Talvez o que alguém mais crítico possa observar é que mesmo em toda a crítica justa que muitos teólogos/as fazem ao sistema colonial, eles/as permanecem sempre baseados quase exclusivamente na literatura filosófica e teológica norte-americana e extremamente presos ao sistema da Academia e todos os seus ritos costumeiros. De todo modo, para a Teologia da Libertação é importante esse diálogo e o desafio de repensar uma Teologia Pluralista da Libertação que seja decolonial e ecofeminista.

4 Teologias da libertação e outros novos paradigmas

Além dos paradigmas ecofeminista e decolonial, as teologias da libertação precisam participar do diálogo e da construção de outros novos paradigmas civilizatórios que dizem respeito à Ecologia integral, proposta pelo Papa Francisco na *Laudato si'*. São paradigmas ecocosmológicos, como propõe Leonardo Boff, e dizem respeito tanto a energias sustentáveis, a novas formas de agroecologia como a compreensões novas da sociedade humana e da própria vocação do ser humano na terra (BOFF, apud LESBAUPIN & CRUZ, 2019, p. 123ss.). É preciso cada vez mais estreitar a relação entre as teologias da libertação e os grupos que se reúnem para discutir e planejar como trabalhar para transformar a sociedade, a partir de *novos paradigmas para outro mundo possível* (cf. LESBAUPIN & CRUZ, 2019, p. 5).

Sem dúvida, parece algo inusitado e auspicioso que Afonso Murad, teólogo profundamente inserido nas bases e comprometido com os processos de libertação, escreva sobre *Felicidade e sobriedade feliz, como contribuição para esses novos paradigmas*. Ele assim se expressa: "Para ser feliz, é importante investir nos vínculos sociais, em vários âmbitos: no amor, no trabalho, na família, no círculo de amigos, na militância política, na assembleia dos cidadãos. Uma chave essencial da felicidade consiste nos vínculos sociais satisfatórios. [...] Conquistada a satisfação das necessidades básicas, a chave da felicidade humana está na qualidade do vínculo social. Do ponto de vista comunitário e estrutural, a busca da felicidade comporta necessariamente a consciência e a luta para reduzir as desigualdades sociais e cuidar da teia da vida no nosso planeta" (MURAD, 2019, p. 135).

É essa junção do coletivo e do pessoal, do macro e do micro, a consciência dos bens comuns e, ao mesmo tempo, a luta para não se isolar em um mundo no qual, como se expressa Murad citando o filósofo Jorge Riechmann: "O capitalismo propõe o absurdo antropológico do ideal de vida: possuir todas as coisas, às custas de estar só" (MURAD, 2019, p. 132).

É preciso que as novas teologias da libertação participem ativamente dessas construções de "culturas de vida" (cf. ARÉVALO, apud LESBAUPIN & CRUZ, 2019, p. 36) e assuma como causa teológica e espiritual "a questão da Água nos dias atuais" (POLETTO & MALVEZZI, apud LESBAUPIN & CRUZ, 2019, p. 35).

É preciso com Ladislau Dowbor retomar as reflexões críticas ao atual modelo econômico dominante, reestabelecer o diálogo entre Teologia e Economia que tanto aprendemos de pioneiros como Franz Hinkelammert e aqui no Brasil Jung Mo Sung (MO SUNG, 1994), e assim podermos construir bases mais sólidas e firmes para a nossa participação na construção da sociedade alternativa que desejamos.

Tudo isso nos coloca no paradigma do Cuidado e do Carinho. Para explicitar isso, nada melhor do que a linguagem poética e principalmente de uma grande poetisa como Adélia Prado. Em seu livro *Teologia Ecofeminista*, Ivone cita diversas vezes essa poetisa. Os textos de Ivone contém uma teologia ecofeminista que se constitui como expressão nova de uma boa teologia pluralista da libertação, na qual se unem um caminho espiritual de diálogo universal e de cuidado com as outras pessoas com a comunhão carinhosa com a natureza e a nossa Mãe Terra. De modo muito feliz, ela encerra o seu livro com o poema "Nigredo", de Adélia Prado, que diz:

Nem a terra toda cobre esta nudez,
Nem o mar,
nem Deus que me trata como se eu fora divina.
Ele não é o que dizem,
grita, convoca à loucura,
furta de mim as delícias que nos sonhos concede:
os peixes dentro da rocha,
primeiro de vidro,
depois vivos, frementes,
da mãe cristal, pendentes,
da mãe ametista.
A boca está seca, é sede.
Ele quer água, eu bebo,
Quer urinar, levanto-me,
Sem roupa, ando na casa,
Tem piedade de mim.
A humilhação me prostra,
Meia noite, meio da vida a pino,
a cova, a mãe, o grande escuro é Deus
e forceja por nascer na minha carne (PRADO, 1997, p. 334-335).

3ª parte
"Vai e faze o mesmo"
(Lc 10,37)

Para uma teologia da libertação para os nossos dias

XI
O problema da teologia e seus desafios hoje

Você, irmão/ã que me segue nessa reflexão sobre uma teologia da libertação para esses dias que dão o que pensar, inicia agora a terceira parte do livro que deseja ser mais a parte dedicada ao agir, no sentido de discernir os passos a seguir hoje por uma teologia que continue a vocação das teologias da libertação na América Latina e especificamente no Brasil.

Antes de iniciar exatamente a reflexão sobre os desafios e as tarefas que nos ocuparão nos capítulos seguintes e últimos deste livro, peço licença a vocês para repetir e resumir aqui um capítulo do livro póstumo do meu querido mestre e professor Padre José Comblin. O capítulo tem exatamente como título *A teologia como problema*. Para melhor tratar das perspectivas e caminhos novos possíveis para as teologias da libertação na realidade atual, me permito retomar esse texto do Comblin que faz um resumo da história da teologia (parte que ficaria melhor na primeira parte desse livro) e a partir daí lança as questões que precisamos ter em mente para formulá-las hoje. Por isso, as reproduzo aqui.

Tudo o que segue, você encontrará na obra de Comblin: *O Espírito Santo e a tradição de Jesus*. Apenas a transcrevo resumidamente e escolhendo alguns trechos da versão 1 das páginas que Comblin deixou sem publicar. Trata-se da parte do livro que tem como título *A nova descoberta do Evangelho – Introdução à Teologia Contemporânea*. Dessa parte, tomo o capítulo 6 e o resumo para o que nos interessa aqui nessa 3ª parte deste livro:

1 A questão fundamental

"Uma teologia cristã nem sempre existiu. Apareceu no século XIII, ou seja, bastante tarde na história cristã. Por que surgiu e como? Qual foi o seu papel histórico desde então? Hoje mesmo, para que serve uma teologia? Qual utilidade pode ter na Igreja atual? [...]

Jesus não fundou nenhuma teologia. Não formulou nenhuma doutrina. Curou os doentes, expulsou os demônios, discutiu com os doutores e as autoridades, percorreu os povoados da Galileia, evitando as cidades de cultura grega. Não estudou nas escolas de doutores. Não fez discursos, pois os discursos a Ele atribuídos pelos evangelistas são artificiais, porque os redatores juntaram muitas sentenças dispersas para formar um discurso... [...]

Jesus falou como os camponeses da Galileia que não fazem discursos, mas enunciam palavras de sabedoria, comparações, símbolos, usam metáforas e comparações. Tudo isso tem significado. O primeiro ensinamento que Jesus nos deixou foi exatamente o fato de escolher o modo de pensar e se expressar dos camponeses pobres da sua região. Pois foi uma escolha consciente e voluntária que tinha uma finalidade.

Mais tarde, alguns teólogos puderam ter a pretensão de dizer melhor do que Jesus o que Ele queria dizer. Quiseram explicitar pensando que assim melhoravam a inteligência e a compreensão das palavras. Para isso, usaram métodos de pensamento conceptual que encontraram na história da Igreja. Encontraram sobretudo a filosofia e a cultura grega. [...]

Se Jesus usou o linguajar dos pobres camponeses, isso significa que esse linguajar era o mais adaptado para comunicar o seu pensamento. Não era para Ele sinal de fraqueza, mas de força. [...] Jesus não quis aprender o modo de pensar dos doutores. Esse pensamento dos doutores era poder. Com certeza, Jesus não queria o poder intelectual, porque esse modo de falar o afastaria dos pobres. As teologias ulteriores estão ao alcance dos pobres? [...] A mensagem de Jesus é feita para os pobres e deve ser adaptada ao modo de pensar dos pobres, cuja cultura é oral e não escrita.

O linguajar simbólico e metafórico não tem a precisão do linguajar dos conceitos. Por isso, os teólogos acham que sabem dizer melhor o que Jesus pensava. No entanto, se Jesus escolheu esse linguajar, deve ser porque não queria definir estritamente o que dizia. Queria deixar a suas palavras a flexibilidade de uma linguagem metafórica. Queria abrir a porta a uma diversidade de interpretações, o que devia ocorrer depois dele. Não definiu fórmulas de fé" (COMBLIN, 2012, p. 179-180).

2 O surgimento da teologia

"A adoção do cristianismo como religião oficial do Império teve consequências incalculáveis. Criou a Cristandade, que foi destruída pelos bárbaros, mas reconstruída na Idade Média e perdurou até o século XX sob diversas formas. [...]

No século XIII produziu-se a grande virada que esteve na origem daquilo que chamamos hoje de teologia. Pouco a pouco, foram criadas universidades com faculdades de teologia como parte culminante nas cidades principais da Cristandade. [...] Surgiu uma teologia cujos expoentes máximos pertencem ao século XIII. Pela primeira vez, a Bíblia já não era a base da reflexão cristã, embora os grandes ainda tomassem a Bíblia como trabalho fundamental. Pouco a pouco, a Teologia vai substituir a Bíblia, porque ela ensina que expressa a revelação contida na Bíblia e de modo mais profundo e sistemático. Essa teologia pratica a dedução como principal meio de conhecimento. A dedução permite aumentar o conhecimento, fazendo aparecer o que ainda estava implícito na tradição bíblica e patrística. [...] Dado o estado dos conhecimentos naquela época, a teologia assumiu, sem dificuldade, o papel de ciência rainha do pensamento. Deu glória à Cristandade que doravante gozava de instituições dedicadas ao puro pensamento. A teologia foi motivo de orgulho para a Igreja. Ela se transformou pouco a pouco em ideologia da Cristandade. [...]

Porém essa teologia devia suscitar muitos problemas. Em primeiro lugar, ao adotar a filosofia como fundamento, a teologia mudava a estrutura da revelação. Em lugar de partir de Jesus, partia de um conceito de Deus alheio, estranho, cósmico e ia objetivar a realidade de Deus, colocado como uma categoria numa escala de ser, como o ser supremo. Deixava de lado a presença de Deus no íntimo de tudo e de todos os seres humanos. Fazia de Deus um ser imutável, atemporal, muito distante dos homens e de sua criação. Essa filosofia dava como objeto do pensamento o ser. A categoria ser ficava como metodologia. Mas, na Bíblia, não se dá valor ao ser e sim ao agir. As categorias filosóficas (teológicas) deixam de lado o que Jesus disse e fez. Impõem conceitos que não estão na Bíblia.

De modo particular, a filosofia grega não considera a história como objeto de ciência porque a história fala de realidades que aconteceram uma vez e a filosofia (e a teologia que dela decorre) fala do universal e do permanente. [...] A base do cristianismo é que Jesus é um só e a sua vida é uma só. Por isso, a teologia clássica não valorizava a vida de Jesus como história.

Ao final do século XIX, Leão XIII, consciente da distância entre o mundo e a Igreja, introduziu o neotomismo, uma volta ao próprio Tomás de Aquino, passando por cima de séculos de comentários que tinham formalizado a doutrina tomista tornando-a mais formalista e menos vivencial. [...] Essa teologia serviu para adaptar a Igreja às necessidades do mundo, mas somente de modo muito parcial. Ainda não era um verdadeiro diálogo. [...] O neotomismo favoreceu a entrada da Igreja no mundo social da sociedade industrial e constituiu a doutrina social da Igreja. Era apenas uma transição. A democracia cristã que nasceu da doutrina social da Igreja está desaparecendo, perdendo a sua identidade. A doutrina social se dissolve em generalidades e formalismos que não respondem às situações atuais e não oferecem a mensagem de Jesus.

Todo esse tempo assistiu à ascensão de uma literatura espiritual abundante que compensava a esterilidade espiritual da teologia. Essa literatura, que não se apoia em nenhuma teologia ou expressão intelectual viva e atualizada, nem sempre é de boa qualidade intelectual ou religiosa. [...] Ainda bem que a fé do povo é impermeável à evolução da teologia. [...] O problema surgiu quando a antiga classe rural começou a desaparecer desde o século XX e a sociedade industrial urbana reúne a quase totalidade da humanidade. Por isso, com uma teologia que vem de longe e uma base social que está desaparecendo, a Igreja Católica, como expressão da fé, está em perigo".

3 A teologia do século XX

"A teologia católica entrou no século XX com uma crise que parecia um temporal. Foi o modernismo e a sua condenação por Pio X. Diversos fatores influíram na evolução da teologia católica. Em primeiro lugar, foi o crescimento do estudo histórico-literário da Bíblia, ou seja, o retorno à Bíblia, lida no seu contexto histórico, sem referência a 19 séculos de interpretações. Esse movimento nasceu fora da Igreja Católica, sobretudo na Igreja protestante da Alemanha, ou melhor, nas faculdades de teologia protestante das universidades alemãs. Era o descobrimento da vida histórica de Jesus, da sua humanidade, vista pelo testemunho contemporâneo. Por ser de origem protestante, por usar modos de pensamentos modernos, por desprezar todas as exegeses eclesiásticas, pondo em perigo os dogmas católicos, por ter conduzido vários autores a um protestantismo liberal no qual se dissolve a divindade de Jesus, esse movimento bíblico foi rejeitado e condenado pelo magistério católico. No início do século XX, Pio X emitiu uma série de decretos que excluíam totalmente o método histórico-crítico da leitura cristã da Bíblia.

No entanto, alguns religiosos católicos, ortodoxos na doutrina, sentiram o valor desse método que permitia um acesso mais rico aos Evangelhos e à Bíblia e que dava uma interpretação que respondia aos problemas criados pela ciência, criação do mundo em sete dias, dilúvio e assim por diante. Com muito cuidado para não entrar em contradição com os dogmas católicos e com um resto de exegese tradicional apologética e defensora da teologia oficial, a exegese crítica pôde avançar. [...] Depois do Concílio, os exegetas adquiriram independência e, pouco a pouco, a exegese tornou-se mais importante e tendeu a fornecer a base da teologia.

Isso foi como um rejuvenescimento da Igreja.

Em segundo lugar, os teólogos – alguns – aproximaram-se das filosofias modernas contemporâneas. [...] Em terceiro lugar, alguns teólogos começaram a se aproximar dos movimentos sociais. Assim, alguns teólogos descobriram o lugar dos pobres na revelação em Jesus Cristo. A dita ação social da Igreja não era um apêndice lateral, mas estava no centro da missão da Igreja. Isso mudou a perspectiva da teologia.

É significativo que um empurrão muito forte nesse sentido tenha sido dado pelos/as teólogos/as do Terceiro Mundo. Começou com a Teologia da Libertação que, desde os anos de 1970, cresce no continente. Na década seguinte, já é reconhecida pelos setores mais abertos da Europa e dos Estados Unidos. Depois, a Teologia da Libertação entrou na Ásia e na África. Acabou sendo assimilada nos setores mais conscientes da teologia no mundo inteiro, apesar das fortes resistências no catolicismo tradicional e em Roma.

A resistência veio porque havia uma aproximação visível com o marxismo, e ele era considerado pelos setores conservadores como o mal absoluto. Marx era ateu e ensinava o ateísmo. Todos os que buscavam inspiração nele eram denunciados como ateus ou simpatizantes do ateísmo. As classes capitalistas dominantes não podiam permitir que perdessem a sua dominação sobre a Igreja Católica que ainda tinha bastante força social. Daí uma campanha terrível que desembocou finalmente no documento de Ratzinger em 1984.

No entanto, com certa razão, Michel Henry estimava que o marxismo era a primeira filosofia cristã. Todas as anteriores eram filosofias gregas e partiam de conceitos gregos não cristãos para integrar o cristianismo dentro desse sistema conceitual. Marx foi o primeiro que partiu de temas cristãos: a luta entre dominadores e dominados como segredo da história humana, e esperança de uma humanidade reconciliada como desafio básico da humanidade, exatamente como no Novo Testamento.

Marx era ateu. Mas, ateu de que deus? O deus que conhecia era o deus que gloriava os ricos e condenava os pobres a viver na miséria, prometendo a vida eterna como recompensa. Era o deus fabricado pela burguesia tendo como base a concepção popular tradicional que crê num deus que está no céu e que é preciso invocar para que perdoe os pecados e conceda alguns benefícios. Um deus que nada tem de cristão e defende os privilégios e a dominação dos patrões. Marx era ateu verbal, não aceitando essa palavra, mas toda a sua vida orientada pela libertação dos trabalhadores humilhados, mergulhados na miséria, mostrava que estava conduzido por Deus sem o saber, porque Deus está em todos os que buscam a libertação dos pobres que é a finalidade da encarnação.

Nos últimos 30 anos, nasceu uma nova teologia que rompeu com muitas estruturas do passado, porque aceitou como fato consumado o fim da Cristandade e a presença da Igreja num mundo em que as instituições religiosas perderam a credibilidade e a fé no Evangelho não tem mais o suporte de um fundo religioso comum a todos [...].

A teologia tradicional é uma ilustração para quem já tem fé ou pelo menos a religião cristã tradicional. Agora, a teologia deve estar a serviço de missionários que vão apresentar o cristianismo a gerações que o ignoram totalmente. Por isso, terá que ser feito de uma maneira compreensível e convincente. Precisa saber mostrar que essa vida cristã vale, traz alegria e pode deixar a impressão de não perder tempo e de contribuir com uma grande obra, a maior de todas em superioridade intelectual. Será uma teologia a serviço da missão.

Uma teologia pode se desviar e, de fato, se desviou. Cabe ao magistério fazer um discernimento. Porém, esse discernimento terá que ser feito na base do Evangelho e não na base da teologia nascida do Concílio Tridentino como neoclássica e feita para o combate. [...]

A curto prazo podemos prever que os teólogos serão cada vez mais leigos, mulheres ou homens. Há uma tendência forte no Brasil para que a teologia se torne uma disciplina acadêmica reconhecida oficialmente. O perigo está em que a teologia seja tratada como qualquer disciplina acadêmica, sem qualquer referência à missão da Igreja e à evangelização, por pessoas que seguem uma carreira teológica como qualquer outra disciplina científica. A teologia não pode ficar confinada às academias, porque está em comunicação permanente com a evolução da evangelização. Não pode estar desligada de qualquer movimento de evangelização, não pode ser uma disciplina que serve para formar outros teólogos, professores de teologia com todos os diplomas e certificados exigidos pelo governo para ensinar em escolas públicas. A finalidade das escolas de teologia não é formar professores e sim pessoas que estudam o que é o cristianismo para os homens e mulheres de hoje e que participam dessa caminhada [...].

Algumas ordens religiosas têm capacidade para sustentar algumas escolas de teologia. Outras não a têm. As dioceses poderiam, se estivessem associadas e recebessem apoio financeiro. Muito dinheiro circula na Igreja, mas está destinado a obras conservadoras e a movimentos religiosos espiritualistas. A CNBB poderia cobrar um imposto a todas as instituições que recebem muito dinheiro para manter algumas faculdades de teologia, três ou quatro no Brasil, ou talvez menos.

Precisamos também cuidar para não baixar o nível dos estudos [...]. Sucede que as autoridades eclesiásticas não atribuem muito valor à teologia. Mantêm cursos em seminários e faculdades para cumprir o Direito Canônico que exige esses cursos para a ordenação. Quanto aos leigos, as faculdades que lhes são destinadas são escolas de catequese, sem produção intelectual. Vai aparecer um dia um bispo interessado realmente pela teologia, não como obrigação canônica e sim como tarefa importante para a evangelização? Não é impossível, mas difícil. Nem poderá contar com o apoio romano, porque em Roma isso seria visto como competição ilegal com as faculdades romanas, embora estas sejam de pouca produção para uma evangelização no mundo atual" (Texto concluído em 03/10/2009; cf. COMBLIN, 2012, p. 191-196).

4 Para concluir este capítulo

Quem conheceu o Padre José Comblin sabe que suas palavras, vindas de seu grande senso de ironia, não revelavam cinismo ou a superioridade de um grande intelectual e sim uma maiêutica na perspectiva de Sócrates que nos punha diante de perguntas, questionamentos e convite para aprofundamento. Nesse sentido, todo escrito de Comblin era dialético e precisava ser contextualizado e compreendido no seu conjunto. Assim, por exemplo, esse texto que reproduzi aqui faz parte de escritos que ele tencionava publicar e deixou inacabado, sendo reunidos por Mônica Mugger no livro póstumo *O Espírito Santo e a tradição de Jesus*.

Nessas páginas, alguém pode estranhar que, no começo do texto, Comblin afirma sem nuanças que Jesus não fundou teologia e nem a queria. Preferiu falar a linguagem dos camponeses da Galileia, linguagem metafórica e pouco sistematizada. E que a teologia surgiu como necessidade de uma Igreja que se institucionalizou e precisava quase completar e, às vezes, mesmo corrigir o Evangelho. Aí ele aparece muito crítico e negativo em relação a qualquer teologia: "Com certeza, Jesus não queria o poder intelectual, porque esse modo de falar o afastaria dos pobres. As teologias ulteriores estão ao alcance dos pobres? [...] A mensagem de Jesus é feita para os pobres e deve ser adaptada ao modo de pensar dos pobres, cuja cultura é oral, e não escrita" (p. 180).

Não deixa de ser estranho que depois de afirmar isso com muita ênfase, páginas depois, no mesmo texto, Comblin se preocupe em defender uma teologia mais profunda. Queixa-se claramente de que os seminários atuais e os ambientes das Faculdades Romanas não desenvolvam uma teologia mais profunda (p. 196), propõe que a CNBB cobre um imposto para favorecer faculdades de teologia no Brasil e deseja um bispo que se interesse pela Teologia a serviço da evangelização.

Nem preciso dizer que não há contradição nessas afirmações e sim o fato de que elas partem da realidade e seus desafios. É importante notar que Comblin não propugna em si uma cadeira de Teologia da Libertação e sim uma faculdade de teologia que seja a serviço da evangelização, no contexto em que ele fala e pelo conjunto de sua obra, compreendida como testemunho e anúncio do Reino de Deus e não só como pregação doutrinal. Sem dúvida, isso se deve também ao fato de que Comblin defende a Teologia da Libertação como modo de fazer teologia e não apenas como uma teologia sobre a libertação, como tema teológico.

Afinal, o que essa leitura do Comblin, nesse momento de nossa reflexão, pode contribuir para iniciarmos a terceira parte deste livro?

1º) Em diversos lugares e ocasiões, nos últimos anos de sua vida, Comblin se queixava de que eram poucos os teólogos e teólogas que cuidavam de manter o vínculo com as bases e organizações sociais. De certa forma, essa preocupação está por trás desse texto no qual ele critica a teologia, até que a partir do século XX alguns teólogos e teólogas se ligaram aos movimentos sociais e organizações de trabalhadores. Esse movimento que começou na Europa e foi anterior à Teologia da Libertação deu à teologia um novo rumo que a salvou e conduziu a Igreja para um novo papel social. Portanto, é essa relação entre Teologia e movimentos sociais que é preciso hoje retomar e fortalecer.

2º) Essa inserção não pode ser apenas como algo profissional e sim como mística de vida. É preciso uma inserção nas bases que fundamente nossa reflexão teológica. A pergunta de Comblin se as teologias estão ao alcance dos pobres tem algo de pertinente e questionador até os nossos dias. Não tanto porque toda teologia para ser engajada teria de ser em linguagem popular (isso poderia ser mero basismo). Trata-se de mais do que isso. É o desafio de que a nossa teologia vá além do círculo vicioso no qual escrevemos uns para os outros companheiros/as teólogos/as lerem. Muitas vezes, nem diálogo esses escritos suscitam.

De fato, o próprio Comblin nos deu um exemplo desse caminho. Nos anos de 1960 e 1970 escrevia verdadeiros tratados (Théologie de la Paix, Théologie de la Révolution I e II, Théologie de la Ville etc.). A partir dos anos de 1980, ele foi cada vez mais escrevendo para mais leitores, e nos últimos anos de vida seus livros eram, em sua maioria, livros breves em tom de meditação bíblica ou mesmo de reflexão teológica (*Povo de Deus, Vocação para a liberdade, A profecia* etc.), sempre mais acessíveis a qualquer leitor medianamente informado. É claro que para isso ele ia além das normas acadêmicas e mantinha um estilo quase oral e midráxico que muita gente podia gostar.

3º) Comblin insiste na teologia como instrumento de evangelização. Já clareamos que a missiologia de Comblin presente em muitos de seus livros compreende a evangelização como testemunho do Reino de Deus e não apenas o anúncio de uma doutrina religiosa. No entanto, é preciso que fique claro o mundo a ser atingido por essa teologia e como fazê-lo. Comblin era por demais crítico (talvez exageradamente) ao uso dos meios de comunicação que tornam a eucaristia espetáculo e querem substituir a evangelização por *shows* personalistas. No entanto, nos últimos anos, ele se abriu à internet, ao uso de e-mails e de blog. O diálogo com a juventude pede o acesso a esses meios. A questão fundamental é para que e em que direção usá-los. Sem dúvida, Comblin privilegiava a relação com os movimentos sociais e com as grandes causas da humanidade. Mesmo já idoso e com saúde abalada, participou de vários fóruns sociais e deu sua contribuição no diálogo aberto com cristãos e não cristãos por um novo mundo possível. Aí está um veio que as novas teologias da libertação não podem se furtar.

☙

Orientações do Papa Francisco para as Faculdades de Teologia

Como já tive ocasião de assinalar, "uma das principais contribuições do Concílio Vaticano II foi precisamente a de procurar superar o divórcio entre teologia e pastoral, entre fé e vida. Ouso dizer que, em certa medida, revolucionou o estatuto da teologia, o modo de agir e de pensar crente". É precisamente a essa luz que o Decreto *Optatam totius* convida veementemente os estudos eclesiásticos a "contribuir de modo harmonioso para que a mente dos alunos se abra ao mistério de Cristo, que atinge toda a história da humanidade e continuamente penetra a vida da Igreja".

Para alcançar esse objetivo, o decreto conciliar exorta a conjugar entre si a meditação e o estudo da Sagrada Escritura, como "alma de toda a teologia", a participação assídua e consciente na Liturgia Sagrada, como "primeira e necessária fonte do espírito verdadeiramente cristão" e o estudo sistemático da Tradição viva da Igreja em diálogo com a humanidade de cada tempo, numa escuta profunda dos seus problemas, feridas e solicitações. Desse modo, "a solicitude pastoral – assinala o Decreto *Optatam totius* – deve informar toda a formação dos alunos", habituando-os a "transcender a própria diocese, nação ou rito e ajudar as necessidades de toda a Igreja, dispostos a pregar o Evangelho em toda a parte".

Na verdade, hoje em dia, a exigência prioritária é que todo o povo de Deus se prepare para empreender "com espírito" uma nova etapa da evangelização. Isso requer "entrar decididamente num processo de discernimento, purificação e reforma". E, neste caminho, é chamada a desempenhar papel estratégico uma adequada renovação do sistema dos estudos eclesiásticos. Efetivamente estes não são chamados apenas a oferecer lugares e percursos de formação qualificada dos presbíteros, das pessoas de vida consagrada e dos leigos comprometidos, mas constituem também uma espécie de providencial laboratório cultural onde a Igreja se exercita na interpretação performativa da realidade que brota do evento de Jesus Cristo e se nutre dos dons da Sabedoria e da Ciência, com que o Espírito Santo enriquece de várias formas o Povo de Deus: desde o *sensus fidei fidelium* ao magistério dos Pastores, desde o carisma dos profetas ao dos doutores e teólogos. Isso se revela de valor imprescindível para uma Igreja "em saída". Tanto mais que, hoje, não vivemos apenas uma época de mudanças, mas uma verdadeira e própria mudança de época, caraterizada por uma "crise antropológica" e "socioambiental" global, na qual verificamos, de dia a dia, cada vez mais "sintomas de um ponto de ruptura, por causa da alta velocidade das mudanças e da degradação, que se manifestam tanto em catástrofes naturais regionais como em crises sociais ou mesmo financeiras". Em última análise, trata-se de "mudar o modelo de desenvolvimento global" e de "redefinir o progresso": "o problema é que não dispomos ainda da cultura necessária para enfrentar esta crise e há necessidade de construir lideranças que tracem caminhos".

Essa tarefa enorme e inadiável requer, no nível cultural da formação acadêmica e da investigação científica, o compromisso generoso e convergente em prol de uma mudança radical de paradigma, seja-me permitido dizê-lo, para "uma corajosa revolução cultural".

A esse compromisso, a rede mundial de universidades e faculdades eclesiásticas é chamada a prestar o decisivo contributo de fermento, sal e luz do Evangelho de Jesus Cristo e da Tradição viva da Igreja sempre aberta a novos cenários e propostas (Constituição Apostólica *Veritatis Gaudium*, sobre as faculdades eclesiásticas, n. 2a, 3b, c e d).

୦ଛ

XII
Teologias da libertação: tarefas a cumprir

Em um mundo com mais de sete bilhões de pessoas humanas, das quais mais da metade afunda nas realidades trágicas de uma pobreza injusta e da dificuldade de sobreviver dia a dia, não cabe mais a pergunta se a Teologia da Libertação ainda tem sentido. Os iniciadores dessa corrente teológica sempre repetem que o mais importante não é a Teologia da Libertação e sim os próprios processos de luta e libertação, cada vez mais necessários e urgentes. E quanto à Teologia, pode-se dizer que a TL vem abrangendo áreas e setores que Gustavo Gutiérrez, Hugo Assman, Ruben Alves e Leonardo Boff provavelmente não poderiam suspeitar quando iniciaram esse novo modo de fazer teologia na América Latina.

Não somente a TL se desdobrou em diversas teologias contextuais, como desde 2003 foi se tornando mundial. Tem sido objeto de dezenas de fóruns mundiais de Teologia e Libertação, que já teve sessões no Brasil, na Índia, na África e no Canadá.

Como nos anos de 1970 e 1980, a libertação se realiza em três dimensões fundamentais: a dimensão pessoal, isto é, no plano das condições de vida digna e no nível moral e psicológico. Há também a dimensão sociopolítica como luta contra todo tipo de injustiças. E não podemos esquecer a dimensão escatológica que é o reabastecimento da esperança que nos anima na vida e que nos faz superar as forças da morte. Isso implica que devemos acolher as pessoas com suas histórias pessoais, precisamos nos inserir na sociedade e na política e nos abrirmos às questões existenciais na qual todos os seres humanos se movem. Como antes, se, em nossas comunidades e em nosso trabalho, alguma dessas dimensões ficar ausente, corremos o risco de não sermos mais testemunhas do projeto divino no mundo.

Não é fácil discernir quais as tarefas mais imediatas ou gerais, porque as teologias da libertação são contextuais. Elas são contextuais tanto no sentido de decorrerem da realidade aqui e agora como pelo fato de que se organizam como programas autônomos: teologias feministas, teologias indígenas, teologias afrodescendentes, teologias *gays* e *queers*, ecoteologias, e assim por diante. Cada um desses caminhos tem tarefas próprias e decorrentes de cada momento.

Sem dúvida, uma tarefa comum é manter e mesmo fortalecer o vínculo com as bases dos movimentos sociais, mas também das Igrejas, o que até aqui tem sido um desafio difícil. Também é fundamental o diálogo com as correntes de teologias mais abertas que se desenvolvem no mundo. Elas lutam contra o dogmatismo fechado das teologias de cúria e de encíclicas. Em situações radicais e difíceis para a nossa causa, é bom lembrar o que, conforme o Evangelho, Jesus diz aos discípulos/as: "Quem não é contra nós, está do nosso lado" (Lc 9,50).

Sem dúvida, nessa linha, é uma tarefa importante para as teologias da libertação manterem e aprofundarem o diálogo com a *Teologia do Processo*, corrente teológica norte-americana aberta, baseada no pensamento do filósofo Alfred North Whitehead. Já na primeira década do século, Jorge Pixley, exegeta ligado à Teologia da Libertação que vive seu ministério de pastor evangélico na Nicarágua, publicou uma bela reflexão sobre Bíblia, Teologia da Libertação e Filosofia Processual (cf. PIXLEY, 2009). De certa forma, a proposta é que esse diálogo se estenda a toda a Teologia do Processo.

Também em relação às teologias decolonialistas, mesmo se essas ainda permanecem aprisionadas aos círculos da academia e baseadas em textos norte-americanos e europeus. Do mesmo modo, podemos falar das teologias pós-religionais e que dialogam com a Cosmologia contemporânea. No plano mais interno das próprias teologias da libertação, vamos lembrar alguns desafios:

1 Teologia da Libertaçao: libertação da Teologia

Este era um título de vários textos teológicos do começo dos anos de 1980. Já em 1975, no Uruguai, Juan Luis Segundo publicava o seu livro *A libertação da teologia*. Ficava cada vez mais claro que a Teologia da Libertação não era apenas uma teologia sobre a libertação como tema teológico e sim *um novo modo de fazer teologia a partir do sofrimento dos pobres e a partir da causa da libertação*.

A elaboração dessa teologia pressupunha libertar-se do velho edifício da teologia tradicional católica. Juan Luis Segundo se interessou em aprofundar os desafios e interrogações que o mundo moderno lançava, na época, à teologia, particularmente, à latino-americana (SEGUNDO, 1978, p. 5-8). É preciso retomar com força e coragem as intuições dos primeiros tempos da Teologia da Libertação e que Juan Luis Segundo sublinha:

1) A salvação é coletiva e histórica. Até hoje, a maioria dos autores e pastores da Igreja Católica continua a tratar a salvação como se fosse antes de tudo individual e dependendo de atitudes religiosas e morais.

2) É preciso insistir que a salvação se dá no mundo, no meio da vida e da história (*fora do mundo, não há salvação*). Para superar o Clericalismo que o Papa Francisco denuncia como um câncer na Igreja é preciso superar a visão de que a Igreja e os sacramentos possuem uma espécie de eficácia mágica para a salvação.

3) Principalmente retomar a afirmação de que só existe uma história e superar a ler a fé no dualismo do natural e sobrenatural.

Juan Luis Segundo propõe o aprofundamento da epistemologia ou do método teológico, o que nos nossos dias Francisco Aquino Júnior tem desenvolvido. Mas, precisa ser mais assumido e aprofundado (AQUINO JÚNIOR, 2009, p. 395ss.).

A Cristandade foi um projeto (de Igreja e de sua missão) pensado a partir da compreensão de que se a Igreja exercesse uma hegemonia na sociedade e tivesse influência nas áreas de poder, automaticamente essa sociedade seria mais evangélica, mais santa e mais justa. E a Igreja teria melhores meios para exercer sua missão e evangelizar o mundo. Ora, isso não somente não aconteceu assim, mas foi na direção contrária. Mesmo se não devemos generalizar, muitas vezes ou em muitos casos não foram os impérios que se converteram ao projeto divino de paz e justiça, mas foi a Igreja que se mundanizou, assumiu para si e para seus ministros não só os símbolos, mas a concepção do poder que tinham os sacerdotes das antigas religiões pagãs. E a teologia dominante tinha como função legitimar e justificar esse desvio do Evangelho. Assim, fica mais claro que se a Teologia da Libertação não partir da libertação da Teologia no sentido que Juan Luis Segundo propunha, pode até se produzir teologias sobre a libertação como tema ou como desafio da sociedade e das Igrejas, mas não se poderá desenvolver verdadeiras teologias da libertação. Não há possibilidade de teologias da libertação em um sistema eclesiástico de Cristandade. Será que mesmo os irmãos e irmãs, hoje atuantes nas áreas de Teologia nos Institutos Teológicos e assessores de instâncias eclesiásticas percebem realmente isso? Provavelmente, alguns sim... A maioria? Não parece...

Poderíamos aqui dar várias provas e demonstrações concretas de que Teologia da Libertação, assim como as pastorais sociais em uma linha libertadora não conseguem se desenvolver e tomar um rumo justo dentro de um sistema de Cristandade. É claro que a história é dialética e o novo não surge apenas depois que o velho se acaba e sim vai rompendo as velhas estruturas a partir de dentro. Assim, comissões de Justiça e Paz, bons trabalhos da Caritas e outras organizações, assim como organismos sociais nas Igrejas evangélicas (Luterana, episcopal anglicana e outras), podem sim existir e se desenvolver ainda dentro de uma eclesiologia de Cristandade, ainda tão frequentemente vigente nas Igrejas. No entanto, o risco é que a Teologia que vem daí, mesmo produzida pelos irmãos mais abertos à perspectiva libertadora, não vá muito além da legitimação das velhas estruturas que nada têm a ver nem com a proposta evangélica, nem com o que seria a missão de uma Igreja cristã no mundo do século XXI.

Uma vez, em preparação ao Jubileu do Ano 2000, uma universidade laica de São Paulo convidou o Padre Comblin para uma palestra e, ao discursar, Comblin aludiu criticamente à celebração do Jubileu do Ano 2000. Um jovem presente o questionou:

– Depois de 2.000 mil anos de cristianismo, como se explica que o mundo seja esse que está aí, violento, injusto e cruel com os mais pobres?

E o Padre Comblin respondeu sem hesitar: – Certamente, é porque até aqui, salvo algumas exceções brilhantes em pessoas místicas e alguns grupos minoritários, aqui e ali no decorrer da história, o cristianismo como tal ainda não foi nem experimentado.

Se vocês conviveram com Comblin, sabem que ele afirmava que nas formas de cristianismo que temos atualmente nas Igrejas, talvez 5% de seus elementos tenham vindo do Evangelho.

Disso podemos concluir: em situação de Igreja-Cristandade, como ainda é o vigente na maioria das Igrejas, há possibilidade de se produzir teologias sobre a libertação, mas teologias da libertação precisam vir da prática concreta de uma caminhada libertadora da Igreja e das bases da sociedade.

Sem tempo para desenvolver isso, só para provocar, cito aqui um exemplo (tenho todo respeito e consideração pelos bispos e pelos irmãos e irmãs teólogos/as que participaram e animaram essa iniciativa). Apenas me sinto com a função de questionar fraternalmente e para provocar o aprofundamento do assunto. Pergunto como irmão: o que significa teólogos da libertação desenvolverem, hoje, o que comumente se chama ainda "Teologia do Laicato" ou artigos teológicos aprovadores do tal "Ano do Laicato" que a CNBB realizou em 2018? Qual a eclesiologia e a compreensão de Igreja e de ministérios por trás desses documentos e da teologia (mesmo considerada aberta) que se desenvolveu nesse contexto?

Pelo amor de Deus, não me compreendam mal. Sei que a história é dialética e, durante toda a vida, fui orientado para exercer o que nos anos de 1970 se chamava "paciência histórica", quando não se podia mudar o que deveria ser mudado e se deveria assim mesmo prosseguir a marcha tentando dar os passos que fossem possíveis dar. Antes de mim, o Papa Francisco afirmou publicamente que o clericalismo é um câncer. Se o tumor é canceroso, tem de se extrair o órgão. O papa só não explicitou que o clericalismo não é um abuso ou desvio ocasional do sistema e sim o próprio sistema que divide os cristãos em duas classes: clérigos e leigos, ordenados e não ordenados.

Essa instituição que o Concílio Vaticano II não conseguiu transformar (*Lumen Gentium* 10) divide os cristãos em duas categorias e como se fosse instituição divina. Nessa realidade, não há perspectiva de gêneros (homem e mulher) que se completam e juntos dão o testemunho de Deus Amor.

Retomemos então nossa discussão: essa compreensão de Igreja está ou não ligada a uma eclesiologia de Cristandade?

Na realidade, hoje, como nunca, a Igreja Católica e todas as Igrejas cristãs têm urgência em voltar ao Evangelho e reafirmar para si mesmas e para o mundo que, em uma comunidade de discípulos e discípulas de Jesus, só tem uma ordem: *a dos batizados em Cristo*. Dessa dependem e devem depender como serviços e funções todos os ministérios dos quais as comunidades precisam. E esses ministérios vão surgir e se desenvolver a partir das comunidades.

Acabar com a separação entre clero e leigos não significa que se desvalorize ou se desvirtue os ministérios. Toda Igreja é ministerial. Em seu seio, serviços como diaconia, presbiterato e episcopado serão sempre dons de Deus na comunidade e para a comunidade. Isso supõe retomar e inclusive reforçar mais a eclesiologia das Igrejas locais como Igrejas de direito pleno, com autonomia e em comunhão com todas as outras Igrejas locais e no caso da comunhão católico-romana, presidida pela Igreja de Roma.

Ora, até hoje grande parte do clero e dos grupos de Igreja quer manter ou retomar o ambiente e situação de Cristandade (era esse o problema por trás de alguns elementos do projeto chamado de "Nova evangelização" dos dois papas anteriores ao Papa Francisco).

Estamos falando de Teologia, mas não é só a teologia. É a própria fé e a forma de vivê-la que pede uma *inteligentia amoris* como prioridade. A tragédia de nossas Igrejas é que, muitas vezes, diante da humanidade, ainda mantêm uma linguagem e postura que não parecem amorosas. (Como viver uma opção de amor com a obsessão de, ao mesmo tempo, salvar o próprio poder?) É essa opção de amor que assume a cruz, isto é, a renúncia ao poder e a doação da vida que obrigará as Igrejas a reverem seus dogmas, suas disciplinas e suas normas não no sentido de um relativismo inconsequente, mas na dimensão de uma postura relacional e dialogal.

Aí sim, será possível e necessário viver e desenvolver novos caminhos de teologia da libertação. Para isso, é necessário superar o monopólio da Igreja Católica ou de outras Igrejas. Uma nova teologia da libertação não pode esquecer dos princípios e métodos que lhe são próprios. No entanto, saberá adotar a sociedade enquanto espaço de construção de uma práxis que conscientiza, conscientizando-se a partir das realidades humanas que se encontram na exclusão, na opressão, na desumanização e na exploração.

Durante todo o século XX, de uma forma ou de outra, a Teologia cristã se ocupou com temas como "a morte de Deus", a diferença entre religião e fé, a proposta de desmitizar textos bíblicos, a necessidade de pensar um cristianismo adulto e libertado de um deus tapa-buraco e o desafio de falar de Deus depois de Auschwitz. A partir da América Latina, a Teologia da Libertação e as teologias contextuais em todo o mundo nos fazem perguntar:

– Como testemunhar o amor e a justiça de Deus em um mundo sem amor e sem justiça?

– Como fortalecer a esperança dos oprimidos e excluídos do mundo em meio a uma sociedade que, cada vez mais, se afunda em um caminho de desamor e crueldade?

Nestas páginas, já ficou claro que, no decorrer da história, Igrejas cristãs e outras religiões têm sido coniventes e algumas vezes até protagonistas de tragédias como a escravidão humana, as discriminações sociais e o patriarcalismo que oprime mulheres, mas também aliena os homens. Também já deixamos claro que esses desvios eram quase decorrência normal de uma Teologia e um modo de ver a espiritualidade sacral, mítica e culturalmente aristocrática, ainda hoje vigente em muitas estruturas das Igrejas e de outras religiões. "A autocrítica da Teologia cristã, na segunda metade do século XX, além de sublinhar sua associação histórica a uma ontologia de guerra, a uma metafísica de poder, à opressão patriarcal, a uma cultura que se pretendeu universal, com um monoteísmo que derivou para o transcendentalismo e suprimiu alteridades, também se estendeu à sua postura antiecológica" (SUSIN, 2008, p. 192).

Até hoje, o desafio de desocidentalizar o cristianismo, de libertar o Islã dos condicionamentos históricos da cultura árabe, de completar o trabalho de Gandhi em uma Índia ainda marcada pela divisão religiosa das castas ocorrem de formas diferentes, mas com a mesma urgência. E infelizmente, parece que, oficialmente, nem as Igrejas, nem outras religiões têm levado a sério esses desafios e os tratado de forma profunda. Por outro lado, o mundo contemporâneo é marcado por transformações permanentes. Isso traz desafios enormes e sempre novos para a paz e a justiça internacional. As pessoas precisam redescobrir, como dizia Dom Helder Camara, "novas razões para viver".

Nesse contexto, Igrejas e religiões parecem presas a seus antigos paradigmas, expressos em linguagens do passado, e correm o risco de se tornarem incapazes de falar aos filhos da humanidade atual. Como testemunhar que o amor divino é sempre jovem como o amanhã e se manifesta na abertura do ser humano a uma amorosidade cosmocêntrica se a própria linguagem da doutrina e dos ritos insiste em se manter impermeável a mudanças e parece testemunhar que Deus está no passado e não no futuro?

É comum que, com toda razão, muitos irmãos e irmãs falem em "crise das religiões" e, agora em paradigma pós-religional, assim como na busca de uma espiritualidade humana, laica e pós-religiosa. O paradigma pós-religional levanta a possibilidade de pensar a fé e a espiritualidade cristã, islâmica, budista ou de outra religião a partir de uma cultura não religiosa ou ao menos não presa às expressões culturais da sociedade rural na qual a maioria das religiões até aqui se expressa (cf. revista digital *Voices*, XXXV, n. 1, 2012).

Independentemente do fato de estarmos ou não de acordo com tudo o que os autores dessas propostas teológicas afirmam, como as teologias da libertação se fazem a partir da realidade e em diálogo com a práxis, esse assunto toma relevância em um mundo no qual a pluralidade e a convivência de culturas diferentes se tornaram prioritárias para o estabelecimento da paz e da justiça.

Evidentemente esse tipo de sensibilidade (pós-religional não significa em si pós-religioso) se manifesta de modo diferente no mundo europeu ou norte-americano e na realidade de nossos países latino-americanos e africanos. Também se apresenta de forma mais clara nos círculos de cultura ligados a grandes religiões como o cristianismo e o modo como se expressa em culturas indígenas e negras nas quais as religiões tradicionais têm até hoje um papel importante de reforço da identidade cultural, importantíssima para a resistência nas lutas da vida.

De todo modo, tanto para umas (as grandes religiões) como para as religiões dos grupos originários, a passagem do universo rural para as novas culturas da sociedade do conhecimento e da informação acarreta um enorme desafio de linguagem e de reconceituação que compete a todos/as que fazem essa travessia.

2 O desafio da Teologia da Libertação e os novos pentecostalismos

Antes de tratar das novas teologias da libertação que enfrentam os desafios do mundo atual, temos ainda de, ao menos, tocar em uma questão que, hoje, se constitui como interpelação para os diversos ramos do cristianismo, para todas as teologias e, portanto, também para as teologias da libertação. Trata-se do Pentecostalismo e especialmente os novos pentecostalismos que hoje se espalham pelo mundo inteiro. Conforme as pesquisas, o Pentecostalismo é o tipo de cristianismo que mais cresce no mundo, principalmente em países da América Latina, África e Ásia. Os pentecostais se orgulham de terem megatemplos que cada semana reúnem até 50 mil pessoas ou mais em países da

África. Há quem diga que em breve 80% dos cristãos da África serão pentecostais. Mas de nada ajudará para a nossa reflexão apenas reproduzir aqui estatísticas. Quem está ligado às teologias da libertação não se preocupará com o aumento do número de pentecostais pelo fato de que, por acaso, esses ameaçam a hegemonia católica no Brasil ou em outro país. Esse não é o nosso desafio. Poderia ser o fato de que as Igrejas neopentecostais reconstituem símbolos e figuras mais ligadas à tradição católica do que à cultura protestante clássica. Assim, parecem mais substituir a Igreja Católica para as culturas ligadas ao Catolicismo Popular do que prosseguir o caminho das Igrejas pentecostais. Diferentemente de qualquer Igreja evangélica e mesmo pentecostal clássica, essas Igrejas têm "homens de Deus e bispos", como o velho Catolicismo que considera a hierarquia como instituída diretamente por Jesus. Essas Igrejas refazem procissões em torno das muralhas de Jericó e valorizam símbolos como água do Rio Jordão, óleo de Jericó e outros, mais próximos à cultura católica do que à fé protestante. É verdade que, ao inaugurar em São Paulo o templo de Salomão, a Igreja universal do Reino de Deus (Iurd) "agrega em seu seio elementos culturais-religiosos legados pelo protestantismo, pelo pentecostalismo, pelo catolicismo folclórico, pela religiosidade afro e agora também pelas tradições judaicas. Um exemplo é o uso de termos até então estranhos ao ambiente pentecostal como as chamadas 'sessões de descarrego' ou a oração para o livramento de 'encostos'" (PROENÇA, 2011, p. 402). "É famosa na denominação a campanha intitulada Fogueira Santa de Israel, quando orações e ofertas dos fiéis são acompanhadas de pedidos por escrito de bênçãos específicas. A Igreja diz que esses papéis são depois queimados e as cinzas, levadas pelos bispos para os montes situados na região do Sinai. Desde há muito, a Iurd tem ensinado que Israel é a 'Terra Santa'. Portanto o óleo de oliveiras da Galileia, o sal do Mar Morto e outros materiais trazidos de lá, como água, areia ou pedras, são valorizados por seus supostos poderes curativos e pela alegada capacidade de produzir milagres econômicos na vida dos fiéis" (cf. BARBOSA, 2017, p. 30).

De um lado, olhando de fora, essa mistura parece oportunista. Toma elementos díspares demais. No entanto, se comunica bem com as grandes massas que já não encontravam nas comunidades católicas o alimento de fé, esperança e apoio que precisavam. Há quem afirmava que o Papa João Paulo II ao reprimir e afastar bispos e padres das comunidades de base e do povo das periferias se tornou indiretamente responsável pelo fato de muitas pessoas antes membros desses grupos terem ido buscar abrigo nas Igrejas neopentecostais (Arturo Paoli). De todo modo, como não perceber que, do judaísmo, a Iurd toma exatamente o aspecto menos profético, aquele que Jesus criticou (a religião do templo) e da religião popular refaz o culto das relíquias que tanto dinheiro dava à Igreja na Idade Média.

Mas o neopentecostalismo não se reduz à Iurd, nem o desafio teológico que nos ocupa é apenas o neopentecostalismo. Em toda a América Latina, nas últimas décadas, mesmo Igrejas do Pentecostalismo clássico como a Assembleia de Deus e a Congregação Cristã do Brasil têm acentuado elementos que, hoje, se tornam mais difíceis de lidar do que há algumas décadas: o fundamentalismo bíblico e a Teologia da Prosperidade.

Como quem tem teto de vidro não joga pedra no telhado do vizinho, é importante nos darmos conta de que quem é fundamentalista sempre interpreta ao pé da letra os textos bíblicos ou doutrinais que lhe interessa e deixa de lado outros que lhe sejam incômodos. Se formos observar o conjunto das Igrejas cristãs, nenhuma está totalmente isenta de certo fundamentalismo bíblico ou teológico. Como lidar com isso? Como libertar o texto da prisão da letra e lembrar aos pentecostais que se querem ser do Espírito têm de compreender Paulo quando afirma que *a letra mata e o Espírito faz viver*? (2Cor 3,6).

Por outro lado, também não há como negar que o fundamentalismo bíblico sempre tem como consequência uma postura alienada e conservadora no campo social e político. Os grupos que se denominam pré-milenaristas não creem ter nenhuma missão com relação a um mundo mau que será transformado pela próxima vinda do Cristo. Os pós-milenaristas aceitam fazer filantropias, mas jamais se abrem a uma perspectiva crítica transformadora da sociedade.

Não é possível qualquer compreensão da linguagem e do conteúdo das teologias da libertação para quem faz leitura fundamentalista da Bíblia. A esses, só cabe mesmo as diversas faces do que hoje se denomina Teologia da Prosperidade. Essa é expressão e consequência de um determinado tipo de fundamentalismo. E não é monopólio apenas de Igrejas pentecostais e neopentecostais. Há grupos católicos e muito ligados ao Catolicismo tradicional norte-americano (pensemos, p. ex., nos famosos *Cavaleiros de Colombo*) que não explicitam do mesmo modo que grupos pentecostais, mas vivem uma interpretação da fé de forma muito semelhante. Certos grupos carismáticos (católicos ou evangélicos) insistem que Deus tem obrigação de curar, de resolver os problemas concretos econômicos e sociais dos que oram... A Teologia da Prosperidade tem vários ramos e expressões e não somente em Igrejas pentecostais. Talvez nessas, a doutrina é mais rasgadamente simples e direta. Em outras mais erudita e às vezes mesmo um pouco disfarçada, mas igualmente perversa.

Conforme alguns autores que estudaram esse fenômeno nas Igrejas pentecostais, "a Teologia da Prosperidade pode ser considerada como um desdobramento de uma facção do fundamentalismo norte-americano que, no tempo da Guerra Fria, reagiu ao que consideravam um milenarismo de tipo utópico (pregado por Billy Graham, Jimmy Carter e outros). Esses grupos começaram a defender que não cabe aos crentes tentar melhorar a situação do mundo, pois a decadência faz parte dos planos de Deus.

A ruína precede a segunda vinda de Cristo, que virá conduzir os eleitos até os céus e depois retornará para com eles dominar a Terra, para julgar os descrentes e premiar os fiéis. Isso explica a sua recusa às políticas sociais ou a qualquer tipo de filantropia, pois os males sociais são vistos como castigo divino aos infiéis; portanto (estamos falando dos Estados Unidos) a pobreza dos hispânicos e dos negros (cujo atendimento era financiado pelos 'laboriosos brancos') só seria superada pela sua conversão – *born again*" (SOUZA & MAGALHÃES, 2002, p. 94-95).

Evidentemente, isso pode ser um dado que explica a origem da Teologia da Prosperidade nos Estados Unidos. Não seria uma análise atual, já que no Brasil, em geral, a maioria dos pastores pentecostais se nega a uma ação social e política em uma linha libertadora, mas muitos desenvolvem ações filantrópicas e estimulam na comunidade a solidariedade social entre os membros da Igreja. Na África, alguns sites (que pertencem a Igrejas) chegam a afirmar que as Igrejas pentecostais fazem mais pelas populações africanas em situação de risco do que as ONGs (*África foi mais ajudada pelo pentecostalismo do que pelas ONGs, diz pesquisa* [Disponível em www.guiame.com.br – Acesso em 10/10/2018]).

Finalmente, qual é o desafio para as teologias da libertação?

Com grandes nomes da teologia que estudou esse assunto (Harvey Cox, Richard Shaul e outros), só podemos estar de acordo que Jesus foi, ao mesmo tempo, pentecostal e revolucionário. O que não se pode compreender é um Pentecostalismo política e religiosamente conservador e reacionário. E o desafio das novas teologias da libertação seria de tentar refazer a união entre essas duas dimensões da fé, o caráter pentecostal profético e o caráter transformador do mundo que chamamos de libertador.

Com essa tendência de grupos neopentecostais de se reaproximar do judaísmo, as teologias da libertação devem aprender que o cristianismo retomaria sua dimensão messiânica concreta e sociopolítica quanto mais se reapropriar de sua herança da profecia judaica (não do judaísmo do templo que Jesus combateu). É importante acolher favoravelmente a fé escatológica dos pentecostais. E se for possível dialogar e contribuir com algo na compreensão que nos é comum, será para lhes testemunhar que a fé na próxima vinda do Senhor não nos demite da responsabilidade com relação ao mundo social e político, mas ao contrário. Dá-nos a tarefa de antecipar desde aqui e agora a postura de fé e de vigilância que o Evangelho nos pede como preparação à parusia do Cristo.

Um cristianismo de predominância greco-romano será sempre pouco profético e mais na direção do dualismo neoplatônico.

Quem segue os passos do Papa Francisco no Vaticano sabe que ele assumiu algo novo, que papas anteriores nunca fizeram: o diálogo fraterno e afetuoso com grupos pentecostais. Diversas vezes tem recebido pentecostais no Vaticano, em visitas a algumas dioceses italianas tem incluído no programa visitas a Igrejas pentecostais e quando esteve no Rio de Janeiro e visitou o Morro do Complexo de Manguinhos na zona norte, o papa quebrou o protocolo e sem avisar quis entrar em uma Assembleia de Deus. Os fiéis o acolheram e junto com ele rezaram um Pai-nosso (25 de julho de 2013).

Essa relação de aproximação afetuosa e de amizade é o primeiro passo sem o qual nada mais pode ser feito. Isso vale para toda a missão, mas principalmente é verdade no diálogo ecumênico e inter-religioso.

Esse cuidado com outras Igrejas e também com as religiões (sobretudo, afro e indígenas) possibilitará enfrentar os desafios da libertação nos diversos segmentos da sociedade em que estamos inseridos.

Assim, podemos afirmar que vivemos já uma nova fase da Teologia da Libertação que se apresenta não mais nas Igrejas, ou sobretudo nas Igrejas, mas, de forma marcante, nas ONGs, nos movimentos populares e sociais, nos grupos de direitos humanos, em algumas universidades, nas associações e cooperativas etc. São nestes espaços que se encontrarão novas formas de teologia da libertação.

3 Novas teologias da libertação nessa era de globalização

Cada vez mais a atual globalização possui três vertentes fundamentais que são: *a economia, a política e a cultural ou espiritual.*

1) O desafio da economia neoliberal

Na economia ou nas economias mundiais existe uma relação de interdependência entre globalização e mercado. São três fatores que dão dinâmica à globalização econômica e de mercado:

1) o surgimento dos megaconglomerados e corporações estratégicas atuando em redes globais;

2) a chamada continentalização das economias dentro do processo de globalização como, por exemplo: o Mercado Comum Europeu, o Nafta e o Mercosul;

3) a lógica de mercado baseada na livre-concorrência, o que fortalece o surgimento das elites orgânicas transnacionais que gerenciam econômica e politicamente o planeta.

Jung Mo Sung explica que a compreensão dos aspectos religiosos do capitalismo é fundamental para o entendimento não apenas de sua atração, mas também do que se passa hoje no Brasil. Há uma narrativa de caráter religioso e sedutor por trás do discurso neoliberal. "Como a sociedade capitalista está fundada na ilusão de que o mercado é o único caminho para o paraíso, identificado como plenitude do consumo, o sacrifício dos pobres é apresentado como sacrifício necessário para a redenção da sociedade. E, com isso, se cria uma cultura de insensibilidade social, o que possibilita aos integrados no mercado uma consciência tranquila diante dos sofrimentos dos pobres. O mercado é apresentado assim como um ser supra-humano capaz de levar o homem ao paraíso, exigindo para tanto 'sacrifícios necessários'. A tradição bíblica sempre criticou a exigência de sacrifícios humanos em nome de instituições humanas divinizadas como idolatria. E ainda hoje a idolatria ainda é o grande desafio pastoral. Não se está diante de um mundo ateu ou secularizado e sim em face de uma idolatria do mercado" (MO SUNG, 1995, p. 63).

Em recente entrevista, o mesmo teólogo afirmou: "Antes, quando as pessoas se sentiam pecadoras ou impuras, elas iam à Igreja para recuperar a humanidade e a pureza. Hoje, quando se sentem tristes, elas vão ao *shopping*. Verdadeiras catedrais modernas. [...] O discurso dos direitos humanos vem da tradição bíblica. O neoliberalismo destrói esse discurso com a crença de que os direitos humanos são invenções culturais e o verdadeiro direito nasce do consumo. Nem toda pessoa é cidadão e nem todo cidadão é consumidor. Para o sistema, quem legitima os direitos humanos é o Mercado" (MO SUNG, site da *Cartamaior*, 05/07/ 2016).

Nos discursos aos movimentos sociais, o Papa Francisco tem repetido incansavelmente: "Estamos vivendo uma Terceira Guerra Mundial, mas por etapas. Há sistemas econômicos que, para sobreviver, devem fazer guerras. Então, fabricam-se e vendem-se armas e assim os balanços das economias que sacrificam o ser humano aos pés do ídolo do dinheiro obviamente estão salvos. [...] Um sistema econômico centrado no deus dinheiro tem também necessidade de saquear a natureza para manter o ritmo frenético de consumo que lhe é próprio" (Francisco no 2º Encontro com os Movimentos Sociais – Cochabamba, 2016).

Em diversas audiências e ocasiões, ele tem repetido: "Esse sistema [econômico] mata!" Ele é essencialmente excludente e desumano. É um escândalo ver que grupos considerados católicos se colocam muito dentro desse sistema como se isso facilitasse a missão ou valesse a pena um casamento com o mercado para beneficiar a Igreja. É o modelo de uma Igreja compreendida como clero e que existe para dentro de si mesma. Uma teologia consciente não pode compactuar com isso. Não há aliança possível com o capitalismo cruel e assassino, hoje, vigente na maior parte do mundo. É urgente encontrar alternativas para quebrar a lógica capitalista e retomar a fidelidade à utopia do Reino de Deus. Isso significa desenvolver uma teologia e espiritualidade que aprofunde a crítica ao sistema capitalista e possa desencadear processos que destruam a lógica da acumulação. Não podemos compactuar com projetos extrativistas que escravizam populações do nosso continente, oprimem comunidades e destroem a natureza. Temos de tomar posição clara contra governos que seguem políticas privatizadoras cada vez mais elitistas e desumanas. E temos de desconstruir a narrativa religiosa que está por trás do capitalismo.

2) O desafio da política

Na política, com o projeto de ocidentalização da humanidade se construiu a ideia hegemônica de Estados-nações e de democracia como valor universal. A democracia funciona quando existe o respeito aos Direitos Humanos. Nesses últimos tempos, assistimos à imposição do modelo de democracia ocidental a países do Oriente e da África, a partir do desrespeito aos direitos humanos, como ocorreu no Afeganistão e Iraque. No entanto, três dados se complementam no processo da globalização política da humanidade:

a) o crescente avanço da mídia e dos meios de comunicação que interliga todos em tudo;

b) o risco nuclear e o perigo do armamentismo;

c) o desafio imenso e prioritário da Vida no planeta e da crise ecológica.

3) Os meios de comunicação e as guerras híbridas

Atualmente, o império descobriu que para o seu projeto de dominação, na luta contra os países e povos resistentes, é mais eficiente a chamada *guerra híbrida* que usa os meios de comunicação e a propagação de notícias falsas contra um governo inimigo do que atacar o país militarmente. Isso foi usado nos anos de 1990 no que se chamou de "revoluções coloridas", principalmente no norte da África e na Europa do Leste. Atualmente, as *guerras híbridas* têm sido cientificamente planejadas e há generais que as conduzem como conduziam planos de guerra. Bem mais baratas do que as guerras convencionais e mais eficientes, estão sendo empregadas na América Latina e, atualmente, usadas contra países como a Venezuela, assim como já ocorreu na Bolívia e Equador. O império tinha usado guerra híbrida contra a Síria e a Ucrânia (KORYBKO, 2018).

4) Teologia da Libertação e os processos latino-americanos

Um dos desafios para a Teologia da Libertação é o de enfrentar o fenômeno da globalização a partir da realidade dos mais pobres, dos que são excluídos por não representarem lucro para o mercado. É preciso denunciar que, em todo o mundo, se fortalece o cenário de um mercado capitalista extremamente antissocial, sem sensibilidade social e que, politicamente, tem como desafio a construção de sociedades humanas mais multiculturais e multirreligiosas, desde que a religião se atenha às esferas privadas da pessoa e aos muros das sinagogas, Igrejas, mesquitas e templos.

É preciso pensar em uma "globalização a partir dos pobres". É caminho defendido pelo teólogo Étienne Grieu: "diante de uma globalização construída para os poderosos, as Igrejas cristãs podem oferecer uma verdadeira instância crítica com a condição de fazer aliança com os pobres, de aprender deles a redescobrir seu próprio tesouro através deles e com eles" (GRIEU, 2015, p. 61).

Encarnada na realidade dos pobres, a Igreja torna-se uma instância crítica não em nome de uma fé transcendente ou de uma autoridade superior. Sua palavra recebe autoridade ao se inserir fora do quadro "habitual", em certo sentido "fora do mundo", no meio dos últimos.

Esta realidade que causa espanto e medo é, de fato, uma realidade teologal de primeira ordem. Por isso, as Igrejas precisam fazer uma aliança com "os que não contam". Isso traz duas vantagens: A primeira é tornar explícito no debate público as pessoas de carne e osso que estão na beira da morte. A segunda é fazer ressoar ali os apelos do Evangelho que propõe uma transformação do mundo a partir da cruz de Jesus e da luta dos excluídos para sair da cruz e testemunhar assim a realização do projeto divino da libertação no mundo atual.

Ao lerem essa reflexão, assim de certa forma ainda genérica, todas as pessoas que se sentem ligadas a esse caminho das pastorais e das teologias de libertação concordam e aprovam. No entanto, quando se trata dos processos concretos, tendem a tomar distância, seja para não referendar governos que todos têm seus defeitos (nenhum é ideal), seja para não parecerem partidários demais.

Nas suas primeiras décadas, alguns teólogos da libertação dialogaram de forma muito positiva com intelectuais e militantes marxistas. Alguns assumiram do Marxismo elementos que ajudavam na análise da realidade. Ao visitarem Cuba e ao dialogarem com dirigentes de países como a Nicarágua sandinista, não deixavam de ver e de levar em consideração problemas, desafios e mesmo defeitos ou lacunas desses governos, mas compreendiam que os processos são históricos e que a oposição a esses regimes mais populares é, por natureza, insensível à causa dos mais pobres e, mesmo no plano da Ética política, dez vezes pior. No fundo, o que estava em questão não é a relação com governos e sim com projetos que tinham ou têm base na causa dos oprimidos que nós defendemos.

Com a queda dos regimes comunistas e a decepção com modelos que, no Leste Europeu ou na Ásia, se diziam socialistas e falharam no plano das liberdades e dos direitos humanos, houve certo afastamento entre as teologias abertas e as novas experiências de governos mais progressistas e populares na América Latina. É doloroso perceber que experiências como a chamada "revolução indígena" na Bolívia, a "revolução cidadã" no Equador e "o processo bolivariano" na Venezuela, desde os seus inícios, foram pouco acompanhados pela Teologia da Libertação.

No começo do século, nas discussões que em todas as bases da Venezuela se faziam sobre o bolivarianismo e o projeto da nova Constituição Bolivariana que foi amplamente aprovada por toda a população, as bases deixaram claro que assumiam a proposta do novo bolivarianismo, resumido em três elementos fundamentais como projeto social:

1) A integração de toda a América Latina e Caribe em uma *pátria grande* que, no começo da colonização, os povos indígenas chamavam "Abya Yala" e, no começo do século XIX, Simon Bolívar denominava Nuestra América. (Ficava claro que cada país mantinha sua autonomia política e econômica, mas se integrava a um projeto de solidariedade continental.)

2) A libertação de todos os colonialismos e imperialismos externos e internos.

3) A decisão de se caminhar para um novo tipo de Socialismo no qual se radicalizasse a democracia a partir da inclusão dos pobres, dos índios, negros e das diversidades de gênero.

Dois anos depois, a própria ONU e a FAO reconheciam que a Venezuela era o país latino-americano que mais tinha conseguido reduzir as desigualdades sociais, tinha vencido o analfabetismo e a fome. Havia problemas estruturais, mas os muitos referendos e votações populares estimulados pela nova constituição iam corrigindo os erros do caminho.

Pelo pouco que podemos saber, o único teólogo clássico da libertação que procurou conhecer de perto e ver com seus próprios olhos o que estava acontecendo na Venezuela e no Equador foi o Padre José Comblin, além de, nos seus últimos anos de vida, François Houtard, especialmente no Equador. Comblin faleceu com 88 anos em 2011. Nos últimos dois anos antes do seu falecimento estive com ele em Caracas por vários dias e com ele e Dom Tomás Balduíno acompanhei a lisura e a correção de duas eleições presidenciais na Venezuela.

Da parte dos episcopados, seria novidade se os bispos de um país em peso ou os dirigentes de Conferências Episcopais se pronunciassem favoravelmente a governos ditos de esquerda, principalmente em tempos anteriores ao Papa Francisco nos quais o Vaticano tinha posições claramente contra qualquer projeto que pudesse, mesmo de longe, parecer socialista. Mesmo bispos que, durante todo o tempo das ditaduras militares de direita na Venezuela, na Bolívia ou no Equador, nunca abriram a boca, a partir do momento no qual o povo elege governos progressistas se declaram contrários e muito críticos. Do Brasil, Dom Tomás Balduíno foi um dos poucos bispos que, mesmo nos últimos anos de vida, sempre manteve o diálogo com governantes e com as bases desses movimentos.

É estranho que ainda há teólogos que não percebem: ao se omitirem ou simplesmente condenarem esses processos, acabam apoiando a oposição feita pela elite, armada e financiada pelo império norte-americano. Assim, colaboram com a guerra híbrida movida pelo império contra os países pobres que saem do seu controle.

Por mais que se possa apontar erros em governos como Maduro ou Evo Morales, é difícil compreender que um teólogo que se declara "da libertação" deixe de perceber que o apoio ao bolivarianismo ou ao processo boliviano não é apenas ao governo e sim a movimentos sociais que estão na base do processo e que merecem ao menos diálogo e respeito.

5) O desafio do pluralismo

Outro desafio atual da Teologia da Libertação é o de sustentar uma vida social diferente pautando-se no projeto de vida oferecido pela diversidade das tradições espirituais e não mais por uma única Tradição religiosa, a cristã. Isso significa sustentar a vida social com a participação de todos/as nas decisões locais e globais, na busca pela igualdade na diversidade, no respeito às diferenças e na comunhão entre as subjetividades humanas.

6) O desafio do risco nuclear

Outro elemento atual da globalização é o perigo nuclear ou perigo à biosfera com a retomada das experiências nucleares realizadas pelos Estados Unidos e Irã. É preciso (é mesmo urgente) que a Teologia da Libertação entre nessa luta contra o armamentismo nuclear que ameaça a Vida no planeta e a continuidade da humanidade.

Todos sabem que o governo norte-americano e o da Coreia do Norte têm claramente se posicionado por uma nova corrida armamentista e com armas nucleares de poder extremamente fatal para o planeta.

O número exato de armas nucleares e a potência destruidora dessas armas faz parte do segredo de segurança nacional de cada país. Sabe-se que a Rússia possui um número estimado no mínimo em 10.950 ogivas nucleares, dos quais 6.950 são estrategicamente operacionais. O governo dos Estados Unidos tem uma estimativa total de 7.700 ogivas nucleares dos quais 1.950 são estrategicamente operacionais. O império cobriu todo o planeta com suas bases militares, fortemente guarnecidas com todos os tipos de armas: nucleares, químicas e biológicas. Entre elas, várias dispõem de ogivas nucleares preparadas para serem disparadas contra alvos em qualquer lugar do mundo em apenas três minutos. Ao mesmo tempo, a Coreia do Norte tem se vangloriado de possuir mísseis nucleares capazes de atingir o solo norte-americano. Além disso, ao menos dez países no mundo guardam armas nucleares perigosíssimas para a segurança do planeta, algumas prontas a serem acionadas, basta que um presidente louco aperte um botão. E pelo que vemos na realidade atual governante irresponsável e louco não é o que falta no mundo atual.

É impressionante que, diante dessa realidade trágica, as religiões ainda parecem bastante omissas e as Igrejas cristãs parecem desconhecer esses riscos que são bem reais e cada dia mais parecem próximos.

7) O desafio do paradigma ecológico

Outro elemento da realidade atual é o alerta ecológico, um alerta a toda humanidade que pode ser extinta devido ao acelerado processo de desmatamento e destruição da camada de ozônio.

Um caminho novo de justiça social e de bem-viver só conseguirá restaurar a dignidade dos oprimidos se se empenhar cada dia a restaurar a dignidade da Terra, da Água e de todo o ambiente no qual vivemos. Deve ser uma revolução ecológica.

No plano cultural ou da espiritualidade, essa nova globalização da justiça e da dignidade humana só poderá acontecer a partir do surgimento de novas formas de consciência planetária que se interagem com novas formas de se fazer a experiência com o sagrado. Nestas novas formas, o Ser Humano e a Terra estão interligados, relacionados numa complementariedade entre o húmus e o homo, o que permite formar o novo Homem. Resta saber se seria agora o momento de uma irrupção da noogênese e da noosfera, entendida aqui como gênese e a esfera do Espírito.

Resta, portanto, à Teologia da Libertação tentar incentivar "o resgate do caráter sagrado da Terra, resgate das tradições espirituais das culturas oprimidas e dos pobres que, geralmente, têm veneração e respeito pela Terra como a grande Mãe. Esta atitude poderá limitar a ganância moderna e permitirá uma nova experiência de Deus no universo que supere os famosos dualismos do cristianismo ocidental, entre Deus e o mundo, a alma e o corpo, o feminino e o masculino" (ARRUDA & BOFF, 2001, p. 32). Este é um dos maiores desafios da teologia nesses tempos de globalização.

Essa teologia só será verdadeiramente ecológica se conseguir ser totalmente antirracista (aberta a todas as raças e etnias) e antipatriarcal, inauguradora de novas relações entre homens e mulheres. Deverá necessariamente ser também e fundamentalmente macroecumênica no sentido de se estruturar no respeito e na comunhão com todas as tradições espirituais e de estimular que estas se encontrem e atuem juntas pela paz, justiça e defesa da natureza ameaçada.

8) O desafio do especifismo e o cuidado com os animais

Um campo ainda pouco claro é a relação entre o cuidado com a humanidade (justiça ecossocial) e o cuidado com os animais. Todas as pessoas de consciência social sabem que o capitalismo é cada vez mais injusto e cruel com os animais. Se as pessoas são descartáveis e migrantes são condenados a morrer sem poder entrar nas fronteiras do mundo do consumo, imaginem como agem com os animais considerados "irracionais". Todos sabem que os animais criados para o consumo humano são tratados como mercadoria e valem por peso bruto. Vivos ou mortos. As indústrias e granjas de criação são verdadeiros campos de concentração. Para os animais usados em pesquisas, sejam médicas, sejam das indústrias de perfume ou outras, o tratamento é sempre de crueldade. E os animais selvagens continuam ou alvo de caça ou prisioneiros em reservas para os turistas apreciarem.

Pesquisas têm revelado como há provas de sensibilidade e de sofrimento sentido por parte de várias espécies animais. Cada vez mais no mundo se desenvolve a denúncia do *especificismo*, ou seja, o antropocentrismo traduzido no privilégio da espécie humana como única detentora de direitos e a qual se dá total domínio de todas as outras espécies.

Além de já abundante literatura mundial sobre a responsabilidade humana sobre os outros animais, na América Latina esse tema tem surgido com cada vez maior intensidade. Grupos e círculos que defendem o vegetarianismo como regime alimentar, além das motivações de saúde e de ética religiosa, têm se unido a essa sensibilidade de cuidado com a vida dos animais.

No campo jurídico, os tribunais discutem esse assunto pelo lado dos que conseguiram proibir brigas de galo, vaquejadas violentas e farra do boi que se baseiam no sofrimento dos animais. Continua em discussão a luta de alguns setores para proibirem que animais sejam sacrificados em cultos religiosos. Todos sabemos que, por trás desse projeto, há uma intenção de perseguição e repressão aos cultos afrodescendentes. Nossa posição na Teologia da Libertação é a de inserção intercultural. Os que conhecem podem testemunhar que a forma como os animais são tratados nos cultos afro e em alguns rituais indígenas de modo algum se assemelha ao modo cruel como os matadouros capitalistas os maltratam. Os animais são oferendas à divindade e a lei religiosa é que só devem ser sacrificados os animais que não sofrem e não protestam ao serem levados ao sacrifício e todos devem ser imolados de forma a menos cruel possível. E claro eles são oferecidos em culto, mas servem de alimentação à comunidade que oferece e à população pobre que rodeia o templo e sempre vem para partilhar o alimento.

A nossa responsabilidade com os animais é um tema que provoca discussões e permanece ainda um desafio aberto para as novas teologias da libertação. No Brasil, essa reflexão apenas começou. Os franciscanos Luiz Carlos Susin e Gilmar Zamperi escreveram *A vida dos outros, Ética e Teologia da Libertação animal* (SUSIN & ZAMPERI, 2015).

9) Teologias da libertação e o paradigma do bem-viver

Desde o começo do século XXI, quase todos os países do continente latino-americano puderam assistir a um processo de maior unidade entre os povos indígenas. Esse novo protagonismo dos índios foi um dos elementos mais importantes dos novos processos políticos que ocorreram em países como Bolívia, Equador, Venezuela e outros. Basta dizer que, na Bolívia, o movimento político que possibilitou colocar um índio aymara na presidência da República, mudar a Constituição do país, iniciar uma ampla reforma agrária e garantir os direitos dos mais pobres como cidadãos passou a se chamar "*revolução indígena*".

Mesmo em outros países, um paradigma ou critério de ação social e política tradicional de vários povos indígenas passou a ser mais conhecido e ganhar importância como objetivo da ação social e política. Esse paradigma é o que se chama "*o bem-viver*". Segundo as novas Constituições do Equador e da Bolívia, é dever fundamental do Estado garantir o bem-viver para todos os cidadãos.

Não é fácil definir o que é o *Bem-viver*. É um conceito antigo, fundamental nas tradições de vários povos indígenas, de norte a sul do continente. Na cordilheira dos Andes, os índios *quéchua* o chamam de *Sumak Kwasay*. O Povo Aymara o denomina *Sumak Kamana*. A expressão *sumak* indica o *bem* (intenso) viver ou o *bom* (justo) viver. Um modo bom e belo de se viver e se conviver. Já nas planícies e no sul do continente, os diversos grupos Guarani consideram uma espécie de meta das pessoas e da comunidade alcançar o *Teko Porã*, um jeito de viver correto e saudável, ou seja, feliz. E o *Nhandereko*: a vida vivida com retidão, como critério de felicidade comunitária e pessoal. Na América Central, os Maya e todos os grupos ligados à cultura maya falam em *Lekil Kuxlejal*, vida verdadeiramente boa (cf. *Agenda Latino-americana*, 2012).

O Bem-viver indígena nada tem a ver com o conceito de "boa vida" usual na sociedade ocidental nem se trata apenas de um jeito de viver melhor. O Bem-viver é um conceito utópico e muito amplo.

De um modo ou de outro, embora cada povo pareça sublinhar mais um aspecto e outro insiste mais em outro elemento, todos eles nos lembram o objetivo maior, a meta do caminho que não podemos perder de vista e, ao mesmo tempo, nos orienta no que vivemos desde agora: a utopia da sociedade justa e da comunhão com a natureza. Evidentemente em uma linguagem laica e independente de qualquer conceito religioso, para os judeus e cristãos, poderia ser visto como próximo ao que a Bíblia chama de projeto divino no mundo, vontade divina, Reino de Deus.

Ao incorporar o conceito do Bem-viver, as novas Constituições cidadãs do Equador e Bolívia propõem uma mudança profunda de caminho. Em 2007, o povo do Equador produziu um feito inédito no mundo todo, ao inscrever na sua Constituição os *Direitos da Natureza*.

Alberto Acosta, filósofo e economista equatoriano, foi um dos principais redatores da nova Constituição do Equador. Foi responsável por incluir na Constituição do país o conceito indígena do Bem-viver. O seu livro (*O bem-viver*) tem como subtítulo: *Imaginar outros mundos possíveis* (ACOSTA, 2016). O livro foi traduzido em diversos idiomas e sua proposta tem sido considerada desafiadora e instigante para o mundo inteiro e não somente para os índios. Além de fazer parte da constituição do Equador e da Bolívia, o caminho do Bem-viver tem sido debatido em outras partes do mundo. Países europeus, como Espanha e Alemanha, já têm muitos seguidores desse conceito.

O Bem-viver visa superar a tragédia que a sociedade capitalista ocidental criou com a imensa desigualdade social, a tremenda devastação ambiental e a crise econômica e política que vemos hoje no mundo inteiro. Conforme a visão do Bem-viver, o paradigma do desenvolvimento ocidentalizou a vida no planeta, levando ao mundo inteiro os padrões de consumo que sempre serão elitistas e pouco democráticos, além de transformar as pessoas em objetos de produção e consumo. Mesmo as propostas novas ou ecológicas que têm surgido no mundo capitalista, como os conceitos de "economia verde", "desenvolvimento sustentável" e outros, são armadilhas. Não propõem nenhuma verdadeira transformação do caminho humano.

O Bem-viver se apresenta como alternativa tanto ao capitalismo como ao chamado socialismo histórico. Enquanto esse privilegia a economia e as estruturas materiais, o Bem-viver privilegia as relações comunitárias e se fundamenta na construção de um estado plurinacional e eminentemente participativo. Seus defensores dizem claramente que a grande tarefa, certamente complexa e desafiadora é aprender desaprendendo, aprender e reaprender ao mesmo tempo.

Como esses países (Bolívia, Equador e Venezuela) se declaram oficialmente como estados plurinacionais, esses povos se propõem então a construir uma nova história, uma nova democracia, pensada e sentida a partir do respeito aos povos originários, à diversidade, à natureza.

O Bem-viver exige outra economia, sustentada nos princípios de solidariedade e reciprocidade, responsabilidade, integralidade. O objetivo é construir um sistema econômico sobre bases comunitárias, orientadas por princípios diferentes dos que propagam o capitalismo ou o socialismo. Será preciso uma grande transformação, não apenas nos aparatos produtivos, mas nos padrões de consumo, obtendo melhores resultados em termos de qualidade de vida. Uma lógica econômica que não se baseie na ampliação permanente do consumo em função da acumulação do capital. Há que desmontar tanto a economia do crescimento como a sociedade do crescimento. Não se trata apenas de uma proposta hoje comum na Europa de *decrescer*.

No caminho do Bem-viver, a nova economia deve permitir a satisfação das necessidades atuais sem comprometer as possibilidades das gerações futuras, em condições que assegurem relações cada vez mais harmoniosas de cada pessoa consigo mesma, dos seres humanos uns com os outros e de toda a humanidade com a terra e a natureza.

Evidentemente, uma sociedade nacional tem dificuldade de tomar como padrão o que é possível entre os grupos minoritários dos povos indígenas. Por exemplo, entre eles, a descentralização assume papel preponderante. Ela é fundamental, por exemplo, para construir a soberania alimentar a partir do mundo camponês, com a participação de consumidores e consumidoras. Aqui emergem com força muitas propostas que querem recuperar a produção local com o consumo dos produtos locais. Isso tudo precisa ser acompanhado de um processo político de participação plena, de tal maneira que se construam *contrapoderes* com crescentes níveis de influência no âmbito local.

Os índios gostam de afirmar que o Bem-viver é a meta, mas, desde o início, é também, ao mesmo tempo, o processo de construção do novo. As necessidades humanas fundamentais podem ser atendidas desde o início e durante todo o processo de construção do *Bem-viver*. Sua realização não seria, então, apenas a meta a ser alcançada, mas aqui e agora o motor do processo. Nos diversos encontros que, por todo o continente, tem havido para aprofundar esse caminho do Bem-viver, um ponto importante é que as pessoas são vistas como uma promessa e nunca como uma ameaça. O outro faz parte de mim.

Por isso, surge com força o tema dos bens comuns. Podem ser sistemas naturais ou sociais, palpáveis ou intangíveis, distintos entre si, mas comuns, pois foram herdados ou construídos coletivamente. É indispensável proteger as condições existentes para dispor dos bens comuns de forma direta, imediata e sem mediações mercantis. Tem que se evitar a privatização dos bens comuns. O que se busca é uma convivência sem miséria, sem discriminação, com um mínimo de coisas necessárias. O que se deve combater é a excessiva concentração de riqueza e não a pobreza.

Em síntese, para a construção da Utopia como caminho de fé o paradigma indígena do Bem-viver nos propõe, desde já:

1) passarmos do individualismo nosso e da sociedade ao sentido de comunidade (ou de federação, como aqui é proposta);

2) da civilização da riqueza à cultura da partilha e, portanto, da sobriedade;

3) de uma espiritualidade desencarnada e alienada a uma forma de viver a fé comprometida com a libertação de toda a humanidade, de cada ser humano por inteiro e com a defesa de todo ser vivo e da natureza.

Sem dúvida, as teologias da libertação precisam se manter em diálogo com os povos indígenas e as correntes novas da sociedade que procuram pôr em prática esse projeto e nos juntarmos a eles e elas na construção dessa nova forma de viver e de conviver.

10) Teologias da libertação e o desafio de uma aliança da humanidade pela Vida

> *Três grandes tarefas: "pôr a economia a serviço da vida", "unir os nossos povos no caminho da paz e da justiça" e "defender a Mãe Terra".*
> Papa Francisco aos movimentos sociais – Cochabamba, 2016.

Cada vez, fica mais claro que não podemos deixar o futuro do mundo nas mãos dos que têm fortes interesses privados e que lutam entre si por mais poder e mais riqueza. Por todo o mundo, grupos conservadores e nacionalistas que tomam o poder apregoam: "A América, em primeiro lugar", e no Brasil: "O Brasil acima de tudo". No entanto, os direitos das pessoas, das comunidades humanas e dos povos estão cada vez mais abafados e negados. A democracia se tornou uma palavra desprovida de sentido. A humanidade foi reduzida a pedaços. Ela não existe mais, a não ser na cabeça dos/as poetas, cantadores/as e das pessoas que sonham.

Como reação a essa realidade, desde a última década do século XX, junto com os povos indígenas do sul do México (na Floresta Laconda), organizações sociais e povos tradicionais fizeram três "encontros da humanidade pela Vida e contra o neoliberalismo". A partir de 2001, se fizeram vários fóruns sociais mundiais. Eles se fizeram na América Latina, na África, na Ásia e mesmo na América do Norte. No entanto, atualmente, sem de modo algum rejeitar ou romper com esse processo, grupos militantes de vários continentes, intelectuais que assessoram movimentos populares e setores da sociedade civil se perguntam: "Atualmente, quem falará em nome da humanidade?" Não basta dar voz a movimentos sociais e grupos étnicos oprimidos. É preciso que todas as pessoas cidadãs da Terra reconquistem a força da vida, da liberdade e da justiça, adquirida graças aos direitos conquistados até agora. É preciso que eles/elas se deem as instituições necessárias e os meios para assumir o poder de governar o seu futuro comum sobre bases pluralistas, cooperativistas e participativas a partir das comunidades locais. O bem-viver juntos e a segurança da existência são questões coletivas, comuns e planetárias.

Em meio a vários projetos que convergem para a defesa da Vida no planeta e a caminhada libertadora da humanidade, se iniciou na Itália, mas com participantes de vários continentes, uma proposta de aliança da humanidade pela Vida e contra a comercialização da natureza, das pessoas e até das próprias pesquisas sobre a vida humana e de todos os seres vivos.

Alguns grupos já se reúnem na Itália, na Bélgica, na França. Em 2018, aconteceram encontros em Aysen (Patagônia chilena), em Rosário na Argentina e no Brasil. O processo apenas começou. Essa articulação tem unido o Fórum Humanista, a organização Diálogos em Humanidade, a Assembleia Europeia das Comunidades de Base e outras organizações no mundo inteiro. Na Itália foi legalizada uma Fundação pelo Futuro da Humanidade que se propõe a realizar uma "Ágora dos/das Habitantes da Terra". A AHT é aberta a todos e todas. O desejo é de contar principalmente com representantes das minorias, das pessoas excluídas, migrantes. Também se deseja a participação do mundo dos/das artistas, lavradores/as, operários/as, coletividades locais, assim como do mundo da educação e dos meios de comunicação, da ciência e da tecnologia, das cooperativas que continuam no caminho do cooperativismo. As instituições da ONU também são bem-vindas.

Na encíclica *Laudato si'* (209ss.) o Papa Francisco propôs uma aliança da humanidade a serviço da ecologia integral. Em janeiro de 2019, o papa enviou uma carta ao presidente da Pontifícia Academia para a Vida, no XXV ano de fundação desta. Significativamente a carta tem como título *Humana Communitas*, ou seja: *Comunidade humana*. Ali o papa propõe claramente essa aliança de toda a humanidade a serviço da Vida. Novamente, na mensagem enviada para o dia internacional das comunicações sociais de 2019, o subtítulo da mensagem é "dos grupos sociais à comunidade real das pessoas" e de novo o papa propõe a unidade da humanidade a partir das diversidades e do respeito aos diferentes [w2. Vatican.va].

Embora o Evangelho diga claramente que Jesus deveria morrer para reunir na unidade todos os filhos e filhas de Deus dispersos pelo mundo (Jo 11,52), até aqui as Igrejas têm se mostrado pouco sensíveis ou preocupadas em construir essa unidade da humanidade. Desde o começo dos fóruns sociais, alguns organismos eclesiais têm marcado presença; não é por acaso que, durante os fóruns sociais, sempre se realizaram como atividades do FSM sessões do fórum mundial de Teologia e Libertação (FMTL). Essas sessões do FMTL, em alguns dos fóruns sociais, foram encontros de centenas de teólogos/as e participantes. Em outras sessões mais recentes, o FMTL se tornou o trabalho mais discreto de um grupo menor e que tenta durante o fórum social oferecer oficinas de diálogo e de debates.

Continuar essa presença e garantir a continuidade dessa participação no trabalho de aliança concreta da humanidade a serviço da vida é tarefa prioritária das novas teologias da libertação.

Concluindo com uma bênção para o caminho a seguir

As bênçãos
                    Manoel de Barros
Não tenho a anatomia de uma garça
pra receber em mim os perfumes do azul.
Mas eu recebo.
É uma bênção.

Às vezes se tenho uma tristeza,
as andorinhas me namoram mais de perto.
Fico enamorado.
É uma bênção.

Logo dou aos caracóis ornamentos de ouro
para que se tornem peregrinos do chão.
Eles se tornam.
É uma bênção.

Até alguém já chegou de me ver passar
a mão nos cabelos de Deus!
Eu só queria agradecer.

Chegamos ao fim dessa conversa. Já me estendi demais, embora a experiência da qual falei neste livro e os desafios que vivemos pediriam muito mais tempo, livros bem mais longos e profundos. O que não sei se ficou muito claro é que, mergulhado na caminhada das comunidades e pastorais sociais e procurando viver o jeito de ser Igreja, inserida no mundo dos mais pobres e em saída, só posso agradecer. Se tivesse a metade da veia poética do Manoel de Barros prolongaria esse poema das bênçãos, agradecendo a alegria de me sentir pertencente a esse caminho. Agradeceria o testemunho de tantas testemunhas, verdadeiros mestres e mestras da fé vivida desse modo. Como agradecer a graça de ter convivido e, de certa forma, participado do itinerário de vida de irmãos e irmãs como o Padre Josimo Tavares, companheiro da Pastoral da Terra, o Padre Ezequiel Ramin, com quem me encontrei em vários cursos de Bíblia, a Irmã Dorothy Stang e tantos companheiros e companheiras de luta como Nativo da Natividade, o Gringo, Margarida Alves e outros mártires da caminhada. Como agradecer a Deus o privilégio de ter convivido e ter tido como mestres e amigos pessoas como Dom Helder Camara, Dom Tomás Balduíno, Dom José Maria Pires, Dom Pedro Casaldáliga, a Irmã Agostinha Vieira de Melo, Mãe Stella de Oxossi e outros homens e mulheres de Deus que me marcaram a vida.

Teria de expressar que todos esses desafios que aqui foram explicitados e outros que, por acaso, não foram lembrados não somente não me desanimam, como, ao contrário, dão-me vontade de viver mais, para junto com vocês lutarmos para oferecer aos nossos filhos e netos um mundo mais humano e mais justo, uma Terra na qual possam respirar com mais saúde e liberdade.

O fato de termos tratado aqui o tipo de sofrimentos e angústias que nossos povos e comunidades sofrem como consequência da forma cruel de organizar o mundo, vigente na maior parte dos países, não pode nos deixar esquecer que há tristezas e um tipo de lamento que não vêm da opressão social e política, nem de estruturas de injustiça. Há uma tristeza e até uma dor ligadas à sensibilidade e à fragilidade da vida. Talvez seja isso que faz as pessoas chorarem também de pura emoção e de surpresa e mesmo chorar de alegria diante de uma novidade boa e positiva que nos surpreende. Vinícius de Moraes cantava que "sem tristeza, não se faz poesia", e Chico Buarque acrescenta que a beleza na vida é como "preparar o quarto do filho que morreu".

Esse tipo de tristeza e de lágrimas não nos desumaniza. Ao contrário, torna-nos mais humanos. Não é dessas lágrimas que a Teologia da Libertação quer nos libertar. Ao contrário, ela nos faz *chorar com os que choram e sofrer com os que sofrem*, como afirmava o Apóstolo Paulo ter vivido no seu ministério (2Cor 11). Nesse sentido, essa sensibilidade que contém certa tristeza de sintonia e empatia com os sofrimentos do povo e da natureza fazem parte da comunhão com os pequenos, base das teologias da libertação, não necessariamente para ser superada, e sim, ao contrário, para ser vista como uma dimensão divina que se manifesta em nós.

Vários teólogos, desde os tempos de Karl Rahner e posteriormente J. Moltmann na Europa, assim como Jon Sobrino e outros na América Latina, falam de um Deus que sofre e chora com nossas lágrimas.

Cremos que, como discípulos/as de Jesus que sempre queremos ser, temos muito a aprender no diálogo com todos esses caminhos de mergulho na humanidade sofredora. Neles, todos reconhecemos a presença misteriosa e discreta de Jesus, como o Cristo Cósmico, Sabedoria de Deus, avatá do Eterno, orixá supremo e primogênito da humanidade redimida e santificada. "Ele é a nossa Paz, Ele que de dois [de todos] povos faz um só, derrubando os muros de inimizade que existia em nosso meio. Ele reconciliou todos em um só corpo com Deus. De todos, Ele criou uma nova criatura em função da paz no universo" (cf. Ef 2,14-16). São caminhos do Espírito que, através deles, nos fala e nos orienta sobre como enfrentar e ir além de tudo o que nos pode paralisar.

Queridos irmãos e irmãs que me acompanharam nesse caminho, deixo com vocês uma antiga bênção irlandesa. Se vocês quiserem, no lugar em que vivem e do modo como for possível, refaçam e também ofereçam a Deus e ao universo esta oração:

> Que o caminho seja brando a teus pés
> O vento sopre leve em teus ombros.
> Que o sol brilhe cálido sobre tua face,

As chuvas caiam serenas em teus campos.
E até que, de novo, eu te veja,
Que Deus te guarde na palma da sua mão.

Referências

Documentos ecumênicos das Igrejas

CONCÍLIO VATICANO II. *Compêndio do Vaticano II* – Constituições, decretos, declarações. Petrópolis: Vozes, 1987.

CONSELHO MUNDIAL DE IGREJAS. *Convocação mundial para o processo conciliar sobre Justiça, Paz e Integridade da Criação.* Seul, 1990 (cf. no site do CMI).

CONSELHO MUNDIAL DAS IGREJAS/PONTIFÍCIO CONSELHO PARA O DIÁLOGO INTER-RELIGIOSO/ALIANÇA EVANGÉLICA MUNDIAL. *Testemunho cristão em um mundo de pluralismo religioso.* Bangkok, 2011 [Disponível em www.conic.org.br/portal].

IGREJA ORTODOXA. *Encíclica do santo e grande Concílio da Igreja Ortodoxa* – A todos Ele chama à unidade. Creta, jun./2016 [Disponível em www.ecclesia.com.br/biblioteca/documentos-da-Igreja/arquivos-pdf/1-enciclica-do-santo-e-grande-concilio-pdf].

KAYROS DOCUMENT. *A moment of truth* – A word of faith, hope and love fron the heart of Palestinian suffering [Disponível em https://onlinelibrary.wiley.com›doi›full – Acesso em 02/03/2016].

Documentos citados dos papas

CONGREGAÇÃO PARA A DOUTRINA DA FÉ/DICASTÉRIO PARA O SERVIÇO DO DESENVOLVIMENTO HUMANO INTEGRAL. *Oeconomicae pecuniariae questiones* – Considerações para um discernimento ético sobre alguns aspectos do atual sistema econômico-financeiro. Vaticano, 17/05/2018.

JOÃO XXIII. "Mensagem radiofônica a todos os fiéis católicos, a um mês da abertura do Concílio Vaticano II". In: *Vaticano II*: mensagens, discursos e documentos. São Paulo: Paulinas, 2007.

PAPA FRANCISCO. *Humanitas Communitas* – Carta ao presidente da Pontifícia Academia para a Vida, por ocasião do seu XXV aniversário de fundação, 06/01/2019.

_____. *Terra, casa, trabalho* – Os três principais discursos do papa sobre a injustiça social e econômica. Lisboa: Temas e Debates, 2018.

_____. Constituição apostólica *Veritatis Gaudium* – Sobre as faculdades eclesiásticas, 2017.

_____. Carta encíclica *Laudato si'* – Sobre o cuidado da casa comum. Brasília: CNBB, 2015 [Documentos Pontifícios, 22].

_____. Exortação apostólica *Evangelii Gaudium* – A alegria do Evangelho. São Paulo: Paulinas, 2013, p. 198.

PAULO VI. Exortação apostólica *Evangelii Nuntiandi* – Sobre a evangelização no mundo contemporâneo. São Paulo: Paulinas, 1975.

Documentos da Igreja Latino-americana

CNBB. *A Igreja e as comunidades quilombolas*. Brasília: CNBB, 2013 [Estudos da CNBB, 105].

_____. *Mensagem ao Povo de Deus sobre as Comunidades Eclesiais de Base*. Brasília: CNBB, 2010 [Documentos da CNBB, 92].

COMISSÃO EPISCOPAL DE PASTORAL, CNBB. *Igreja e política*: subsídios teológicos. Brasília: CNBB, 1974 [Estudos da CNBB, 2].

CONFERÊNCIA EPISCOPAL LATINO-AMERICANA. "Conclusões de Medellín". In: *Documentos do Celam*. São Paulo: Paulus, 2004.

CONSELHO INDIGENISTA MISSIONÁRIO. *Plano Pastoral*. 3. ed. Brasília, 2013.

DOCUMENTO DE BISPOS DO CENTRO-OESTE. *Marginalização de um povo*. Goiânia: Universidade Católica, 1973.

DOCUMENTO DE BISPOS E SUPERIORES RELIGIOSOS DO NORDESTE. *Eu ouvi os clamores do meu povo (Ex 3,7)*. Recife: Salesianos, 1973.

Livros e autores/as citados/as

ACOSTA, A. *O Bem-viver* – Imaginar outros mundos possíveis. São Paulo: Elefante, 2016.

ALMEIDA, A.J. "Igrejas particulares na *Lumen Gentium*". *Vida Pastoral*, mai.-jun./2004.

AQUINO JÚNIOR, F. *Teologia em saída para as periferias*. São Paulo: Paulinas/Unicap, 2019.

_____. *O caráter práxico-social da teologia* – Tópicos fundamentais da epistemologia teológica. São Paulo: Loyola, 2017.

_____. "'Uma Igreja pobre e para os pobres': abordagem teológico-pastoral". *Revista Pistis-Praxis*: teologia e pastoral, vol. 8, n. 3, set.-dez./2016, p. 634. Curitiba.

_____. "Sobre o método da Teologia da Libertação nos 20 anos do martírio de Ignacio Ellacuría". *Perspectiva Teológica*, n. 115, set.-dez./2009.

ARMSTRONG, K. *Em nome de Deus* – O fundamentalismo no judaísmo, no cristianismo e no islamismo. São Paulo: Companhia das Letras, 2001.

ARRUDA, M. & BOFF, L. *Globalização*: desafios socioeconômicos, éticos e educativos. Petrópolis: Vozes, 2001.

ASLAM, R. *Zelota*: a vida e a época de Jesus de Nazaré. Rio de Janeiro: Zahar, 2013.

ASSMAN, H. & MO SUNG, J. *Deus em nós*. São Paulo: Paulus, 2009.

BALDUCCI, E. *L'Uomo Planetario*. Bréscia: Camunia, 1985.

BARBOSA, C.A.C. (org.). *Teologia pentecostal* – O que nos resta fazer? São Paulo: Reflexão, 2017.

BARROS, M. *Diálogos com o Amor* – Orar os Salmos no hoje do mundo. Belo Horizonte: Senso, 2019.

_____. *Helder Camara, il dono della profezia*. Turim: Gruppo Abel, 2016.

_____. *Integrar a sexualidade no nosso projeto de vida* – Curso de Verão, 2015. São Paulo: Paulus, 2014.

_____. *O sabor da festa que renasce* – Para uma Teologia Afro-latíndia da Libertação. São Paulo: Paulinas, 2013.

_____. "Para uma Teologia bolivariana da Libertação". *Horizonte*, vol. 11, n. 32, out.-dez./2013. PUC-Minas.

_____. *Para onde vai Nuestra América*. São Paulo: Nhanduti, 2012.

BASCOPÉ, V. *Espiritualidad Originaria em el Pacha Andino*. Cochabamba: Verbo Divino, 2008.

BAUMAN, Z. *Comunidade*: a busca por segurança no mundo atual. Rio de Janeiro: Zahar, 2003.

BEOZZO, J.O. "Perspectivas para o ecumenismo de Medellín a Santo Domingo". *Vida Pastoral*, mai.-jun./1993.

BINGEMER, M.C. *Teologia Latino-americana*: raízes e ramos. Petrópolis/Rio de Janeiro: Vozes/PUC-Rio, 2017.

BITTENCOURT FILHO, J. *Cristo e o processo revolucionário brasileiro* – A Conferência do Nordeste 50 anos depois (1962-2012). Rio de Janeiro, Mauad X/Mysterium, 2013.

BONHOEFFER, D. *Resistência e submissão*. São Leopoldo: Sinodal, 2010 [Houve uma ed. bras. da Paz e Terra em 1963].

BOFF, L. *O Espírito Santo*: fogo interior, doador da vida, Pai dos pobres. Petrópolis: Vozes, 2013.

_____. "Fé e política: suas implicações". In: *Caminhada* – 7º Encontro Nacional Fé e Política, 2009.

_____. *Espiritualidade*: caminho de realização. Petrópolis: Vozes, 2003.

_____. *Il Creato in una Carezza* – Verso un'etica universale: prendersi cura della Terra. Assis: Cittadella Editrice, 2000.

_____. *Teologia do Cativeiro e da Libertação*. Petrópolis: Vozes, 1977.

BRITO, A.S. *O movimento ecumênico nas malhas da ditadura Militar do Brasil*, 1964-1985. Rio de Janeiro: Novas Academias, 2015.

CAMARA, H. *Palavras e reflexões*. Recife: Ufpe, 1995.

_____. *O deserto é fértil*. 10. ed. Rio de Janeiro, 1979.

CAMPEDEGLI, M. *La Ferita e Il Canto*: per una poetica della liturgia. Pádova: Messaggero, 2009.

CARDENAL, E. El Evangelio en Solentiname, I. Buenos Aires: Nueva América, 1985 [prólogo de Adolfo Péres Esquivel].

_____. *La santidad de la revolución*. Salamanca: Sigueme, 1976.

CASALDÁLIGA, P. *Creio na justiça e na esperança*. Rio de Janeiro: Civilização Brasileira, 1978.

CASALDÁLIGA, P. & VIGIL, J.M. *Espiritualidad de la Liberación*. Quito: Asamblea del Pueblo de Dios/Verbo Divino. Quito, 1992, p. 233-242 [Ed. bras.: CASALDÁLIGA, P. & VIGIL, J.M. *Espiritualidade da Libertação*. Petrópolis: Vozes, 1996, p. 192-200].

CHE GUEVARA, E. "Il socialismo e l'uomo a Cuba (1965)". In: *Scritti Scelti*. Apud GIRARDI, G. *Che Guevara visto da un Cristiano*. Milão: Sperling & Kupfer, 2005.

CODINA, V. *Para compreender a eclesiologia a partir da América Latina*. São Paulo: Paulinas, 1993.

COMBLIN, J. *O Espírito Santo e a tradição de Jesus*. São Paulo: Nhanduti, 2012.

_____. *O Espírito Santo e a libertação*. Petrópolis: Vozes, 1987.

_____. *O tempo da ação* – Ensaio sobre o Espírito e a história. Petrópolis: Vozes, 1982.

_____. *O Espírito Santo e o mundo*. Petrópolis: Vozes, 1978.

CONGAR, Y.-M. *Je crois en l'Esprit Saint*. T. III. Paris: Cerf, 1980.

_____. "Théologie de l'Église particulière". In: HENRY, A.M. (org.). *Missions sans fronteires*. Paris, 1960, p. 17-52.

_____. *Jalons pour une théologie du laicat*. Paris: Cerf, 1953.

CORBÍ, M. *Para uma espiritualidade leiga*: sem crenças, sem religiões, sem deuses. São Paulo: Paulus, 2010.

CUNHA, M.C. (org.). *História dos índios no Brasil*. São Paulo: Companhia das Letras, 1992.

DE JESUS, G. et. al. *Teologia do prazer*. São Paulo: Paulus, 2014.

DOIG K, G. *Dicionário Rio, Medellín, Puebla*. São Paulo: Loyola, 1990, "Ecumenismo", p. 153-154.

DUSSEL, E. *História da Igreja Latino-americana*: 1930 a 1985. 2. ed. São Paulo: Paulus, 1995.

DUSSEL, E.; CHIAVACCI, E. & PETRELLA, R. *Economia come Teologia?* Città di Castelo: Altrapagina, 2000.

ELA, J.-M. *Fede e liberazione in Africa* – Riflessioni e sfide all'Occidente da parte di un teologo africano. Assis: Cittadella Editrice, 1986.

FOX, M. *Pecados do espírito, bênçãos da carne.* Campinas: Verus, 2001.

FREI BETTO & BOFF, L. *Mística e espiritualidade.* 6. ed. Petrópolis: Vozes, 2010.

FREIRE, P. *Extensão ou comunicação.* Rio de Janeiro: Paz e Terra, 1970.

_____. *Pedagogia do oprimido.* Rio de Janeiro: Paz e Terra, 1968 [Atualmente já são mais de 100 edições em diversas línguas].

_____. *Educação como prática da liberdade.* Rio de Janeiro: Paz e Terra, 1967.

GALEANO, E. *As veias abertas da América Latina.* Rio de Janeiro: Paz e Terra, 1971 [Já está na 44. ed.].

GEBARA, I. *O que é teologia feminista.* São Paulo: Brasiliense, 2007.

_____. "10 anos de Cons-pirando". *Conspirando*, 40, 2002.

_____. *Le mal au féminin* – Réflexions théologiques à partir du féminisme. Paris: Harmattan, 1999.

_____. *Teologia ecofeminista.* São Paulo: Olho d'Água, 1997.

GODOY, M. & AQUINO JÚNIOR, F. *50 anos de Medellín* – Revisitando os textos, retomando o caminho. São Paulo: Paulinas, 2017.

GONZÁLEZ FAUS, J.I. *Vigários de Cristo: os pobres na teologia e espiritualidade cristãs* – Antologia comentada. São Paulo: Paulus, 1996.

GRIEU, É. "Os frutos de uma aliança com aqueles que não contam". *Concilium*, 3, 2015, p. 361.

GRONDIN, M. & VIEZZER, M. *O maior genocídio da história da humanidade*: mais de 70 milhões de vítimas entre os povos originários das Américas. Toledo: GFM, 2018.

GUTIÉRREZ, G. *Onde dormirão os pobres*. São Paulo: Paulus, 1998.

_____. *O Deus da vida*. Petrópolis: Vozes, 1992.

_____. *Beber do próprio poço*. Petrópolis: Vozes, 1983.

_____. *Teología desde el reverso de la Historia*. Lima: IEC, 1977.

_____. *Teologia da Libertação*: perspectivas. Petrópolis: Vozes, 1972.

HATHAWAY, M. & BOFF, L. *O Tao da Libertação*. 2. ed. Petrópolis: Vozes, 2011.

HESCHEL, A. *Deus em busca do Homem*. São Paulo: Paulinas, 1975.

_____. *O Homem não está só*. São Paulo: Paulinas, 1974.

HINKELAMMERT, F. *As armas ideológicas da morte*. São Paulo: Paulus, 1983.

HOUTART, F. *Mercado y religión*. Caracas: Monte Ávila, 2006.

KASPER, W. *El Dios de Jesucristo*. Salamanca: Sigueme, 1997.

_____. *Introducción à la fe*. Salamanca: Sigueme, 1982.

KOPENAWA, D. & BRUCE, A. *A queda do céu*. São Paulo: Companhia das Letras, 2015.

KORYBKO, A. *Guerras híbridas*: das revoluções coloridas aos golpes. São Paulo: Expressão Popular, 2018.

KUNG, H. *Projeto de ética mundial*. São Paulo: Paulinas, 1993.

JESUDASAN, I. *La Teologia della Liberazione in Gandhi*. Assis: Cittadella, 1986.

JOHNSON, E. *Aquela que É* – O mistério de Deus no trabalho teológico feminino. Petrópolis: Vozes, 1995.

_____. *Discipulado de iguais*: uma Ekklesia-logia feminista crítica da libertação. Petrópolis: Vozes, 1995.

LESBAUPIN, I. & CRUZ, M. (orgs.). *Novos paradigmas para outro mundo possível*. São Paulo: Iser Assessoria/Abong, 2019.

LIBÂNIO, J.B. "Medellín, história e símbolo". *Tempo e Presença*, 233, 1988.

LIRIA, C.F. & ZAHONERO, L.A. *Comprender Venezuela, pensar la democracia*. Caracas: El Perroy Larana, 2006.

MARALDI, V. *Lo Spirito Creatore e la novità del cosmo*. Milão: Paoline, 2002.

MARIÁTEGUI, J.C. *El hombre y el mito* – El alma matinal. Lima: Biblioteca Amauta, 1970.

MARX, K. *Teses sobre Feuerbach*, 1845, 11. tese.

MESTERS, C. *Flor sem defesa* – Uma explicação da Bíblia a partir do povo. Petrópolis: Vozes, 1983.

_____. *Um projeto de Deus*. São Paulo: Paulinas, 1983.

MIGLIETTA, C. *L'ingiustizia di Dio e altre anomalie del suo Amore*. Milão: Gribaudi, 2013.

MO SUNG, J. *Para além do espírito do Império*. São Paulo: Paulinas, 2012.

_____. *Deus em nós* – O reinado que acontece no amor solidário. São Paulo: Paulus, 2007 [com textos em memória de Hugo Assman].

_____. *Se Deus existe, por que há pobreza?* – A fé cristã e os excluídos. São Paulo: Paulinas, 1995.

_____. *Teologia e economia* – Repensando a Teologia da Libertação e as utopias. Petrópolis: Vozes, 1994.

MUÑOZ, R. *El Dios de los cristianos*. Santiago: Paulinas, 1988 [Ed. bras.: *O Deus dos cristãos*. Petrópolis: Vozes, 1988].

MURAD, A. "Felicidade e sobriedade feliz, uma contribuição para novos paradigmas". In: LESBAUPIN, I. & CRUZ, M. Novos paradigmas para outro mundo possível. São Paulo: ISER Assessoria/Abong, 2019.

MURAD, A. & BOSSI, D. (orgs.). "Igreja e mineração". In: *Em defesa da vida e dos territórios*. Brasília: CNBB, 2015.

PALINI, A. *Una terra bagnata dal sangue*. Paoline, 2017.

PALOSCHI, R. "O Sínodo da Amazônia: grito à consciência, memória da missão, opção pela vida". *Vida Pastoral*, ano 60, n. 327, mai.-jun./2019.

PICO, J.H. *No sea así entre ustedes* – Ensayo sobre política y esperanza. San Salvador: UCA, 2010.

PIXLEY, J. "Biblia, Teología de la Liberación y Filosofía Procesual". *El Dios Liberador en la Biblia*. Quito: Abya Yala/Agenda Latinoamericana, 2009.

PRADO, A. *Poesia reunida*. São Paulo: Siciliano, 1993.

PROENÇA, W.L. *Sindicato de mágicos*: uma história cultural da Igreja Universal do Reino de Deus. São Paulo: Unesp, 2011.

RAVASI, G. *Il Libro dei Salmi* – Commento e attualizzazione. Vol. I. Bolonha: EDB, 1986.

RIBEIRO, C. & CUNHA, M. *O rosto ecumênico de Deus* – Reflexões sobre ecumenismo e paz. São Paulo: Fonte, 2013.

RICCA, P. *L'ultima Cena, anzi la Prima* – La volontà tradita di Gesù. Turim: Claudiana, 2013.

RICHARD, P. *A força espiritual da Igreja dos pobres*. Petrópolis: Vozes, 1989.

_____. *Morte das cristandades e nascimento da Igreja*. São Paulo: Paulinas, 1982.

RIZZI, A. "Introduzione". In: SCATENA, S.; SUSIN, L.C. & GALAZZI, S. *Chiesa e teologia in América Latina*. Pádua: Messaggero, 2013.

SANTA ANA, J. *Para uma Igreja dos pobres*. São Bernardo do Campo: Metodista, 1985.

SANTOS, B.S. *Se Deus fosse um ativista dos direitos humanos*. São Paulo: Cortez, 2014.

SCHOEKEL, L.A. *Salvezza e Liberazione*: l'Esodo. Bolonha: EDB, 1996.

SEGUNDO, J.L. *A história perdida e recuperada de Jesus de Nazaré*: dos sinóticos a Paulo. São Paulo: Paulus, 1997.

_____. *Libertação da teologia*. São Paulo: Loyola, 1978.

_____. *Teologia aberta para o leigo adulto* – Vol. 2: Graça e condição humana. São Paulo: Paulinas, 1978.

_____. *Teologia aberta para o leigo adulto* – Vol. 1: Essa comunidade chamada Igreja. São Paulo: Paulinas, 1976.

SERESKO, A.R. *A sabedoria no Antigo Testamento* – Espiritualidade libertadora. São Paulo: Paulus, 2004.

SHAULL, R. *O cristianismo e a revolução social*. São Paulo: União Cristã de Estudantes do Brasil, 1953.

SOBRIÑO, J. *Jesus, o Libertador* – I: A história de Jesus de Nazaré. Petrópolis: Vozes, 1994 [Coleção Teologia e Libertação].

SOUZA, E.C.B. & MAGALHÃES, M.D. "Os pentecostais: entre a fé e a política". *Revista Brasileira de História*, vol. 22, n. 43, 2002, p. 85-105. São Paulo.

SOUZA, N. & SBARDELOTTI, E. (orgs.). *Puebla, Igreja na América Latina e no Caribe* – Opção pelos pobres, libertação e resistência. Petrópolis: Vozes, 2019.

SUENENS, L.J. *Lo Spirito Santo, nostra speranza*. Roma: Paoline, 1976.

SUSIN, L.C. "Mãe Terra que nos sustenta e governa – Por uma Teologia da Sustentabilidade". In: SOTER. *Sustentabilidade da vida e espiritualidade*. São Paulo: Paulinas, 2008.

SUSIN, L.C. & ZAMPERI, G. *A vida dos outros* – Ética e Teologia da Libertação animal. São Paulo: Paulinas, 2015.

TAMEZ, E. *A Bíblia dos oprimidos*. São Paulo: Paulinas, 1981.

TAMEZ, E. & AQUINO, M.P. *Teologia feminista latino-americana*. Quito: Abya Yala, 1999.

TEIXEIRA, F. "O episcopado latino-americano diante do diálogo inter-religioso". *Encontros Teológicos,* ano 21, n. 3, 2006, p. 135-146.

TEIXEIRA, L.G. *Utopia da sexualidade*. São Paulo: Baraúna, 2015.

THEISSEN, G. *A religião dos primeiros cristãos*: uma teoria do cristianismo primitivo. São Paulo: Paulinas, 2009.

TORRES, C.A. *Diálogo e práxis educativa*: uma leitura crítica de Paulo Freire. São Paulo: Loyola, 2014.

VAN DER BENT, A.J. & KESSLER, D. "Assembleias do CMI". In: LOSSKY, N. et al. *Dicionário do Movimento Ecumênico*. Petrópolis: Vozes, 2005, p. 104ss.

VIGIL, J.M. "El nuevo paradigma arqueológico bíblico". *Horizonte,* 14 (42), jul./2016. [Cf. tb. obra coletiva na revista *Voices,* 3/4, 2015 (eatwot.net)].

VIGIL, J.M.; TOMITA, L. & BARROS, M. *Para uma teologia planetária*. São Paulo: Paulinas, 2009.

_____. *Teologia Pluralista Libertadora Intercontinental*. São Paulo: Paulinas, 2007.

_____. *Pluralismo e libertação* – Teologia Latino-americana Pluralista da Libertação. São Paulo: Paulinas, 2005.

_____. *Espiritualidade e pluralismo*. São Paulo: Loyola, 2003.

_____. *Pelos muitos caminhos de Deus*. Goiás: Rede da Paz, 2002. [Em espanhol, os cinco volumes foram publicados sob o mesmo nome: *Por los muchos caminhos de Dios*. Quito: Abya Yala].

VILAN, P. *Os cristãos e a globalização*. São Paulo: Loyola, 2006.

WILBER, K. *A visão integral* – Uma introdução à revolucionária abordagem integral da Vida, de Deus, do universo e de tudo mais. São Paulo: Cultrix, 2007.

WRIGHT, N.T. *Paulo, novas perspectivas*. São Paulo: Loyola, 2009 [tradução do inglês].

EDITORA VOZES
Editorial

CULTURAL
Administração
Antropologia
Biografias
Comunicação
Dinâmicas e Jogos
Ecologia e Meio Ambiente
Educação e Pedagogia
Filosofia
História
Letras e Literatura
Obras de referência
Política
Psicologia
Saúde e Nutrição
Serviço Social e Trabalho
Sociologia

CATEQUÉTICO PASTORAL
Catequese
Geral
Crisma
Primeira Eucaristia

Pastoral
Geral
Sacramental
Familiar
Social
Ensino Religioso Escolar

TEOLÓGICO ESPIRITUAL
Biografias
Devocionários
Espiritualidade e Mística
Espiritualidade Mariana
Franciscanismo
Autoconhecimento
Liturgia
Obras de referência
Sagrada Escritura e Livros Apócrifos

Teologia
Bíblica
Histórica
Prática
Sistemática

REVISTAS
Concilium
Estudos Bíblicos
Grande Sinal
REB (Revista Eclesiástica Brasileira)

VOZES NOBILIS
Uma linha editorial especial, com importantes autores, alto valor agregado e qualidade superior.

VOZES DE BOLSO
Obras clássicas de Ciências Humanas em formato de bolso.

PRODUTOS SAZONAIS
Folhinha do Sagrado Coração de Jesus
Calendário de mesa do Sagrado Coração de Jesus
Agenda do Sagrado Coração de Jesus
Almanaque Santo Antônio
Agendinha
Diário Vozes
Meditações para o dia a dia
Encontro diário com Deus
Guia Litúrgico

CADASTRE-SE
www.vozes.com.br

EDITORA VOZES LTDA.
Rua Frei Luís, 100 – Centro – Cep 25689-900 – Petrópolis, RJ
Tel.: (24) 2233-9000 – Fax: (24) 2231-4676 – E-mail: vendas@vozes.com.br

UNIDADES NO BRASIL: Belo Horizonte, MG – Brasília, DF – Campinas, SP – Cuiabá, MT
Curitiba, PR – Fortaleza, CE – Goiânia, GO – Juiz de Fora, MG
Manaus, AM – Petrópolis, RJ – Porto Alegre, RS – Recife, PE – Rio de Janeiro, RJ
Salvador, BA – São Paulo, SP